DIÁLOGOS SOBRE A NATUREZA HUMANA
PERFECTIBILIDADE E IMPERFECTIBILIDADE ÍNDICE REMISSIVO

Copyright © 2023 by Luiz Felipe Pondé
Todos os direitos desta edição reservados a nVersos Editora

Diretor Editorial e de Arte: Julio César Batista
Produção Editorial e Capa: Carlos Renato
Revisão: Carmen T. S. Costa e Rafaella de A. Vasconcellos
Imagem da Capa: Izabel Melo, *Sentimentos*. 2023. Arte concreta
Editoração Eletrônica: Equipe nVersos

Dados Internacionais de Catalogação na Publicação (CIP)
(Câmara Brasileira do Livro, SP, Brasil)

Pondé, Luiz Felipe
*Diálogos sobre a natureza humana: perfectibilidade e imperfectibilidad*e / Luiz Felipe Pondé.
1. ed. - São Paulo, SP: nVersos Editora, 2023.

ISBN 978-65-87638-93-5

1. Diálogos 2. Filosofia 3. Sociedade I. Título.

23-163517   CDD-101

Índices para catálogo sistemático:

1. Filosofia e sociedade 101

Tábata Alves da Silva - Bibliotecária - CRB-8/9253

1ª Edição, 2023
Esta obra contempla o Acordo Ortográfico da Língua Portuguesa.

Impresso no Brasil – *Printed in Brazil*
nVersos Editora
Rua Cabo Eduardo Alegre, 36 – CEP 01257-060 – São Paulo – SP
Tel.: 11 3995-5617
www.nversoseditora.com.br
nversos@nversos.com.br

LUIZ FELIPE PONDÉ

DIÁLOGOS SOBRE A NATUREZA HUMANA
PERFECTIBILIDADE e IMPERFECTIBILIDADE

nVersos

A felicidade do homem não parece fazer parte dos planos da criação.

Sigmund Freud

Sumário

Breve introdução, **9**

O problema da perfectibilidade e da imperfectibilidade da natureza humana, **11**

Há perfectibilidade na Grécia Antiga? O conceito de conglomerado herdado, **45**

Ainda na Grécia Antiga: Aprofundando o conglomerado herdado, **77**

Há perfectibilidade na herança bíblica?, **105**

A natureza humana é suficiente ou insuficiente?, **135**

Do cristianismo ao tratamento secular da perfectibilidade: Iluminismo e utilitarismo, **165**

Psicologia, natureza humana e perfectibilidade, **193**

Como viver na imperfeição? Contingência e natureza humana restrita, **223**

Referências Bibliográficas, **249**

Índice Remissivo, **253**

Breve introdução

Este livro é o resultado de um trabalho cujo esforço de realização passou pelas mãos de algumas pessoas. Eduardo Avellar, que gravou as aulas realizadas no Laboratório de Política, Comportamento e Mídia – o Labô – da PUC-SP, no segundo semestre de 2022; Mônica Prioli, que transcreveu as gravações; Andréa Kogan, que fez a primeira revisão das transcrições; Lourdes Scaglione, que cuidou da logística; e, claro, dos alunos que nos acompanharam. Enfim, devo a eles este livro pronto.

O conteúdo é um diálogo entre mim e grandes pensadores, tentando mapear um debate profundo acerca da natureza humana e sua capacidade de ser perfectível ou não. Há progresso moral acumulativo no ser humano? "Natureza humana", para mim, não implica nenhuma noção de substância ontológica permanente do ser humano, mas apenas o comportamento humano que se repete mantidas as condições de "temperatura e pressão no tempo e no espaço". Portanto, não me interessa, aqui, essa interminável discussão acerca da existência ou não da natureza humana no seu sentido forte ou ontológico.

Outro fator essencial nesse debate é o fato de que o tema é radicalmente contemporâneo. Prova disso é que, apesar de iniciarmos um percurso histórico-filosófico que nos leva à Grécia

Antiga e aos debates teológicos de Santo Agostinho acerca da Graça, nosso objetivo principal é ver essa temática navegar pelo mundo secular, político, na esfera do *marketing* e das psicologias modernas. Pretendemos identificar na mais íntima alma da modernidade sua paixão enlouquecida pela ideia de uma natureza humana perfectível, para, em seguida, pôr essa mesma paixão sob o agudo exame da dúvida. Bem-vindos.

Capítulo 1

O problema da perfectibilidade e da imperfectibilidade da natureza humana

Bom dia, bem-vindos. Obrigado pela visita. É um prazer estar aqui com vocês. Este curso nasceu de uma série de leituras que tenho feito nos últimos tempos e, na verdade, de uma revisitação a um tema que discuti no meu primeiro livro, *O homem insuficiente*[1], sobre Pascal, fruto do meu doutorado. Trata-se de um tema recorrente no meu universo de preocupações. A ideia de colocar o título de *Diálogos* é porque, na verdade, pretendo expor uma série de questões e falar de muitos autores, mas isso não significa que eu vá discutir um autor especificamente em cada aula. Nós vamos, sim, seguir uma rota, e vou adiantar para vocês qual é essa rota. Vou montar um percurso sobre a discussão da perfectibilidade e imperfectibilidade, dois conceitos que atravessam o debate da filosofia desde o século IV a partir de um livro específico. Esse livro está na bibliografia e se chama *A perfectibilidade do homem*[2], cujo original é em inglês e está disponível em português. O autor é um filósofo que já faleceu, chamado John Passmore. Esse livro foi traduzido pela editora do Liberty Fund, aquela fundação americana, de uma série chamada Liberty Books, que tem vários livros

---

1. PONDÉ, L. F. *O Homem Insuficiente*. São Paulo: EDUSP, 2014.
2. PASSMORE, J. *A perfectibilidade do homem*. São Paulo: Topbooks, 2014.

vertidos para o português. Nessa obra, Passmore vai até 1970, portanto é um livro razoavelmente novo, apesar de que, como o tema é um clássico, ele vai percorrendo um longo caminho. Então, se alguém fosse me perguntar: Pondé, que livro, dentre todos os que constam na bibliografia, eu deveria ler para acompanhar o que você vai discutir? Eu diria: o do Passmore. Primeiro porque está traduzido, então é de fácil acesso, também porque percorre um caminho histórico que irei seguir mais ou menos como rota. O objetivo dele é se perguntar como a história da filosofia tratou o tema da perfectibilidade e seu oposto, e como isso é uma questão que se desdobra, inclusive quando o território da teologia é abandonado. O tema surgiu, especificamente, num debate, ao qual dediquei o meu primeiro livro e o doutorado sobre Pascal, filósofo do século XVII: o debate sobre a Graça.

O debate começa ali, apesar de ser abandonado no formato teológico original, e a partir dos séculos XVIII e XIX é que a discussão sobre perfectibilidade toma o formato que apresenta hoje, mesmo quando você não sabe que está discutindo esse tema.

A questão da perfectibilidade humana atravessa todo o mundo moderno e contemporâneo e transpassa tanto o âmbito político quanto o ético e o psicológico. Apesar de que a maior parte das pessoas não tem uma noção clara de como isso é uma pergunta constante, desde quando Santo Agostinho inaugurou essa discussão, no seu debate com Pelágio nos séculos IV e V.

Passmore vai tratar disso logo no início da obra, e como esse tema aparece no cristianismo, que de certa forma organizou a pergunta, haverá o momento em que teremos de atravessar polêmicas teológicas. Ele também vai para trás, até a Grécia, e nós, portanto, vamos começar por ela para depois irmos para o cristianismo.

A nossa rota basicamente é a seguinte: primeiro eu vou falar com vocês um pouco, afinal de contas, sobre o que significa essa perfectibilidade (e, nesse sentido, serei bastante fiel à abertura do livro de Passmore)? No primeiro capítulo, ele até pede desculpas, porque é um filósofo de tradição inglesa sendo australiano, então ele trabalha com a filosofia analítica. Filosofia analítica é um ramo da filosofia que no Brasil não é, digamos assim, muito comum, apesar de termos algumas traduções. A formação filosófica no Brasil é basicamente alemã e francesa. É essa formação que temos, a chamada filosofia continental, como se fala na Europa, então a filosofia inglesa, que é a analítica – na sua maioria, alguns norte-americanos também –, não teve muita penetração em nossa formação. E a filosofia analítica é conhecida por discutir os conceitos de forma muito precisa, daí vem a expressão "analítica": você pega as palavras e fica meio que as escavando e dissecando. Um exemplo de um filósofo analítico brilhante, cujo livro adicionei à bibliografia, é Bernard Williams, o inglês, *Shame and necessity*[3] [Vergonha e necessidade, tradução livre] – esse livro não está traduzido –, e é sobre a ética na Grécia Antiga. Um brilhante ensaio sobre a vergonha como a alma da moral grega antiga.

A filosofia analítica tem uma característica que é ser "muito filosófica", então você toma na cara quando começa a ler, porque o autor já começa a 50 mil pés de altura. Passmore simpaticamente diz: olha, você me desculpe, mas eu vou começar com um capítulo meio analítico, para ficar claro o que estou chamando de perfectibilidade. É uma preocupação sempre muito forte da análise filosófica deixar o processo de entendimento das palavras e conceitos de forma o mais inequívoco possível. Eu vou percorrer esse caminho com vocês hoje, depois perguntaremos:

---

3. WILLIANS, B. *Shame and necessity*. Califórnia: University of California, 2023.

há uma compreensão, uma noção de perfectibilidade na Grécia Antiga? Podemos identificar isso? Para podermos fazer esse caminho, deve ficar claro para vocês sobre o que eu vou falar, o que quero dizer quando me referir à perfectibilidade, apesar de que a palavra pode ter um caráter intuitivo porque é uma palavra de fácil acesso enquanto tal, e, portanto, imperfectibilidade é a negação de que exista a perfectibilidade. Apesar de parecer óbvio, eu vou relembrar essa informação o tempo inteiro. E depois vamos olhar como essa discussão é, de certa forma, organizada no debate agostiniano e atravessa a história da teologia e da filosofia, reaparecendo no Renascimento. Existem livros na França que discutem muito essa questão da *perfectibilité* – como o de Emmanuel Hourcade, *La perfectibilité de l'homme*[4] – no Renascimento e no final da Idade Média. Portanto, há uma discussão que nasce no cristianismo e começa a se afastar dele, no sentido de assumir um caráter secular com o tempo.

Assim sendo, nosso destino é avançar em direção ao universo secular. Nós debateremos a perfectibilidade no Iluminismo, porque os iluministas franceses são os campeões da perfectibilidade e marcaram profundamente a modernidade, o período contemporâneo. E a minha intenção é, ao longo desses encontros (e eu espero conseguir dar conta disso), que fique claro para vocês – não é uma intenção meramente de história da filosofia que vocês saiam daqui com conceitos claros e distintos, como diria Descartes – como esse tema da perfectibilidade está presente na nossa vida cotidiana toda vez que se coloca o debate da natureza humana possível. Como ele está presente nas questões existenciais e nas políticas, como, de certa forma, nos persegue mesmo

---

4. HOURCADE E. *La perfectibilite de l'Homme:* Les lumieres allemandes contre Rousseau? Paris: Classiques Garnier, 2022.

quando não sabemos. Então nós temos um objetivo analítico, no sentido filosófico e não psicanalítico, e também de uma certa filosofia do concreto, no sentido do cotidiano, das formas, de como enfrentamos as coisas. No âmbito secular, nós vamos, inclusive, num dado momento, ir além do roteiro de Passmore, porque o livro é de 1970. O autor australiano dá muita atenção ao Iluminismo francês e também ao utilitarismo, que é fundamental nesse debate da perfectibilidade, aquela escola inglesa de ética do final do século XVIII e começo do XIX, que está muito presente no nosso vocabulário intuitivo, no nosso dia a dia. Nos termos dos utilitaristas, "o que é o bem?". Resposta: é otimizar o bem-estar. Apesar de que, aqui entre vocês, não sei quem já pode ter lido John Stuart Mill ou Jeremy Bentham. O significado dessa frase eu tenho certeza de que todo mundo entende claramente: o que é o bem? Otimizar o bem-estar. Esse é o princípio utilitário por excelência, uma ideia de você escapar da discussão metafísica do bem, entender que o bem é eu me sentir bem, material, física e psicologicamente – isso vai dar inclusive na pirâmide de Maslow, porque essa discussão vai resvalar nas praias do *marketing*, que navega muito bem pelo debate e pela afirmação da perfectibilidade do mundo contemporâneo. Para o *marketing*, a natureza humana é perfectível ou o *marketing* não existe.

Um exemplo banal de perfectibilidade na vida concreta é quando você faz um conteúdo audiovisual ou uma palestra, uma conferência, um curso, que é centrado na ideia de reinventar-se. Reinventar-se é afirmar a perfectibilidade na vida pessoal. A ideia de que eu posso me reinventar, que possuo recursos para fazê-lo, recursos interiores, que é uma discussão constante no debate da perfectibilidade, e que, portanto, posso ser senhor do que eu quero sobre minha própria vida. É evidente que isso está presente nas redes sociais e nos *coaches*. É um mercado gigantesco e traz uma característica, que é a defesa implícita da perfectibilidade – já foi percebido por Agostinho e por Pascal no século XVII que a defesa da perfectibilidade é um elogio que nos faz sentir bem. A defesa da perfectibilidade produz um grande ganho secundário, como diria Freud. Porque, quando você defende a perfectibilidade, a pessoa se sente reconhecida no seu valor, no seu otimismo pessoal, na sua capacidade de realização, então isso é muito interessante porque o capitalismo é um regime que precisa da perfectibilidade como pressuposto de funcionamento. Não só na tecnologia, evidentemente, no avanço industrial, mas também na ideia de produtividade, de ganho.

Gostaria de colocar aqui uma questão paralela e relacionada ao nosso tema. Um autor, cuja leitura recomendo e que está traduzido para o português, chamado José Ortega y Gasset; o livro dele é de 1930 e foi reeditado em 1948. A melhor tradução em português é a feita a partir dessa edição de 1948. O título é *A rebelião das massas*[5], que hoje volta ao debate por conta das redes sociais, sua rebelião das massas e sua vulgaridade das massas. É um livro de 1930, mas parece que foi escrito agora, e eu o referencio rapidamente porque nele há uma intuição que nos será essencial em nosso método de diálogo. Se Passmore nos dá a rota, de alguma forma, porque é um livro muito organizado sobre o tema, muito útil para quem quer entendê-lo dentro da história da filosofia, Ortega y Gasset nos dá uma certa intuição, e essa intuição é a seguinte: em *A rebelião das massas*, o autor afirma que o grande valor da filosofia é que ela não tem nenhuma necessidade. Isso às vezes é traduzido da seguinte forma: a filosofia não presta para nada. E como ela não presta para nada – é claro que no ambiente

---

5. GASSET, J. O. *A Rebelião das Massas*. São Paulo: Editora Vide, 2016.

acadêmico ela presta, como tudo no ambiente acadêmico, para você ganhar bolsa, para você fazer carreira, ganhar títulos e tal –, ele alega: a filosofia não tem nenhuma necessidade. Essa é sua liberdade maior. Só que, à medida que os filósofos vão se tornando, voltando a citar o Ortega y Gasset, pedagogos, políticos, homens da ciência preocupados em salvar o mundo, a filosofia vai começando a parecer que tem alguma necessidade e aí ela perde a sua função. Então ela volta a ter a função de ancilar, como se falava na Idade Média em relação à teologia, que ela estava ali só para ajudar na linguagem filosófica da teologia.

Essa intuição de Ortega y Gasset é importante porque, para ele, no *A rebelião das massas*, essa característica da filosofia é que pode fazer com que ela resista à rebelião das massas, que é, basicamente, você erguer a ideia de vulgaridade como virtude no mundo, vulgaridade no pensamento, vulgaridade no olhar sobre o mundo. É incrível como ele afirma num determinado momento do livro, "hoje – 1930 – tudo é politizado", 1930! "Ou você tem que ser de esquerda ou de direita porque se não ninguém sabe quem você é ou entende o que você pensa." Ele não está falando do Twitter. Ele nasceu em 1883 e morreu em 1955. Seu caráter profético reside em sua percepção da vulgaridade como *ethos* do pensamento público moderno.

Portanto, a filosofia pode ser uma forma de enfrentar a rebelião das massas ou do homem massa – ele botou em circulação a expressão – porque ela não visa a sucesso algum nem agradar a ninguém. A massa lhe é indiferente.

E há ainda outra intuição dele que nos é essencial: enquanto você não sabe que está perdido, você ainda não está em terra firme. Eis uma aparente contradição. Enquanto você não souber que está perdido, você ainda não está em terra firme. E ele retoma uma metáfora que Pascal usou muito, Baltasar Gracián usou (este, espanhol como Ortega y Gasset) no século XVII, que é: o homem é um náufrago e precisamos nos agarrar a qualquer coisa para não morrer afogados.

Na linguagem de Ortega y Gasset, se agarrar a qualquer coisa é se agarrar a "ideias", como ele fala, "ideias fixas", que façam com que não percebamos que a vida é uma luta contínua, sem solução, onde não chegamos a nenhum lugar definitivo, tanto do ponto de vista externo quanto interno, e isso é o que ele chama de estar perdido. É isso que ele chama às vezes de realidade autêntica. Ele soa meio existencialista. O período entre 1930 e 1948 foi marcado pela chegada do existencialismo na Espanha. A realidade autêntica, a terra firme da qual fala, é reconhecer que a nossa vida só adquire sentido quando estamos relacionados com o mundo real, concreto. Ele inclusive é muito irônico com pessoas que resolvem viver nos próprios delírios, ou dos outros, o tempo inteiro. Viajar em si mesmo o tempo inteiro, achando que vai encontrar alguma coisa em si mesmo, que vai resolver tudo, é uma ilusão.

Não, a nossa vida é uma condenação à sua relação com o mundo, ela acontece em relação ao mundo e não em relação a si mesma o tempo inteiro. E essa condição de estar perdido é uma condição que, para ele, significa o reconhecimento da realidade autêntica e chegar à terra firme. Somos um náufrago que fica se agarrando a pedaços de madeira, que são as ideias que ele chama de ideias fantasmagóricas. Essa expressão (ideias fantasmagóricas) se refere a uma espécie de bote de salvação para o náufrago chegar à terra firme. Na metáfora que ele está fazendo, na imagem que está desenvolvendo, trata-se de você descobrir que, na realidade, estamos todos perdidos, não sabemos de onde viemos, não sabemos para onde vamos, não temos nenhum motivo para estar aqui, a relação com a vida é constantemente um combate, em alguns momentos ficamos bem, em outros ficamos mal. E por que essa intuição é importante aqui? Porque eu estou meio que me traindo ao longo do curso. Estou dizendo o seguinte: nós vamos falar mal da perfectibilidade. Estou me traindo, avisando vocês, vou falar mal da perfectibilidade. Vou olhar para a perfectibilidade do ponto de vista da imperfectibilidade, que é o olhar de Passmore no livro. Vou olhar a partir desse ponto de vista.

Na intuição de Ortega y Gasset, podemos dizer que toda essa crença na perfectibilidade é uma espécie de ideia fantasmagórica, mas é uma ideia fantasmagórica extremamente poderosa, e ela é extremamente poderosa porque está diretamente vinculada à ruptura moderna, diretamente vinculada à noção de progresso. A modernidade nasce como uma experiência um tanto concreta, de que a perfectibilidade seria possível. Por quê? Porque aumentamos a produção de tudo, porque melhoramos a condição material de uma série de pessoas, logo evoluímos. Portanto, a noção de evolução – não evolução darwinista, nunca é demais lembrar – está embutida, claro, na ideia de perfectibilidade e é muito interessante, porque o próprio Passmore fala disso no livro. Ele fala de Marx, que, apesar de criticar o capitalismo, também está na chave da perfectibilidade. Evidente e claramente. Ele, Marx, e todos eles. A questão de Marx é simplesmente que o capitalismo chega num dado momento e começa a atrapalhar isso, e aí ele propõe a utopia que iria resolver o que o capitalismo atrapalha, mas a ideia de que o ser humano está num processo de evolução está presente do mesmo jeito. Então nós vamos empreender esse diálogo. A carta escondida na minha manga foi revelada: eu vou refletir do ponto de vista da imperfectibilidade. Apesar de que é fundamental entendê-la.

Voltando à questão analítica, Passmore faz um movimento na abertura de seu livro que é muito instrutivo, pedagógico e didático, no qual ele diz assim: olha, quando eu digo perfectibilidade, quando eu digo que existe um problema na história da filosofia, que tem a ver com os seres humanos, de perfectibilidade, eu não estou falando de perfectibilidade em nenhum desses sentidos que vou descrever agora. Quer dizer, ele faz um movimento negativo para dizer: veja, não é perfectibilidade no sentido de você se tornar um grande *expert* em medicina, por exemplo; não é perfectibilidade no sentido de você ser um carpinteiro ou marceneiro que leva à perfeição o seu ofício; não é perfectibilidade no sentido de um advogado que chega à perfeição da sua capacidade de tortura dos clientes; não é a perfectibilidade nesse sentido, não é você aperfeiçoar algum tipo de técnica, seja lá qual for, medicina, ensino, didática, carpintaria, saber lidar com leis, não é isso. Ele vai dando exemplos para dizer: olha, não é isso. Isso aqui é perfectibilidade? Não, não é essa de que eu estou falando. Este é um movimento bem típico da filosofia analítica, para dizer: olha, eu quero cercar aqui, que fique claro para vocês que, quando falamos de perfectibilidade do homem, nós não estamos falando de perfectibilidade de funções técnicas, porque esta evidentemente existe em muitos casos. Algumas pessoas conseguem ir mais longe do que outras nessa capacidade de aperfeiçoamento técnico de suas profissões. Aliás, uma das questões que tratava Ortega y Gasset sobre a rebelião das massas é a confusão entre títulos técnicos e capacidade de pensamento. O autor fala disso no *Rebelião das massas*; esse tipo de confusão é o que ele chama no livro, em 1930, de criação dos especialistas técnicos das coisas, como podendo então começar a falar de outras coisas.

De volta à definição analítica: se não é nenhuma dessas, o que significa a perfectibilidade? Essa perfectibilidade está intimamente associada à noção de evolução das pessoas, ou da humanidade como um todo. No evolucionismo, a ideia de evolução significa você se tornar adaptado – *fit* – a um determinado meio ambiente; adaptação essa que acontece ao acaso, e que num dado momento é adaptativa, no outro ela pode não ser. Por isso não é uma evolução que serve à ideia de perfectibilidade. A noção darwinista não serve. Porque aquilo que caracteriza, por exemplo, uma alta evolução técnica do ser humano pode, como alguns acham que irá acontecer, implicar a destruição do ser humano, a capacidade de pensamento de produção de técnica, que foi fundamental para virarmos o que viramos, nossa capacidade técnica, a relação causa e efeito que nós aprendemos a perceber no meio ambiente, a capacidade de fala, de comunicação, tudo isso pode se virar contra nós em algum momento. Quando você, às vezes, tem a impressão de que é uma maldição tanta gente falando o tempo inteiro nas redes, você está pressentindo esse efeito indesejado da comunicação em larga escala, como uma pandemia. Não é uma mera impressão; nós somos uma espécie que evoluiu no silêncio, falava pouco, poucas pessoas, ambientes vazios, muito pouca comunicação e, de repente, da semana passada para cá, todo mundo fala o tempo inteiro em toda parte. Todo mundo tem opinião, todo mundo está resolvendo os problemas do mundo.

Portanto, que fique claro quando eu usar a expressão "evolução", ou mesmo quando você a vir no texto; se alguém for ler Passmore, não é evolução no sentido darwinista. Mesmo que haja, no darwinismo, a ideia de que uma espécie se torna adaptada e, sendo assim, ela atinge um certo nível de perfeição adaptativa, naquele momento, naquele meio ambiente, aquilo depois pode se virar contra ela. Justamente porque você desenvolveu aquela característica, a capacidade técnica humana é uma delas, a capacidade de falar também, você poderá ver um efeito indesejado ocorrer. Para uma espécie que evoluiu no silêncio, essas questões são importantes quando discutimos, quando estamos tentando pensar a condição humana em geral, porque temos sempre que pensar na pré-história, pensar para trás também, lembrar do que existiu antes. Porque, senão, nós começamos a ficar iguais a essas pessoas que acham que o mundo nasceu com elas, e que com elas o mundo vai ser resolvido com as duas ideias fixas que elas têm na cabeça, e com o meio livro que leram e os tuítes que trocam. Elas vão salvar o mundo. Quando, na realidade, nós somos uma espécie que evoluiu no silêncio e não em meio ao barulho.

E é interessante porque Alexis de Tocqueville, jurista, cientista político e sociólogo francês do século XIX, que escreveu *Democracia na América*[6] – eu vou dando essas referências para mostrar a você o percurso do nosso diálogo –, usa uma expressão para se referir à jovem democracia norte-americana: *bavardeuse*, que significa tagarela. Em 1831, ele disse que na democracia norte-americana todo mundo tem uma opinião sobre tudo e aquilo que mais se repete se torna verdade. Então toda vez que queremos chegar a uma forma um pouco mais qualificada de pensamento, eu sempre lembro de um conselho do professor Paulo Arantes, quando entrei na graduação de filosofia na USP: "Vocês não estão aqui para ter opinião sobre nada, qualquer opinião que por acaso tenham, alguém, muitas pessoas, a tiveram melhor antes de vocês. Portanto, calem a boca e voltem aos clássicos da filosofia". Isso era um ritual na USP e em várias outras escolas, chama-se "quebrar as pernas". Isso também gera sintomas, que é o aluno de filosofia normalmente não querer dar opinião sobre nada. Ele olha para o aluno de ciências sociais, que fala pelos cotovelos, meio assim: esse cara lê pouco, é só Marx,

---

6. TOCQUEVILLE, A. *Democracia na América*. São Paulo: Edipro, 2019.

Durkheim e Weber, por isso tem tanta opinião fácil sobre tudo. E o aluno de filosofia, quando vai falar, tem medo porque um colega de sala pode aparecer e perguntar: em qual edição do Kant está presente essa frase? Então o aluno de filosofia normalmente é mais quieto e cuidadoso porque está acostumado a levar porrada o tempo todo, dos coleguinhas e dos próprios professores.

Paulo Arantes também escreveu sobre isso em seu livro, *Um departamento francês de ultramar*[7], de filosofia, uma obra maravilhosa sobre a fundação da USP, muito interessante. Pois então, que fique claro que não é evolução no sentido darwinista; estamos, aqui, mais próximos de um hegelianismo de consumo que supõe que a humanidade esteja se aprimorando, a história esteja avançando, o mundo esteja melhorando. Essa ideia está presente na filosofia do psicólogo, quase filósofo de tão perto que está da reflexão filosófica, que é o Steven Pinker, canadense radicado nos Estados Unidos. Ele tem um livro chamado *Os bons anjos da natureza humana*[8].

Eu lembro, no começo da pandemia, lá por volta de março, abril, maio de 2020, que era muito comum uma questão que aparecia de todos os lados – jornalistas, mundo corporativo, conversas entre amigos. Vocês devem ter ouvido ou feito essa questão ou a respondido em algum momento, que é a seguinte: você acha que a humanidade vai sair melhor da pandemia? Isso é algo recorrente. Nós vamos sair mais solidários da pandemia? Vamos sair mais empáticos? E aí aparecia, por exemplo, que o banco tal doou um milhão e meio de grana para esse determinado grupo aqui, o grupo tal doou não sei quanto para essa comunidade

---

7. ARANTES, P. E. *Um departamento francês de ultramar.* São Paulo: Paz e Terra, 1994.
8. PINKER, S. *Os bons anjos da natureza humana.* São Paulo: Companhia das Letras, 2017.

aqui, existiu aquele movimento enorme, no começo da pandemia, que aparece também quando você tem tragédias como a da Vale, por exemplo, que aconteceu antes. Podemos tratar dessa questão como uma pergunta de falta de conhecimento histórico, ou seja, qualquer pessoa que conheça um pouco história das epidemias sabe que a humanidade não sai diferente de nenhuma epidemia, historicamente nunca saiu. Aprendem-se coisas, técnicas, resolvemos problemas, como aprendemos a fazer vacina mais rápido, criam-se soluções; aprenderam lá no século XIV que, se você rasgasse o bubão da peste bubônica, liberaria aquele pus negro infeccioso, e isso ajudava as pessoas a sobreviverem à peste. Portanto, essa pergunta pode ser tratada como um simples equívoco histórico. Olha, leia tal livro sobre a gripe espanhola e você vai ver que a humanidade, e é evidente, depois da gripe espanhola, cerca de vinte anos depois, promoveu a Segunda Guerra Mundial, então a ideia de que saímos mais solidários não fica de pé.

Mas tem outro, digamos, elemento nessa pergunta, que é o elemento que, na verdade, mais me interessa aqui. É que está embutido nessa pergunta um certo desespero, que naquele momento era muito forte, e com razão, o medo da morte e tudo mais. Nessa pergunta está embutido um elemento que é uma expectativa de esperança. "Essa droga dessa pandemia está matando pessoas", isso falando lá no começo de 2020, depois, em 2021, ficou ainda pior aqui no Brasil. O primeiro semestre de 2021 foi o pior momento da pandemia aqui, pelo menos até hoje. Nessa pandemia, tem que ter alguma coisa de bom! Daí a esperança na perfectibilidade em meio à morte. É claro que havia pessoas que falavam que a pandemia veio para nos levar de volta às nossas casas; tinha esse tipo de, digamos assim, comentário, que é um comentário completamente desvairado. A pandemia não veio para coisa nenhuma, ela não chegou para nos ensinar coisa alguma. Você pode aprender com ela, mas ela não veio com agenda. Esse é um conceito que vai acompanhar a discussão aqui, que é o seguinte: ela veio da contingência, como alguns falam, a droga da contingência, que é um problema contínuo nosso. É o fato de estarmos o tempo inteiro submetidos a elementos que não controlamos e que nos enlouquecem. Lembro de um caso específico e de uma pessoa específica dizendo que a pandemia tinha vindo para nos ensinar de novo os valores familiares, uma figura famosa por aí. É claro, ficamos mais em casa, algumas pessoas ficaram bem sozinhas, outras muito mal, algumas ficaram bem em suas famílias, outras muito mal. Há todo tipo de situação nessa variabilidade da experiência humana que também é arrasadora.

Você acha que descobriu a fórmula, aparece uma coisa e você descobre que aquela fórmula não funciona, e entra no ciclo de novo da perdição, do qual fala Ortega y Gasset. Portanto, há um elemento em que o tema da perfectibilidade – ainda que eu a considere uma ideia fantasmagórica no sentido de Ortega y Gasset – remete a um desespero real do ser humano: será que, pelo menos, não saímos melhores do sofrimento? No que se refere à pandemia, algumas pessoas podem ter tido essa experiência, mesmo que depois esqueçam, mas podem ter feito descobertas sobre si mesmas. As pessoas falavam no começo da pandemia que iam reinventar a vida, não sei se vocês lembram da expressão, mas eu convivi muito com ela no começo de 2020, que era o "novo normal". Lembra dessa expressão? O "novo normal", como será o "novo normal"? Eu estou usando a pandemia porque ela é um exemplo empírico bom para entender contingência, para compreender como aparece a expectativa da perfectibilidade vinculada ao terror da contingência. A humanidade vai melhorar? Vai se tornar mais solidária? Vamos descobrir que estamos destruindo o meio ambiente por causa da pandemia? Vamos reconhecer o valor da família? Algumas pessoas destruíram a família durante a pandemia. A expectativa de perfectibilidade dá sentido à vida, ao sofrimento intrínseco a ela.

Eu lembro de uma matéria específica, de uma entrevista no jornal *Folha de S. Paulo*, em que um pai falava que a esposa e ele tinham um filho e um plano de ter outro, veio a pandemia e eles acabaram com a ideia de ter o segundo filho. Claro, estava sem escola, meu Deus, o que fazer com a pestinha sem escola? É claro que há uma ingenuidade nisso, mas também um desespero de base, que inclusive é referido pelo próprio Ortega y Gasset. Há um desespero de base, que está ligado a esse sentimento de estar perdido, uma necessidade de ter esperança, que é uma necessidade provavelmente adaptativa. E isso é fundamental: a perfectibilidade pode ter a sua função adaptativa. Veja que parece que estou me desdizendo. Eu não estou me desdizendo, na realidade estou fazendo um movimento dialético, assim, olha: a seleção natural do Darwin não serve para sustentar bem a ideia de perfectibilidade, mas eu posso entender que a ideia de esperança e suas ideias fantasmagóricas, de que trata Ortega y Gasset, é uma experiência adaptativa, nos ajuda a sobreviver. E nesse sentido, a ideia de perfectibilidade tem, digamos, a sua dignidade desesperada – não se trata de gargalhar em cima dessa expectativa, pelo menos, no mínimo, em relação a pessoas. Podemos pensar o tema da perfectibilidade na política também, claro. A sensação de que nós estamos indo para algum lugar na política, que estamos melhorando, do ponto de vista do olhar cético, que está mais perto da imperfectibilidade, parece inconsistente – não estamos indo para lugar nenhum. Nunca melhorou, melhora um pouco, piora depois, tem uma opção de melhoria aqui, depois não tem nenhuma. A política é, na verdade, a gestão da violência contínua pela própria política, com você tendo que organizar para que a violência, que é característica do poder, se perca dentro dela, e os representantes fiquem se matando entre si. Porque, senão, a gente começa a se matar do lado de fora, é assim que funciona. Então isso que eu chamei de uma certa dignidade do desespero, que busca o tal do náufrago de Ortega y Gasset, sobre o qual eu discorria no começo, almejando uma tábua de salvação. Se pensarmos em um autor muito famoso chamado Albert Camus, conhecido por *O estrangeiro*[9] e *O mito de Sísifo*[10], conhecido, portanto, por ser um filósofo bastante trágico, niilista muitas vezes, ele escrevia cadernos de rascunhos que foram publicados e traduzidos no Brasil, dentre os quais há um intitulado *A esperança do mundo*[11]. Qualquer pessoa que conheça Camus olha para isso e diz: opa! Esse eu tenho que ler! O Camus falando de esperança no mundo, um autor que achava que o único sentido da vida é o gosto, como se fala em filosofia, a experiência sensorial, que no caso do Camus era especificamente mulheres, a experiência da vida com as mulheres, sexo e não sei o quê. Mas, falando de esperança no mundo, é o mesmo autor que vai alegar que "qualquer possibilidade de esperança só existe se for atravessada pela humildade", quer dizer, a coisa fica um pouco mais complicada, porque na perfectibilidade existe, claramente, um certo voo do orgulho. Não sei se é claro para vocês, mas há um voo do orgulho; nós evoluímos, nós avançamos, nós somos melhores daqueles

---

9. CAMUS, A. *O estrangeiro*. Rio de Janeiro: Record, 1979.
10. Id. *O mito de Sísifo*. Rio de Janeiro: Record, 2018.
11. Id. *Esperança do mundo*. São Paulo: Editor Herdra, 2014.

que viveram há cem anos, eu sou melhor do que a minha avó, estou resolvendo a vida melhor do que ela. Tem um certo orgulho que, aliás, está no foco da discussão de Agostinho, como vamos ver quando formos lá para trás para analisar como nasceu esse debate de perfectibilidade e imperfectibilidade que gira muito ao redor do orgulho, na posição da perfectibilidade.

Então o que o Camus está dizendo é: há um elemento de busca de esperança na perfectibilidade, e esse elemento tem a sua consistência, como diz o próprio Camus, "ninguém consegue viver a vida inteira no absurdo". Na linguagem de Camus, viver no absurdo é viver em que situação? O absurdo é definido por ele como uma cena em que você tem um personagem e um cenário; o personagem é o ser humano, a ação desse ser humano é buscar à sua volta um sentido para a existência dele, e o que o cenário faz, que é o mundo à sua volta, é dizer para ele: não tem. "Dizer para ele: não tem" é metafórico, o mundo não diz nada, ele é indiferente a essa busca do personagem humano, completamente indiferente. Esse conflito entre a expectativa do personagem, de busca de sentido em todos os níveis, e a simples indiferença do universo e do mundo para com a nossa expectativa é o que Camus chama de absurdo. Filosofia do absurdo, que é a filosofia trágica, porque há esse desencontro de um personagem que tem um roteiro, que cria um para si, que não cabe no cenário onde está porque o cenário é indiferente ao que ele está fazendo, ele não encontra parceiro no mundo. É claro que ele pode encontrar outra pessoa, mas essa outra pessoa está na mesma situação que ele, e evidentemente a relação entre pessoas pode dar algum sentido à vida.

O próprio Camus sabia disso, inclusive, quando afirma "ninguém consegue viver a vida inteira no absurdo", ele está dizendo:

não dá para aguentar o absurdo o tempo todo. Não dá mesmo, por isso a autoajuda vende tanto. A questão é que, ao mesmo tempo que o Camus está alegando que ninguém consegue viver a vida inteira no absurdo, nessa contradição, e está dizendo que qualquer possibilidade de esperança só existe quando atravessada pela humildade, se nós o colocarmos no nosso diálogo aqui, o que ele está dizendo é o seguinte: olha, é impossível não ter alguma forma de esperança; em algum lugar você vai ter que alocar esse tipo de experiência humana, que é muito interna à condição humana. O problema é onde você vai alocá-la, e que esse processo não é propriamente um processo racional, aí que está, não é racional, até os românticos já nos ensinaram que a razão não está com essa bola toda.

E depois toda a psicologia freudiana, junguiana, todo mundo navegando nessas mesmas águas, nesse mesmo oceano. O que Ortega y Gasset diz é o seguinte: olha, qualquer esperança possível só nasce quando o náufrago chega em terra firme, e essa terra firme é saber que ele está perdido. Daí começa a possibilidade de alguma esperança, no sentido de Ortega y Gasset. Eu não daria à perfectibilidade o monopólio da esperança. Por isso estou afirmando isso agora, porque senão fica parecendo uma discussão que é muito comum, que é, dando um exemplo, no final de 2020, numa daquelas *lives* intermináveis que vivemos, principalmente em 2020, em 2021 a depressão ficou pior, então as *lives* também desapareceram um pouco. Cansou-se, tinha aquela história mesmo, de que tinha uma hora que era uma *live* atrás da outra, havia um pico das *lives* às 18 horas, às 19 horas a internet dava pau de tanta gente fazendo *live*. Essa não era no Instagram, era YouTube, não, era no Zoom, alguma coisa assim, numa grande empresa, e estávamos discutindo a pandemia, essas questões existenciais e tal, Fernanda Torres e eu, e tinha um mediador. E uma hora veio uma pergunta pelo *chat*, já no final, e o mediador falou: essa pergunta é boa para o Pondé, que adora o sofrimento. Você vê o equívoco crasso, como se, quando você está tentando pensar fora dessa obsessão de que você tem que, o tempo inteiro, pensar para deixar todo mundo feliz, você está pensando para deixar todo mundo infeliz e fazendo uma ode ao sofrimento. Por isso eu dei esse exemplo, do equívoco. Dar à percepção de perfectibilidade o monopólio da esperança é um equívoco, é assumir que você só pode ter esperança se for uma ideia fantasmagórica.

Você poderá ter bastante problema se tentar escapar desse equívoco, porque inclusive hoje as ideias fantasmagóricas se multiplicam aos milhões, o tempo todo. A esperança não é monopólio do otimismo, para utilizar um termo do senso comum, filosofia não gosta desses termos assim, otimismo, pessimismo, "mismos" são expressões que normalmente o filósofo profissional despreza, considera expressão do senso comum. Ah, Schopenhauer é pessimista, é claro que ele é pessimista, na linguagem do senso comum, mas o Schopenhauer provavelmente ia dar um tapa na sua cara e dizer: eu não sou pessimista, leia tudo que eu escrevi para ver que, na realidade, eu estou descrevendo a realidade, do ponto de vista da obra dele *O mundo como vontade e representação*[12]

Aliás, foi importante essa lembrança aqui, do Schopenhauer eu quero dizer, porque ele tem um lugar muito importante na história da filosofia. Tem um livro de que eu gosto muito, do Thomas Mann, chamado *Pensadores modernos*[13], traduzido pela Jorge Zahar

---
12. SCHOPENHAUER, A. *O mundo como vontade e representação*. São Paulo: Contraponto, 2007.
13. MANN, T. *Pensadores modernos*. São Paulo: Zahar, 2015.

no Brasil, no qual ele discute Schopenhauer, Freud, Nietzsche e Wagner, e mostra como esses autores teriam tido uma intuição de que o homem é um ser adoecido. Em Freud isso é bem claro. Não é que o Thomas Mann descobriu a roda, isto é, todo mundo sabe na história da filosofia que Schopenhauer é um filósofo importante porque faz um rompimento na história da filosofia que é o seguinte: mesmo Agostinho, que é o campeão da imperfectibilidade na filosofia da Antiguidade tardia, mesmo Agostinho, que é uma espécie de patrono dessa discussão, de criticar a posição pelagiana, mesmo ele, assim como todos os filósofos conhecidos, inclusive os filósofos gregos, ainda há nele uma percepção de que, mesmo que estejamos numa condição de imperfeição, existe uma ordem maior que, ela sim, é perfeita. No caso de Agostinho, Deus. Encontrar Deus e tudo o mais. Portanto, o mesmo Agostinho que é considerado muitíssimo pessimista em termos antropológicos filosóficos – quando se fala em antropologia filosófica, queremos dizer filosofia da natureza humana – não o é em termos cosmológicos ou ontológicos. Mesmo Agostinho está inserido numa concepção de que, ainda que sejamos imperfeitos, na linguagem dele é por causa da herança do pecado original, mesmo aí, há uma ordem maior, com a qual nós podemos inclusive nos relacionar, buscá-la ou ela pode olhar para nós; de alguma forma, há uma relação com um transcendente que é o Bem, como em Platão, ou Jesus Cristo no cristianismo. Existe uma ordem maior que em si é perfeita. E a filosofia é, na verdade, uma forma de, de alguma maneira, melhorarmos a nossa condição. Isso está nos estoicos, nos epicuristas, em Platão, Aristóteles, nos céticos duvidando de tudo, vivendo o segundo hábito você erra menos. Na realidade, essa é a posição cética, por isso o cético tende a ser conservador em costumes; é uma ideia que normalmente as pessoas não sabem: céticos tendem à posição conservadora em costumes por quê? Porque a gente faz muita besteira, então vai devagar com o santo, porque a gente nunca sabe direito o que está fazendo. A mesma coisa com Pascal: estamos na miséria, mas temos Deus, temos a Graça. Schopenhauer não, ele radicaliza: a ordem cósmica é perversa. Por isso ele é tão importante. Portanto, se há alguma esperança no universo que Schopenhauer descreve, é você, de alguma forma, tentar matar esse funcionamento perverso em você mesmo, que em Schopenhauer é matar à vontade, que é a louca da casa; leia-se casa como o cosmos inteiro. O que é a louca da casa? Essa vontade louca, irracional, insatisfeita, infernal que não deixa nada repousar, que faz com que os seres se devorem o tempo inteiro, que faz com que tudo saia do lugar o tempo todo. Schopenhauer dá duas "soluções": uma é a arte (ele é bem romântico nesse sentido), a ideia da vida estética, e a outra é a ideia da vida ascética, você matar a vontade em você; e é justamente do que Nietzsche vai discordar, é um dos pontos principais, essa ideia de que você deve matar a vontade em si.

Nietzsche acha que você tem que, na realidade, cavalgar em cima da vontade, o que também é outra utopia, como se eu pudesse surfar na vontade de potência, encarná-la e na verdade ir para cima da vida dizendo: é, não tem sentido nenhum não, por isso sou capaz de fazer o que eu quero. A utopia do super-homem nietzschiano é uma espécie de vida maníaca.

Se Nietzsche tem compreensão de perfectibilidade ou não, se esticarmos a corda, ele encosta na perfectibilidade porque tem uma utopia, de alguma forma. Então Schopenhauer tem um lugar importante na história da filosofia, por isso se fala muito dele; ele é um marco porque diz: não, a ordem em si é perversa, ou seja, Schopenhauer está perto daqueles cristãos malucos chamados gnósticos, do começo do cristianismo, que diziam que Deus é mau, que o Deus que criou o mundo é mau. Se você partir do pressuposto de que o Deus que criou o mundo é mau, você está mal mesmo. Estou falando do princípio ontológico ou cosmológico: a posição de Schopenhauer é muito séria, é uma filosofia muito séria, muito densa. Camus não diz a mesma coisa que Schopenhauer. Ele está dizendo que, na verdade, não existe ordem alguma, ela é indiferente. Em Schopenhauer não, a ordem goza destruindo a gente, destruindo tudo o que ela mesma gera, esse é o gozo da vontade cósmica. A questão aqui não é defender a posição de Schopenhauer. Nós não vamos entrar numa discussão metafísica na dimensão de Schopenhauer e é claro que na posição dele existe uma imperfectibilidade, só que a imperfectibilidade é a ontologia do universo, o universo produz imperfeição o tempo inteiro, porque a perfeição do universo é a tortura, que não serve para ninguém, pelo menos as pessoas normais. Aqui eu queria que ficasse claro para vocês: perfectibilidade significa avanço, progresso. Não como o carpinteiro ou o médico, mas como pessoa, como humanidade, essa coisa que fica um pouco vaga quando tentamos pôr dedo em cima, como se diz em filosofia, colocar o dedo em cima do problema é tirá-lo da condição vaga. Seja no plano individual, seja no social, seja no político, quer dizer, a ideia de que nós vamos, com o tempo, aprendendo e evoluindo e solucionando é uma discussão bem séria, apesar de que no dia a dia a gente não se apega muito a ela. É bem séria porque está inscrita na estrutura social, na expectativa política e no ser humano que nós somos e estamos continuamente nos batendo com o desespero e precisando ter esperança.

A questão que fica é: Camus afirmou que a esperança só é possível com humildade, e ele é um doutor na desesperança, por isso o estou citando. A esperança só é possível na humildade. Parece até cristão, não parece? O Camus, quando você lê *O mito de Sísifo*, era um filósofo ateu claramente assumido; mas, quando você lê, você sente aquele cheiro de jansenismo, aquela escola teológica francesa do século XVII, agostiniana, que discutiu muito esse assunto. Inclusive ele chega a falar de Graça. Você percebe porque, na realidade, o jansenismo – vou falar disso no nosso próximo encontro – está muito enraizado na cultura erudita francesa. Essa posição jansenista, identificada com Pascal no século XVII, está enraizada como visão de mundo. É por isso que Camus é descrito como um jansenista sem Deus, o que é bem pior.

O nosso grande jansenista no Brasil, segundo Sábato Magaldi, foi Nelson Rodrigues. É um autor que tem o olhar da imperfectibilidade. Em filosofia, nós chamamos de um olhar de moralista. Moralista, em filosofia, não é ditar regra, é olhar para a natureza humana com lupa. A posição da imperfectibilidade normalmente traz consigo um repertório maior de observação do ser humano, porque a posição da imperfectibilidade navega na contradição, na negatividade, dialoga com o desespero, tem uma relação, como dizia Nelson, dolorida e difícil com a felicidade, nos termos dele. Nelson é o cara que dizia que "buscar a razão é uma ascese como a santidade", dura como a busca da santidade. É uma das melhores definições da relação com a razão que eu já vi na filosofia, apesar de que não é na filosofia e sim numa coluna de jornal do Nelson.

Com a imperfectibilidade navegamos numa condição de contradição, de negatividade, de embate contínuo com a tendência do ser humano de querer olhar para as coisas sempre de uma forma melhor, para conseguir lidar com a vida. Isso é um impulso psicológico absolutamente normal, ninguém gosta do sofrimento. A relação com o sofrimento não é de gosto, você não precisa gostar nem procurar, ele te acha, não tem essa coisa de que vamos procurar ou vamos gostar. Não está na ordem da apreciação e sim da estrutura, como se fala em filosofia. Está na estrutura do mundo, na ordem dele, no modo como os elementos o constituem, sejam pedras, pássaros, dinossauros, sol, sociedade, todos são elementos da estrutura do mundo, do ponto de vista da filosofia. Enquanto a posição da perfectibilidade acaba correndo riscos porque parte de pressupostos muito simpáticos e agradáveis e, por isso mesmo, não precisa fazer tanto esforço, ela tem a seu favor a nossa própria expectativa profunda. Eu quero que você me elogie. Ninguém normal gosta de críticas, só mentirosos. Gente mentirosa diz: eu gosto de crítica. Nós gostamos de elogios que nos ajudem a passar o dia, que nos façam achar que, apesar de fulano, beltrano e sicrano nos detestarem, existe alguém que não nos detesta. A posição da perfectibilidade dá a ideia de que a gente evolui como pessoa, que se reinventa, que é livre para fazê-lo, percebe? Livre para fazê-lo, que a gente tem autonomia para fazê-lo, isso tudo elogia a nossa condição, e ao elogiar a nossa condição ajuda, em alguma medida, a sobreviver.

Eu lembro de uma fala do Walter Longo, muito boa, citando o Jerry Seinfeld, cuja anedota eu desconhecia. Ele disse que o problema dele, quando vai a uma farmácia, é que ele não conseguia decidir entre um remédio de efeito imediato e um de efeito prolongado. O efeito imediato é tipo autoajuda: você lê, fala que você pode se reinventar, que você tem tudo em você, é só fazer tal, tal e tal passo, como fulano fazia; e o de longa duração seria você olhar para a situação de uma forma mais a partir de um olhar da imperfeição.

E esse debate da perfectibilidade *versus* imperfectibilidade contamina grande parte das relações, inclusive das do pensamento.

Se você pensa a favor, então você é alguém que está abraçando as pessoas, que está preocupado com o sofrimento delas; se pensar, digamos, a partir do olhar da imperfectibilidade, é como se estivesse fazendo mal para si e para os outros – "*bad vibes*". Insisto nessas relações porque, quando começarmos a discutir conceitos, e vamos para a filosofia assim ou para a teologia, eu quero que vocês enxerguem claramente e lembrem das coisas que estamos discutindo. Eu não sei qual é a formação de vocês, não sei quem aqui tem formação em filosofia ou psicologia, o que for. Faz parte da nossa ideia justamente abrir o curso para pessoas que não necessariamente estão no nosso universo da filosofia.

Para onde vamos no próximo encontro? Nós vamos para a Grécia Antiga. Passmore vai dizer o seguinte: a posição da Grécia Antiga em relação à perfectibilidade não existe propriamente. Você está colocando um problema que não é claro naquele ambiente, que é um problema que nasce com a filosofia agostiniana. Olha, na filosofia grega, podemos perceber laivos de perfectibilidade em Platão, por exemplo; podemos perceber laivos de perfectibilidade no estoicismo ou no Aristóteles da *Ética*, por exemplo; mas se você pegar o universo grego, que compreende desde a *Ilíada*[14], a *Odisseia*[15], o conjunto de tragédias, a poesia em geral, a *Teogonia a origem dos deuses*[16] de Hesíodo, ou seja, se pegar o universo grego de uma forma mais vasta, não há perfectibilidade.

O ser humano está submetido a um teto baixo, que é: nós somos mortais, existem seres imortais que fazem o que querem conosco. E temos um problema a mais: nós morremos e muitos de nós viram fantasmas que nos atormentam e temos que

---

14. HOMERO. *Ilíada*. São Paulo: Penguin-Companhia, 2013.
15. Id. *Odisseia*. São Paulo: Penguin-Companhia, 2011.
16. HESÍODO. *Teogonia a origem dos deuses*. São Paulo: Iluminuras, 2000.

passar parte da vida os alimentando com rituais e ritos, inclusive fisicamente, pondo comida, vinho, leite, mel – como se faz no candomblé e com outras coisas hoje em dia –, alimentando o túmulo dos mortos para que eles não venham nos atormentar. Quando, na *Ilíada*, Homero descreve a visão do Hades, e na *Odisseia*, com Ulisses, quando este vai ao Hades e fala com Aquiles no chamado "inferno", o Hades já era uma boa solução para os gregos; era a ideia de que a alma ia para lá, era um vulto, não voltava mais, e estava fechada; era um avanço no sentido de que não voltava para o mundo dos vivos e para nos atormentar. E para fazer isso você tinha de queimar os corpos. Cremação, na Grécia Antiga, implicava em você se defender da contaminação dos mortos. Hoje, cremação significa se salvar da contaminação dos mortos de novo, só que no meio ambiente. Na Grécia Antiga, era dos fantasmas; você destruía o corpo completamente. Então nós seguiremos para isso na semana que vem.

Pergunta: Professor, sobre o naufrágio: o Meursault, de Camus, em *O estrangeiro*, estaria vivendo sob esse naufrágio?
Pondé: Meursault é o personagem de *O estrangeiro*, de Albert Camus, que é provavelmente o romance mais famoso do Camus. Se ele está vivendo num naufrágio? O Meursault é o personagem mais claramente niilista, mais niilista que o Piotr Verkhovénski, de Dostoiévski. É niilista até a última gota. Se ele está num naufrágio? Se você perguntasse, talvez ele não tivesse saco para responder. Mas ele diria: acho que sim, o mundo está naufragado, o mundo inteiro é um naufrágio, portanto ele está nessa posição. É que a posição do Meursault é diferente daquilo que Ortega y Gasset tem na cabeça como a relação com o naufrágio. A vida para Meursault não é um

movimento em direção à terra firme de que fala Ortega y Gasset. A posição dele é a de um niilista que introjetou o niilismo, e você vê no fato de que, como você sabe bem, ele atira no árabe e fala: ah, o sol bateu na minha cara, e dá cinco tiros no sujeito, e as coisas são tão sem sentido que no fundo, no fundo, o principal argumento contra ele no julgamento é que ele estava com pressa de ir embora do enterro da mãe porque queria fumar um cigarro. Então Meursault é pior do que o próprio Camus, porque Camus era um estetizante, entendia que o sentido da vida era o gosto, beber, fumar, viajar e ter várias mulheres. Ele fica olhando a Marie, que é a namorada de Meursault, tomando banho de mar, suando, com vestido molhado, que é o tipo de imagem que Terrence Malick replica no cinema dele, interessante isso: a mulher, seu gosto como sentido da vida. E tem uma hora que Marie pergunta: você me ama? Você casaria comigo? Ele diz que sim. Depois, ela, bastante inteligente, indaga: e se outra mulher pedisse a você para se casar com ela, dizendo que te amava, você também se casaria? E ele: também. O que ele está afirmando? Que se você quiser se casar, que eu case com você, eu me caso. Eu gosto de ficar com você, gosto da sua comida, gosto de transar com você, você é legal. Por que eu não iria me casar com você? E o que faz Marie? Dá um beijo na boca dele. Ela não entra numa *vibe* não, você e tal... ela dá um beijo na boca dele e vai embora. Quer dizer, ela está ali, próxima; digamos que o Meursault teve mais sorte do que o Bazárov com a Serguéievna no *Pais e filhos*[17], que deu um "chega para lá" nele e ele ficou deprimido. A Marie abraça o niilismo do Meursault. Então acho que sim, você pode dizer que ele está no naufrágio, mas

---

17. TURGUÊNIEV, I. *Pais e filhos*. São Paulo: Companhia das Letras, 2019.

ele não se agarra a nenhuma ideia e vai se afundando, tanto que, quando o juiz que faz a condenação dele o visita, mostra os crucifixos para ele, no final do livro fala para ele de Jesus Cristo, do arrependimento, do perdão, não sei o quê. Ele já foi condenado, vai ser morto e diz para o juiz de instrução: tudo que você disse não vale o fio do cabelo de uma mulher. Ele falou de cristianismo, metafísica, redenção, quer dizer, Meursault é um típico "dane-se". A vida estética, o gosto da boca de uma mulher vale mais do que a metafísica.

Pergunta: Pondé, quando você falou da perfectibilidade, você explicou que não é da técnica, mas sim da evolução humana. A psicanálise não seria uma técnica que busca essa questão de evolução humana? Portanto, a psicanálise é uma picaretagem?

Pondé: Se você colocar a psicanálise ao lado da psicologia positiva, por exemplo, a psicanálise sem dúvida está muito distante do discurso da perfectibilidade banal. Se você colocar psicanálise ao lado de uma teoria cognitivo-comportamental, a teoria cognitivo-comportamental parte do pressuposto que você pode avançar em certos fragmentos de comportamento, e que isso pode alterar crenças ruins que você tem sobre a realidade. Não é que seja ontologicamente a favor da perfectibilidade, mas ela oferece às pessoas uma percepção de terapia breve e objetiva, que virou um grande mercado hoje em dia. Dentro das teorias, se a gente pensar, por exemplo, na partição existencial, de Kierkegaard, de Jaspers, que vai dar em terapia existencial de alguma forma, ou da daseinsanálise derivada de Heidegger, eu diria que a psicanálise está mais próxima dessas teorias no sentido de oferecer fórmulas menos fáceis para a solução dos problemas. Agora, não há dúvida de que há em Freud – Freud é alguém que se vê como herdeiro do Iluminismo – uma percepção da própria obra como algo que está jogando luz sobre a vida psíquica. Jogando luz, metáfora mais iluminista do que essa é impossível. Portanto há, como para todo mundo que trabalhava com ciência na época, uma certa tensão positivista na posição de crer que a ciência resolve, que você vai entender como funciona o inconsciente, que entendendo como ele funciona você pode então oferecer – não que você como analista vá fazê-lo –, mas que pode criar um ambiente, onde a partir da técnica da associação livre, você e a atenção flutuante do analista – estou falando da psicanálise freudiana –, você vai conseguir entrar em contato com conteúdos que estavam reprimidos; nesse sentido, você pode sofrer menos aqui ou acolá, que é a própria terapia enquanto tal. É claro que Freud, ao longo da obra, vai tropeçar quando faz análise terminável e interminável. Ele diz: você faz uma terapia com uma pessoa e termina, e ela sai melhor. Não conseguia dormir no escuro, passa a dormir no escuro; não conseguia comer, voltou a comer; aí acontece uma desgraça na vida dela e estraga tudo. Freud está falando que tem um aspecto terminável e um aspecto interminável. O aspecto interminável é o fato de que o paciente, assim como todos nós, está submetido ao efeito da contingência geral dos elementos. O Freud da pulsão de morte também é um Freud que se afasta dos postulados positivistas, então é por isso que, normalmente, quando psicanalistas discutem Freud, eles dizem: o Freud do projeto, do começo, quando ainda está nos escritos metapsicológicos – que entende que ali você está jogando luz sobre o inconsciente, percebendo como é seu funcionamento, entendendo o funcionamento você encontra soluções –, está mais distante do Freud da pulsão de morte, da última teoria das pulsões do *Além do princípio do prazer*[18], que é esse Freud que olham e quem conhece diz: esse Freud aqui é schopenhaueriano, esse último Freud. O da pulsão final de *O esboço de psicanálise*[19], publicação póstuma, esse Freud diz que o objetivo final da pulsão é a destruição do eu, aí a coisa pega. Por isso que Freud tem muitos textos e teses. Eu mesmo orientei uma tese aqui na PUC, anos atrás, de uma psicanalista que continha justamente o diálogo entre Freud e a tragédia. Este é o último Freud. Sem dúvida nenhuma, qualquer terapia pressupõe a ideia de que você pode, de alguma forma, melhorar a condição em que está vivendo. Se a gente colocar no caldeirão, acho que a psicanálise está um pouco distante dessas posições que são mais claramente perfectibilistas no sentido banal. Agora, é claro que há em Freud a ideia de que, se você fizer análise, de algum modo, poderá viver um pouco menos mal, um pouco melhor, que na realidade é o que todo mundo busca. Paulo Francis citava um trecho – que eu nunca vi em lugar nenhum, mas Francis era muito erudito em relação a Freud – que, no fim da vida, Freud teria assistido a uma conferência de Melanie Klein, já em Londres, e que ao final ele teria batido palmas e alguém teria lhe perguntado: mas como o senhor bateu palmas se não concorda com Melanie Klein? E que ele teria dito: mas isso não interessa. É o Paulo Francis falando, não sei se é fato ou se ele viajou, mas sim, Francis interpreta: Freud afirmou isso porque, no final da vida, era, antes de tudo, alguém que achava que tinha descoberto uma filosofia do ser humano, uma antropologia filosófica, e sabia muito bem que a terapia não funcionava tão bem.

---

18. SIGMUND, F. *Além do princípio do prazer*. São Paulo: LPM, 2020.

19. Id. *O esboço de psicanálise* (Edição *standard* brasileira das obras psicológicas completas de Sigmund Freud, volume XXIII; Moisés e o monoteísmo, Esboço de psicanálise e outros trabalhos). São Paulo: Imago, 2006.

Pergunta: Posso só fazer um adendo? Eu acho que a perfectibilidade no sentido da psicanálise está mais presente nos psicanalistas jovens do que na psicanálise em si. Porque essa psicanálise de Tiktok, Instagram, ela é medíocre; na verdade acho que está abaixo da mediocridade. Você não acha? Ou eu estou muito alienado? Uma distância entre a psicanálise e os novos psicanalistas de 23 anos, por exemplo, que não conseguem nem ter uma biografia para ser psicanalista.

Pondé: Imagina alguém com 22, 23 anos tratando pessoas?

Pergunta: Parece que está muito mais ligado a mostrar a imperfectibilidade humana do que a perfectibilidade.

Pondé: Ah, sim, no exemplo que ele está dando sim. Essa semana eu vi, inclusive, um caso de uma dentista pediatra que está fazendo conteúdo para o Tiktok, porque aí as crianças a veem nessa rede social e falam para as mães que querem passar com ela. É uma discussão sobre ética da profissão, entendeu? Pode, não pode, médico, dentista, advogado, também tem essa discussão. Pode se vender nas redes sociais ou não pode? Mas o que você ia dizer?

Pergunta: Que a psicanálise está muito mais ligada a mostrar essa imperfectibilidade humana, só que é muito duro para a geração mais nova lidar com isso, eu acho. O pessoal usa o Tiktok...

Pondé: É duro porque está sendo vendido, justamente o que estamos falando, dentro dessa ideia de que todo mundo pode ser feliz, pode ser livre, pode se dar bem, pode se reinventar e estamos vendo que não é nada disso.

Pergunta: Eu acho que o Pondé não falou disso, da esperança que é mais comum nos jovens, e é necessário mencionar.

Pondé: Ah, sim, jovem muito cético, muito niilista, faz mal, deforma fácil. É meio complicado, tem que tomar cuidado. Provavelmente sofreu algum tipo de desencanto muito grande. Eu conversando com alguns alunos de graduação ontem – vou terminar com essa referência porque vai ao encontro do que você levantou (esse tema dos jovens), que é todo um território específico. Eu estava falando sobre a primeira aula do semestre, como funciona a avaliação, que montamos cena de teatro e estava dando exemplos do que não se pode fazer porque já tinha acontecido de um colega comer a colega no meu trabalho, entendeu? Já foi feito isso. Fumar um baseado, isso no passado, matar frango e uma menina tomar banho com o sangue do frango... isso aconteceu na minha aula, montaram isso. Eu estava explicando, e de repente parei e falei assim: mas vocês estão em outra *vibe*, né? Hoje em dia vocês não fazem esse tipo de coisa. E um dos meninos falou: é, Pondé, a gente está em outra *vibe*, outra *vibe*. Matar frango, tomar banho com sangue de frango, comer a colega no trabalho, fumar um baseado no meio do trabalho. Eu quero é paz!, disse ele.

Capítulo 2

Há perfectibilidade na Grécia Antiga?
O conceito de conglomerado herdado

Bom dia, sejam bem-vindos. Hoje nós vamos conversar sobre a questão da perfectibilidade no universo grego antigo. Na semana passada eu fiz um passeio pelo conceito de perfectibilidade, segui John Passmore, que é um pouco a nossa rota, e fiz o caminho que ele faz quando diz: olha, não perfectibilidade técnica, não é uma questão de *expertise*. Mas é uma ideia de perfectibilidade compreendida como a capacidade do ser humano evoluir, se tornar aperfeiçoado, *perfectibilité*, como dizem os franceses. O contrário disso é a ideia da imperfectibilidade. Eu dizia que, na realidade, quem estabelece essa discussão na origem da filosofia é Santo Agostinho, dentro do cristianismo, portanto é uma discussão da qual faz parte a ingerência ou não da Graça, do sobrenatural, do divino, e depois vamos ver que esse sobrenatural divino vai sair da discussão, e se tornará um debate sobre perfectibilidade basicamente na área secular, o que significa técnica, ciência, estado, política, psicologia.

Falar de perfectibilidade humana em geral também é, de alguma forma, você pensar a sua própria perfectibilidade. Isso está na ordem do dia. Até brinquei com a ideia do "reinventar-se", lembram? A ideia de você poder se reinventar. Uma vez eu recebi uma mensagem de WhatsApp que tinha um cenário de um sol lindo, maravilhoso, e uma frase embaixo: "você tem tudo para se reinventar". Essa é uma ideia típica de perfectibilidade barata, que você vende, como se dizia há alguns anos, a R$ 1,99.

Estou fazendo essa rápida recapitulação do que vimos na semana passada, um resumão, e, antes de ir para a Grécia, você mencionou que tinha uma questão sobre isso (dirige-se a um participante).

Pergunta: Quem inventou a ideia de perfectibilidade?

Pondé: Ninguém propriamente inventou a ideia. Quando formos discutir o Agostinho, que não era um defensor da perfectibilidade, vamos perceber que ele identifica na filosofia estoica grega uma crença de que os seres humanos poderiam atingir um certo grau de autonomia. Autonomia em grego significa "eu mesmo como o centro da norma, da regra"; enquanto heteronomia significa que a fonte da normatividade, da regra, da lei, está no outro, porque em grego a palavra "outro" é *heteros*. Nessa discussão com o estoicismo, Agostinho critica a ideia de que, racionalmente, com o uso da razão, conseguiríamos, por exemplo, não viver sob o domínio do desejo, não nos deixarmos enganar pelo mundo, sermos capazes de atingir aquilo que os estoicos chamavam de ataraxia, ou *apatheia*, ou seja, sofrer menos com o mundo. Quando essa discussão entra na oposição entre Agostinho e Pelágio, que era um monge britânico simpatizante de uma posição estoica, Agostinho vai acusá-lo de trazer para dentro do cristianismo uma crença na suficiência humana, que hoje chamaríamos de autossuficiência, e essa ideia de autossuficiência, quando você chega ao Renascimento, de fato, a palavra na filosofia francesa *perfectibilité* aparece para se referir àqueles que defendem a autossuficiência humana. Entendeu a trajetória? Ninguém inventou – normalmente, em filosofia, não é exatamente assim que acontece –, mas foi a tentativa do cristianismo de questionar a ideia da filosofia grega de autonomia racional, que abriu as portas para se colocar a pergunta: a natureza humana tem, em si, elementos suficientes para se aperfeiçoar, para se tornar mais justa, honesta, inteligente, no caso do cristianismo, ou ela precisa da injeção da ingerência de Deus? Que seria a Graça, na linguagem de Agostinho.

Quando essa parte sobrenatural, teológica sai de cena, a discussão da perfectibilidade vai direto para o universo da racionalidade, da técnica, da crença de que o ser humano pode ir, com o tempo, melhorando dentro da história e construindo uma sociedade melhor a partir dele mesmo. John Passmore, quando discute o debate pelagiano, como falamos em filosofia, ou a polêmica da Graça, como é conhecida – esses textos de Agostinho estão traduzidos em português pela Editora Paulus, são volumes intitulados *A Graça I*[20] e *A Graça II*[21], porque são vários textos nos quais ele polemiza com Pelágio e depois com um discípulo de Pelágio, chamado Juliano de Eclano –, está polemizando contra a ideia da autossuficiência humana, e nisso se configura a pergunta: somos autônomos para nos aperfeiçoar? Temos recursos suficientes para melhorar a nós mesmos? Isso significa a sociedade como um todo.

É claro que, quando você tem um influxo iluminista e a Revolução Industrial, a ideia da perfectibilidade ganha um corpo

---

20. AGOSTINHO, A. (SANTO AGOSTINHO). *Patrística - A Graça (I) - Vol. 12:* O espírito e a letra | A natureza e a graça | A graça de Cristo e o pecado original. São Paulo: Paulus, 2014.

21. Id. *Patrística - A Graça (II) - Vol. 13:* A graça e a liberdade | A correção fraterna | A predestinação dos santos | O dom da esperança. São Paulo: Paulus, 2014.

extremamente poderoso, porque a modernização é uma crença, mesmo que implícita, na capacidade de perfectibilidade do homem e da sociedade. É uma coisa interessante porque uma categoria de pessoas que, normalmente, tem muito instalada essa crença na perfectibilidade, são os empresários. Porque o empresário deprimido não funciona; ele tem que acreditar na capacidade de solução, de resultado. Nas oportunidades que eu tive de conversar com empresários sobre coisas desse tipo, fica muito clara essa posição. Outro profissional que tem isso muito embutido, naturalmente, é o profissional que trabalha com educação; mas, nesse caso, também ocorrem grandes crises de depressão no meio do caminho, por conta do dia a dia, da educação.

Então, voltando para a Grécia. Voltando não, começando. Eu já havia dito a vocês, no nosso último encontro, que essa questão de rebater sobre a Grécia a pergunta da perfectibilidade é um anacronismo, um pecado epistemológico, porque não havia essa questão. A palavra com certeza não existia, nem em Agostinho. Havia a ideia da autossuficiência *versus* insuficiência, mas tampouco há nos gregos a ideia de que os seres humanos possam agir de forma absolutamente livre e progressivamente melhor. Na filosofia grega – quando digo "filosofia grega", estou me referindo a Sócrates, Platão, Aristóteles, estoicismo, epicurismo –, que fique claro, há mais espaço para uma certa autonomia, mas muito longe da crença secular moderna na perfectibilidade. Não estou me referindo à pré-socrática, que, na realidade, não sei se é clara para vocês; quando nos referimos a "pré-socrático", a expressão é nítida: antes de Sócrates. Mas se trata de um conjunto de autores, que são de fato os primeiros filósofos, que se perguntavam acerca do princípio das coisas. *Arché*, o princípio das coisas. E aí você tem gente muito famosa como Heráclito, que Nietzsche apreciava muito, Parmênides, Anaximandro etc. Eles estão sempre se perguntando pelo princípio das coisas, buscando uma explicação que seja, de alguma forma, natural, que venha da natureza, ainda que nos pareça muitas vezes ingênuo, as coisas teriam vindo do fogo, do ar...

Eles são considerados os primeiros filósofos porque abandonam explicações cosmogônicas. O que são explicações cosmogônicas? O deus aqui brigou com o deus acolá, aí matou e roubou a deusa tal, tiveram um filho e esse filho transou não sei com quem, entendeu? Isso são explicações cosmogônicas. A pré-socrática é conhecida como a filosofia da *physis*, que em grego é natureza, tanto que alguns os chamam de fisiólogos, que buscam explicações naturais. Esse fato é considerado o nascimento da filosofia, que é a tentativa de explicar as coisas sem remeter a causas sobrenaturais.

Esse processo nunca foi plenamente realizado até hoje. Quando alguém imagina que alguma coisa aconteceu por uma razão não apenas mecânica está reincidindo nessa crença de uma dimensão sobrenatural que dá sentido às coisas. Eu lembro sempre, logo no começo da pandemia, que fui à padaria perto de casa comprar pão e a menina que trabalha no caixa virou para mim e falou: professor, eu sei que o senhor não acredita em nada disso, mas, olha, essa doença foi Deus que mandou, porque Ele na verdade está de saco cheio da gente. Você pode encontrar esse tipo de entendimento, não só na menina que trabalha no caixa. Só que ela é honesta o bastante para confessar o que pensa. Então ela diz com todas as letras: foi Deus que mandou, está tão de saco cheio da humanidade, de nós – ela não mencionou "humanidade" –, por isso Ele enviou essa doença. Mas toda vez que você atribui uma finalidade a um fenômeno natural, aquilo que em grego chamamos *télos*, teleologia, atribuir *télos* à natureza ou às coisas, é atribuir um sentido. É entender que o que acontece no mundo natural acontece para alguma coisa. Algo que Newton fez, e depois Darwin, foi introduzir uma concepção de ciência que ainda é, do ponto de vista do senso comum, do dia a dia, difícil de engolir, é a ideia de que os elementos naturais não têm nenhum *télos*. O universo não tem sentido nenhum, as coisas não acontecem para coisa alguma, elas são resultado da interação entre leis naturais cegas. Quando você afirma que o universo é cego, isso quer dizer que ele não enxerga a finalidade. Essa é uma ideia profundamente filosófica e é um divisor de águas, porque, quando você atribui *télos* à natureza, você acha que a natureza faz coisas para ensinar as pessoas, que ela tem objetivos, assim como os seres humanos têm *télos* na vida – ser feliz, ganhar dinheiro, ter ou não filhos, trabalhar não sei com o quê, sei lá.

A pré-socrática não nos interessa muito, por isso que, quando eu digo filosofia grega, estou me referindo a Sócrates, Platão e Aristóteles, porque Sócrates, assim como os sofistas da mesma época – Protágoras, Górgias, Teeteto, Crátilo, toda a moçada cujo nome Platão usou para intitular seus diálogos –, foram filósofos que, de certa forma, retiraram a atenção da pergunta pelo princípio das coisas, *Arché*, e começaram a se perguntar coisas que têm a ver com o ser humano.

Sócrates passou a perguntar o que é a verdade, o que é a justiça, qual é a relação entre a linguagem e as coisas, como fazer uma pólis justa? Estão vendo que ele desviou a coisa? É por isso que se fala que Sócrates fez uma virada antropológica, na filosofia; ele desviou a filosofia, realizou essa virada antropológica como, por exemplo, afirma aquele historiador da filosofia grega antiga, acho que um dos maiores, o Giovanni Reale. A obra dele, em nove volumes[22], sobre filosofia grega está traduzida para o português e é um pilar do estudo da história da filosofia grega. Ele também tem o *História da filosofia completa*[23] (também traduzido para o português). Giovanni Reale diz que Sócrates realizou um giro antropológico na filosofia, e esse giro fez com que, a partir daí, a filosofia se ocupasse muito com coisas relacionadas ao que a gente chamaria de *ser humano*.

A pergunta é: quando John Passmore fala que não existe uma concepção de perfectibilidade na Grécia Antiga, essa pergunta se divide em duas partes. Haveria uma concepção de perfectibilidade na Grécia Antiga quando você está falando da *Ilíada* ou da *Odisseia*, ambas de Homero, ou das tragédias? Isso é uma coisa. Outra coisa é: haveria uma concepção de perfectibilidade, ainda com perdão do anacronismo, quando nos referimos a Sócrates, a Platão, a Aristóteles, ou aos estoicos ou mesmo aos epicuristas? A resposta não é simples, como todo problema que, numa linguagem de cozinha da filosofia, você pega pelos cabelos e tenta resolver. Nenhuma resposta séria é simples, só na matemática. Toda resposta que você tentar compreender um pouco melhor é sempre ligeiramente mais complexa. Além de Passmore, há algumas referências para a nossa conversa hoje; uma delas é o próprio Bernard Williams, que eu citei quando estava explicando o que é filosofia analítica na semana passada. Ele tem um livro chamado *Shame and Necessity*, um estudo sobre a moral na tragédia grega.

---

22. REALE, G. *História da filosofia grega e romana*. São Paulo: Edições Loyola, 2009. Coleção 9 volumes.

23. ANTISERI, D., REALE, G. *História da filosofia*. São Paulo: Paulus, 2003. Coleção 7 volumes.

Há também outro livro excelente, de um historiador da religião e literatura gregas, que se misturam, que é o E. R. Dodds, da Irlanda do Norte, que possui uma obra específica pela qual vou passar hoje no meio da nossa conversa, que é *Os Gregos e o Irracional*

Eu falei dele na semana passada porque tem uma anedota, que não é anedota, que ele conta. Dodds era professor e um dia perguntou para um aluno se ele estava gostando do curso sobre a Grécia, e o aluno respondeu que não gostava muito da Grécia Antiga porque os gregos eram muito racionalistas. Aí o Dodds decidiu escrever uma obra para provar que o aluno estava errado (não só aquele aluno, mas um monte de gente pensa isso), e escreveu *Os Gregos e o Irracional*, que é um clássico. O autor vai perseguindo vários exemplos de como o irracional aparece na Grécia Antiga, aquilo que ele chama de intervenção psíquica – *átē*, como se diz em grego antigo –, por exemplo, quando um deus ou uma deusa se mete na cabeça de alguém para obrigá-lo a fazer o que esse deus ou deusa querem, normalmente se vingar de alguém ou quando está envolvido algum tipo de paixão. Se você pegar a história de Fedra, por exemplo, de Eurípides, depois reescrita por Sêneca, depois por Racine no século XVII, Fedra é, na realidade, uma vítima de Afrodite, porque a Afrodite, a deusa da beleza, se apaixona por Hipólito. Como você vai ousar recusar o amor da deusa da beleza e do amor? E Hipólito recusa, porque decidiu que seria casto e dedicado a Ártemis, a deusa da natureza. Afrodite fica muito brava com isso, rejeitada... imagina? O que ela faz? Ela faz a madrasta de Hipólito, Fedra, se apaixonar por Hipólito e com isso literalmente destrói a família toda. Joga o pai contra o filho, porque Hipólito recusa Fedra também e ele havia decidido que seria casto, e ela era a madrasta dele, afinal. Ia dar Nelson Rodrigues se não recusasse... Depois ele acaba morrendo também. A própria natureza o destrói porque entende que ele recusar o amor das mulheres é antinatural, então resolve destruí-lo. Fedra se mata de desespero.

O que Dodds traz, como um fato importante, é: se, no universo da literatura grega e da crença dos gregos, os deuses intervinham dessa maneira completamente aleatória, para onde você vai? Onde vai ter autonomia? Onde vai conseguir entender que o ser humano tem, dentro daquilo que o compõe, como natureza humana, e aqui estou falando de *natureza humana* compreendida na forma dos recursos de personalidade, recursos neuronais, psicológicos. Eu não quero entrar na briga sobre o conceito de natureza humana. Onde esse ser humano vai encontrar elementos para ser autônomo o bastante, para realizar algum tipo de projeto em que vá se aprimorando, se aperfeiçoando, quando, no meio da história, algum deus ou deusa loucos se metem na sua vida, criam guerras, como sabemos que acontece nas histórias, como podemos imaginar algum tipo de perfectibilidade quando os deuses são erráticos?

Pelo menos o plano sobrenatural, como muitos religiosos acreditam, o que é o espiritismo senão uma crença na perfectibilidade humana a prestação? Morre, tem problemas, reencarna, você faz um projeto de como vai pagar as contas da encarnação anterior, encarna de novo, paga algumas contas, cria novos débitos, morre, encarna de novo, paga a conta da encarnação anterior, cria novos débitos, até o ponto em que você chegue ao equilíbrio fiscal pleno, o teto nunca seja estourado, e você finalmente para de encarnar e vira luz (sei lá o que vira). O espiritismo é uma forma positivista de crença, acumulativa. Isso Mircea Eliade, historiador das religiões, deixa muito claro no livro dele sobre as origens das religiões; para ele, é uma forma positivista de religião, empobrecida e que tenta dizer que o espiritismo seja uma forma científica e racional de crença no sobrenatural. Neste caso há perfectibilidade. É um primeiro exemplo de espiritualidade ao consumidor.

No caso da Grécia, vou introduzir um conceito que vai ser o nosso protagonista da conversa de hoje, que não é de Dodds, mas ele o utiliza. O criador do conceito é o professor dele, chamado Gilbert Murray, e o nome do livro é *Five Stages of Greek Religion*[24]: [Cinco estágios da religião grega; em tradução livre]. Esse livro, que contém uma série de conferências de Murray, é um livro capital para se pensar a religião antiga grega, pois ele introduz uma ideia muito importante, que, apesar de ter sido cunhada discutindo as etapas diferentes da religião grega, sua especialidade, você pode aplicar esse conceito em várias outras situações históricas, porque ele é muito operacional. O conceito se chama *conglomerado herdado*. A expressão "conglomerado" aqui se refere ao conglomerado geológico, ou seja, trata-se de uma metáfora geológica. Imagine um conglomerado, aqui, como camadas e camadas geológicas que vão se acomodando, inclusive a partir de erupções vulcânicas e terremotos, e que vão formando o solo e o terreno de uma região específica. Está clara a metáfora? *Conglomerado herdado*. Já "herdado" evidentemente significa que vem do passado, assim como os conglomerados geológicos também vêm do passado, herdamos um contingente de elementos culturais ancestrais que se superpõem. A metáfora geológica, aqui estranha, é importante, porque Murray quer introduzir a noção de que esses conglomerados se formam ao longo de muito tempo, como quando os ambientalistas usam a expressão "tempo geológico" para se referir a algo que acontece numa ordem de tempo muito lenta. O *tempo geológico* é infinitamente maior do que o tempo histórico humano, em duração, o *tempo*

---

24. MURRAY, G. *Five stages of greek religion:* The history of the olympian gods of ancient greece. Kessinger Publishing: Montana, 2018.

cósmico então... desaparecemos nele. Já desaparecemos comparavelmente ao geológico, quanto mais se comparado ao cósmico, o efêmero do mundo humano e histórico se revela de modo mais dramático ainda.

Por que o conceito de conglomerado herdado acrescenta um problema à noção de autonomia e perfectibilidade da natureza humana? Porque não há processo acumulativo de progresso nos hábitos, costumes, crenças, valores morais ou políticos, enfim, na cultura que compõe a rede de comportamentos humanos e seus significados ao longo da grande duração do tempo histórico. A hermenêutica é irracional porque não há princípio de racionalidade; não há, portanto, um *logos* que ordena um progresso em curso.

Murray identifica esse conceito de conglomerado herdado quando é colocado o seguinte problema: como se deu a evolução da religião grega antiga? Como se deu, por exemplo, a crença na imortalidade da alma? Como essa crença foi se organizando ao longo da Grécia Antiga? Há um progresso acumulativo na crença da alma que atinja a própria concepção de alma e suas relações com o mundo social e sobrenatural?

Existe outro livro, esse de um alemão chamado Erwin Rohde, que se chama *Psyche: The cult of souls and belief in immortality among the greeks*[25] [Psique: O culto das almas e a crença na imortalidade entre os gregos - tradução livre] – que deixaria qualquer junguiano em êxtase) –, que se trata de um estudo específico sobre as diversas formas de crença na alma, grosso modo – *psyche* não é exatamente alma, mas uma tradução próxima, na Grécia Antiga. Quando Murray resolve se colocar essa questão

---

25. ROHDE, E. *Psyche:* The cult of souls and belief in immortality among the greeks. Connecticut: Martino Fine Books, 2019.

e respondê-la, ele topa com um problema: ninguém consegue estabelecer como as mudanças da religião grega se deram ao longo do tempo. E quando falamos de tempo aqui, estamos falando de cinco, sete, oito mil anos. Estamos nos referindo a coisas como Platão pode estar mais perto de nós do que alguém que está atrás de Platão nesse processo. O primeiro problema que Murray encontra é o seguinte: não dá para rastrear nenhum processo acumulativo evolutivo na religião grega. Primeiro, porque, quando se fala em religião grega, você já está barateando a conversa, porque o conceito de religião é muito tardio. Nós usamos a expressão "religião grega" por analogia, porque se fala em deuses, ainda que esses deuses tivessem um endereço; eles moravam no Olimpo como se morassem no Alto de Pinheiros. É um endereço – se andar muito, você o alcança.

O Hades, que é uma espécie de inferno, em que nem sempre os gregos como um todo acreditavam, e nunca houve uma concordância exata sobre suas características, assim como não há com relação ao Céu entre cristãos, judeus e muçulmanos, nem internamente entre as três religiões abraâmicas. O Hades tampouco foi uma crença que durou o tempo inteiro na Grécia e ninguém sabe quem inventou a crença nele. Sabemos, por exemplo, que o poeta – que talvez tenha sido Homero ou algum discípulo dele –, quando escreve a famosa visita de Ulisses ao Hades, em que o herói conversa com um monte de gente, inclusive com o próprio Aquiles, trata-se de um escândalo porque, na maior parte dos relatos da Antiguidade grega, nenhum humano vivo pode chegar ao Hades. Não porque seja longe, tão longe que você não possa ir até lá. O Hades também está em algum lugar, todo o mundo do divino grego está em algum lugar geográfico; não há essa noção de que está em outra dimensão, que você não pode pegar com a mão se seu braço for longo o bastante.

Mas quando Ulisses conversa, na *Odisseia*, com mortos, inclusive Aquiles, essa passagem é considerada uma intervenção estranha à crença da época de que vivos e mortos não se relacionavam. Quando ele conversa com mortos no Hades, uma característica da *psyche* da época era de que ela só aparecia depois que você já morreu. Ela não é você, como creem os espíritas, a essência do que é você, então a *psyche* não tem vontade, não tem tesão, não tem atividade intelectual, ela não fala, ela é um espectro. Daí Dodds, por exemplo, supor que é muito provável que os gregos, assim como nossos ancestrais do Alto Paleolítico, do Neolítico, chegaram à conclusão dessa imagem de mortos que continuam mais ou menos vivos, a partir dos sonhos, seus espectros e suas sombras.

Assim como você sonha com mortos e eles parecem imateriais, mas você consegue ver a imagem, é muito provável que não só os gregos, mas nossos ancestrais tenham construído a ideia de que há uma vida após a morte a partir do fato de que os mortos nos visitam quando a gente dorme. E eu tenho certeza de que nessa sala, ou se não nessa sala, na família de gente que está nessa sala (mas aposto na última opção), ainda hoje, alguém acredita que sonhar com um membro morto da sua família realmente significa que a pessoa morta veio te visitar. E isso é, muito provavelmente, uma crença do Alto Paleolítico. Você vê como a coisa é antiga? Muito mais antiga do que os iPhones. A gente tem muito mais a ver com o Alto Paleolítico do que com os iPhones. Esse tipo de crença existe até hoje. Uma diferença importante para o que hoje normalmente muita gente concebe como alma é que a alma no Hades grego não serve para nada; não tem ação na nossa vida, não tem poder nenhum, fica vagando a eternidade sem fazer nada e não tem desejos, ela não tem *drive*, como se diz em inglês, não tem nenhum tipo de impulso que a leve a fazer nada, é uma depressão contínua. A vida eterna no Hades é uma depressão melancólica eterna. E eles vão chamar isso de *psyche*, só que a crença nessa *psyche* é que, nesse caso, ela só aparece quando o corpo morre. Você vai dizer qual é o centro do *thymos*, da vontade, onde fica? Normalmente os gregos se referem ao *thymos* como uma coisa que se encontra na região do baixo tórax, que seria o centro do que nos move, por isso a gente associa à ideia de vontade. Na *psyche* é que não está, porque quando a gente morre desaparece o *thymos*. Ela não tem vontade de nada, então deve estar em algum lugar do corpo que virou pó na terra ou cinzas na cremação.

E quando você vai dissecando a crença, e essa crença vai e volta, aí é que reside o problema: as crenças se misturam, nunca terminam plenamente e vão formando um rolo cuja linha mestra de formação ninguém sabe qual é. Uma hora os gregos acreditavam na alma, outra não. Não é organizado. Isso não é muito diferente de nenhuma crença religiosa, nem as que existem atualmente. É que hoje você está dentro dela – e as pessoas, quando têm uma crença religiosa, tendem a produzir para si alguma ideia de racionalidade e coerência –, mas quando se olha de fora é sempre algum tipo de conglomerado herdado confuso, não progressivo nem linear. A ideia de Murray é que as culturas e as religiões se formam ao longo de milênios sem seguir nenhuma organização; as camadas vão substituindo umas às outras pelos mais variados motivos, ninguém é agente nesse processo; as pessoas vão repetindo histórias e as modificam, crenças que desaparecem podem reaparecer. Por exemplo, já que estamos falando da relação entre mortos e vivos na Grécia Antiga, os gregos enterraram pessoas durante muito tempo e provavelmente antes de começar a cremá--las. Os gregos enterraram, cremaram, enterraram, cremaram, como nós agora. Está na moda cremar, dessa vez em nome do meio ambiente. Os gregos, quando começaram a queimar os mortos, aparentemente começaram a fazê-lo para garantir que, queimando o cadáver, o que sobrava dele ficaria preso no Hades e não voltaria nunca mais. Esse "resto" humano, sem vontade, sem ação, era a *psyche*. E por que eles começaram a fazer isso? Para evitar a contaminação da vida dos vivos pela presença dos mortos, você sempre queima para evitar algum tipo de contaminação. Há um livro chamado *A cidade antiga*[26], de Fustel de Coulanges, que faz um estudo sobre a religião grega antiga – e o culto dos mortos e seus túmulos –, assim como Murray e Dodds também fizeram. Dodds tem um livro muito interessante, que é *Pagans and Christians in an age of anxiety*[27] [Pagão e Cristão em uma era de ansiedade; em tradução livre], que mostra a era da ansiedade na Grécia Antiga, no começo do cristianismo. Ele vai analisando textos de época, e isso tudo é análise de fonte, pois eles anotavam o que sonhavam. O autor lê fontes de época, comenta fontes escritas que chegaram até nós, comparando fontes e palavras, mostrando o uso diferente dos vocábulos. É um estudo histórico, de fontes. E esse texto do Dodds, sobre a era da ansiedade entre os gregos antigos, é muito interessante porque ele analisa textos, inclusive de sonhos que as pessoas anotavam, e mostra como a passagem da Grécia pagã para o cristianismo foi uma era de enorme ansiedade. Ele não é o único autor que identifica esse período, da virada do final do Império Romano sob influência greco-romana e o surgimento do cristianismo, como ansioso. Os relatos misturam conteúdos

---

26. COULANGES, F. *A cidade antiga:* Um estudo da religião, do direito e das instituições na Grécia e Roma. São Paulo: Martin Claret, 2021.
27. DODDS, E. R. *Pagan and Christian in an age of anxiety:* Some aspects of religious experience from Marcus Aurelius to constantine. Reino Unido: Cambridge University Press, 1991.

pagãos com cristãos, como até hoje nas crenças que se dizem ser da nova era.

Voltando ao Coulanges: a intenção do autor era mostrar como as leis gregas e romanas têm raízes na religião, e ele descreve a religião neolítica grega como esse culto aos mortos. É muito provável que as religiões tenham começado com um culto dos mortos e esse culto, que vai aparecer em textos gregos, inclusive *Ilíada* e *Odisseia*, está presente na briga de Antígona para realizar os ritos funerários e o enterro de seu irmão Polinices, que custa a ela a condenação à morte. Os gregos tinham o hábito de enterrar seus mortos dentro daquilo que chamaríamos de "casa", para facilitar a conversa, que não era exatamente uma casa no sentido que temos hoje, mas eles enterravam os mortos da família ali, e ofereciam vinho, mel, leite, jogavam dentro do túmulo, às vezes tinha um buraquinho onde você jogava, acendia fogo, tudo ao redor. Seria um pouco parecido com um trabalho numa encruzilhada em São Paulo: vela, comida, farofa, pimenta dedo-de-moça, uma coisa mais ou menos assim. Os gregos e os romanos, os egípcios não sei (mas provavelmente), faziam oferendas aos deuses, então havia locais onde você tinha assentamentos como se tem no candomblé, onde eles punham comida, isso quando já tinham deuses; antes destes, as pessoas faziam isso para seus ancestrais, e realizavam cultos, oravam, porque eles tinham medo de que, se não o fizessem, esses ancestrais voltariam e iriam infernizar a vida deles, virar uma espécie de encosto, alma penada. Então, para manter a alma do morto tranquila, eram oferecidas coisas para ele. No candomblé, você diria "tem que dar comida para o santo"; no caso dos gregos, você tinha que dar comida, que não era exatamente comida tipo farofa, arroz. Para o ancestral, você ofertava basicamente líquidos, que eram jogados no túmulo, e se você não prestasse honras e homenagens, esses mortos iriam atormentar a família; se as prestasse, eles a ajudariam.

Sempre há uma relação de expectativa de retribuição que existe em quase toda religião, por isso toda vez que Deus rompe a retribuição a gente fica bravo: eu fiz tudo o que você mandou e não consegui o que pedi. O *Livro de Jó* é o livro que rompe com a retribuição, então você diz: Deus, que negócio é esse? A gente fez um acordo e você não cumpriu a sua parte. Aí Deus vem, com aquela arrogância típica de Deus, e diz: onde você estava quando eu coloquei as estrelas no firmamento? Quem é você para vir cobrar alguma coisa? A religião israelita vai paulatinamente rompendo com a chamada teologia da retribuição, que está na base de toda a crença religiosa básica antiga; eu faço isso para os ancestrais ou para os deuses, e em troca eles aliviam a minha barra, porque, evidentemente, a nossa barra é difícil. Nós adoecemos, morremos, sofremos injustiças, causamos injustiças, temos guerras, pandemias, todo tipo de situação que nos coloca diante daquilo que o velho Freud chamava de desamparo, que o considerava a origem das religiões.

A experiência do desamparo que faz com que a gente busque amparo, a ideia de desamparo, de precariedade, de escassez, de insuficiência são todas ideias que tensionam com a ideia de autonomia, suficiência e perfectibilidade. Essa discussão é histórica e filosófica, mas também pessoal, profundamente pessoal, inclusive porque vivemos num mundo em que a questão inteira é individual o tempo todo. A ideia de que não haveria esperança de você se tornar uma pessoa melhor pode deixar muita gente desesperada, porque eu posso acreditar que eu consiga ter uma vida materialmente melhor caso eu trabalhe mais, tenha mais sorte e tal, mas uma vida materialmente melhor não significa, *a priori*, que eu me tornei uma pessoa melhor. Só gente muito boba acha que uma coisa tem a ver com a outra; a ideia de que você de fato conseguiu controlar suas emoções, é uma pessoa mais justa, mais honesta, e então quando vem uns filósofos por aí que começam a pôr em dúvida o que é justo, o que é honesto, o que é verdade, aí acabou, a coisa fica mais difícil de conceber, apesar dos filósofos gurus que vendem mentira a ouro por aí.

Ontem à noite eu estava numa reunião em um evento em Maringá para estudantes de Direito da região, organizada pela OAB. Um monte de jovens advogados e advogadas, e havia alguns ali bastante em crise. Teve uma menina que disse: acho que eu vou largar isso tudo e vender miçanga na praia. Eu falei: não faça isso, minha filha, vai ser muito ruim para os negócios; é melhor você continuar estudando Direito porque o mundo vai ficar cada vez pior, as pessoas vão cada vez brigar mais, vai ter mais contencioso e isso é bom para vocês, porque, quando o mundo pega fogo, advogado ganha dinheiro.

Recentemente eu fiquei sabendo que tem uma escola muito famosa aqui em São Paulo, talvez haja outras, mas eu vou falar dessa, que é uma dessas escolas *top* da zona oeste paulistana, que agora instituiu advogados especializados em mediação para fazer a ponte entre a escola e os pais. Porque os pais estão se tornando seres tão insuportáveis de lidar, eles infernizam tanto a escola e a escola não pode brigar, porque se brigar perde o aluno; tem de fidelizar, pois o pai e a mãe são quem paga, então você tem que fazer o que o pai e a mãe querem; como eles não sabem direito o que querem, e a única coisa que sabem é o que deixa o filho feliz, então a escola fica com medo, pisando em ovos. Primeiro a escola trouxe as psicólogas, agora elas também estão levando processos, então chegou a hora do advogado.

Até os animais agora têm direitos processuais e são considerados entes capazes de processar. É claro que, como o cachorrinho não sabe falar, quem é que vai fazer isso por ele? O Ministério Público e, além desse órgão, as organizações de defesa dos animais. Imagina a grana que isso vai gerar? Imagine a tentativa de você montar um processo para provar que o animal "x" está sofrendo abuso, vai vizinho que te odeia, ex-marido, ex-mulher, colega de trabalho cujo lugar você tomou, quer dizer, vai se construindo assim toda uma malha de riscos. Se pensarmos no conceito de contrato de concupiscência de Agostinho, que afirma que a sociedade é montada por acordos de concupiscência, ele ficaria impressionado como o conceito dele teve frutos. E quem colhe isso são os advogados, todo o mercado de contencioso, juízes, promotores, aí tem concursos para todos. Para além dos cachorros, passarinhos também, quando chegar nas vacas aí a coisa pega. Eu tenho fé que um dia alguém vai chegar à conclusão de que plantas também têm direitos processuais, e você não vai poder comer planta, que é a minha tese de que o fim da alimentação correta é você comer a si mesmo; autocanibalismo.

Na Grécia era proibido um grego matar outro grego, então, quando você condenava um grego à morte, ele tinha que matar a si mesmo; por isso Sócrates se envenenou, porque um grego não podia matar outro grego, mas podia condenar à morte, então, quando condenava-se um grego à morte, ele tinha de se matar. Portanto vai ser meio que nesta batida: a única forma de você comer algo que não ofenda a ninguém, a não ser você mesmo, é começar a comer pedaços de si.

Voltando ao nosso tema de hoje, de um momento em que os gregos enterravam seus mortos até a cremação destes para que permanecessem presos no Hades e não os atormentassem, os gregos cultuaram seus mortos em suas casas ou na cidade, tiveram medo dos seus mortos e realizaram rituais para que ficassem "calmos". Há uma vasta literatura que mostra, por exemplo, que muitos cultos que depois vão sendo assimilados aos deuses do Olimpo – que não foi a única religião do mundo grego antigo – foram, em parte, uma construção da *Ilíada*, da *Odisseia* e das tragédias. A crença grega era difusa, não possuía um centro canônico nem ninguém que a organizava; era parecido com cultos de tradição oral como no candomblé. Em um terreiro se faz uma coisa, no outro se faz outra, porque o candomblé é uma religião neolítica sem textos canônicos ou acúmulo institucional histórico. É uma religião muito antiga, provavelmente a mais antiga que se pratica em solo nacional, se levarmos em conta a sua origem africana.

Portanto, quando Murray tenta estabelecer como se dá a evolução da religião grega antiga, ele vai percebendo que, na realidade, não há uma evolução e sim uma grande confusão e sobreposição de camadas de crenças que foram inclusive contemporâneas – eis o conglomerado herdado. Se, num dado momento, os gregos começam a queimar seus mortos, noutro depois eles voltam a enterrá-los, então queima, enterra, queima, enterra, vai e volta. Um costume que desapareceu, mas continua aparecendo em outro texto de uma época posterior, revela que ali estava presente uma crença que a maioria já não tinha. Ao ler textos como *Ilíada* ou *Odisseia*, você vê crenças que são provavelmente dos autores, que eram poetas. Nesse caso, você está diante de uma elite, que escrevia poesia na Grécia Antiga. E o resto da população, não se sabe direito no que eles acreditavam, mas a gente entende que, se eles estavam escrevendo aquilo, alguma coisa aquelas pessoas entendiam, senão não ia fazer sentido para elas, então algo ali tinha a ver com crenças delas. Eis o conglomerado herdado do qual fala Murray e E. R. Dodds.

Five stages of greek religion, estudo de Murray, acaba revelando que a religião antiga grega foi se fazendo e refazendo e desfazendo ao longo do tempo, com várias interferências, e não foi uma evolução, como durante muito tempo se pensou que fosse. Esse *conglomerado herdado* é um conceito que, quando você o tira do hábitat do estudo da religião grega, seu significado é o seguinte: as culturas e as religiões se constituem de forma não linear, não racional, ao longo de muito tempo, sem que ninguém consiga refazer o processo histórico dessa constituição plenamente.

No caso da Grécia, por exemplo, voltando ao Murray e ao Dodds, a filosofia grega é uma tentativa de ruptura com o conglomerado herdado religioso grego, de se refundar a Grécia a partir de um projeto de autonomia humana, independente dos deuses e a partir do uso da razão. Ainda que Sócrates retenha a ideia de *daemon*, a palavra *daemon* serve tanto para se referir a um ancestral seu, que se comunica com você, quando você acredita que os mortos se comunicam conosco, como muita gente até hoje acredita, quanto para se referir a alguma forma de divindade que se intromete em nossos assuntos humanos. Eu insisto nisso para ninguém se achar "evoluído culturalmente", por aí. Até hoje essas falsas ideias de progresso cultural existem. O *daemon* também, no caso de Sócrates, quando ele fala do meu *daemon*, não fica claro se está se referindo a algum ancestral dele ou a alguma ideia de divindade, que vai ser chamada de Hermes, uma divindade parecida com Exu, e fica entre aqui e ali, entre o mundo dos deuses e o mundo humano, e faz a comunicação e nos inspira, como Thot, no Egito. Não é clara, mas ele usa a palavra *daemon*, que no grego é muito antiga, e seguramente se refere a espíritos familiares que podem orientá-lo para o bem ou para o mal, dependendo de se você deu a ele de comer ou não, conforme as normas religiosas de quando se enterravam os mortos. Portanto, Sócrates, pai da filosofia, permanecia sob influência de seus ancestrais.

A filosofia colocará uma cunha buscando romper o conglomerado herdado, digamos assim, inclusive por conta da experiência da democracia muito provavelmente, porque a democracia leva as pessoas a falar, pois querem convencer umas às outras. Quando você é posto a falar, você é posto a pensar, e começa a fabricar argumentos e a querer produzir argumentos contra os outros argumentos. A experiência da democracia ateniense, no século V, foi, com certeza, importante para o surgimento da tragédia, que já é um estilo em que os personagens estão entre deuses e humanos, estão tendo que se virar, de um lado com a influência dos deuses e do destino, e, ao mesmo tempo, estão se batendo com decisões. Antígona: enterro ou não enterro, faço oferenda a Polinice ou não. Édipo: sou livre ou devo levar em conta o que o oráculo de Delfos falou, eu sou livre, fujo de casa para não matar meu pai e casar com a minha mãe, mas eu não sei quem são meu pai e minha mãe e acabo matando o meu pai sem saber quem ele era, e depois caso com a minha mãe sem saber que ela era minha mãe, e acabo fazendo exatamente o que Apolo disse que eu ia fazer. Achei que estava fugindo quando, na realidade, estava indo em direção ao meu destino como uma flecha cega. Por isso vemos que, na tragédia grega, os seres humanos sempre sabem mais do que devem, mas nunca tudo de que precisam, nem no que estão pisando, mas seguramente estão cometendo o que os gregos chamavam de *hybris,* desmedida.

Édipo tinha um problema: ele pensava que os seus pais eram o rei e a rainha de Corinto. Se alguém ou Apolo tivesse contado:

veja, seus pais são adotivos, talvez ele tivesse uma crise, como todo filho adotivo, mas pelo menos ficaria em paz; mas não, resolveu fugir de casa e aí Édipo fez a bobagem toda. Na tragédia, você já tem personagens que estão transitando entre o mundo da influência divina e o mundo humano, e se batendo com as duas coisas, normalmente levando a pior. Em relação a esse movimento da filosofia grega de tentar reconstruir a Grécia a partir de um pensamento racional e autônomo, a pergunta que fazem, Murray e Dodds, é: podemos dizer que a Grécia ficou melhor por isso? E aí vem a ambiguidade da história. Podemos afirmar que a vida dos gregos de então ficou melhor por causa da filosofia? Apesar da crença ingênua, que normalmente as pessoas têm, é possível dizer que o mundo fica melhor porque a gente descobre certas coisas? Se formos considerar a técnica, que tal começar refletindo a partir de *Prometeu acorrentado*[28]? Aliás, se existe uma área onde nos aperfeiçoamos é na área técnica, e foi por isso que Passmore tirou-a da frente, porque aí não se pode negar.

A dúvida é: se a gente avança tecnicamente, mas o ser humano continua confuso, ele pode, inclusive, usar a técnica para coisas que criam problemas, o que era a suposição de Zeus na história de Prometeu acorrentado. Essa era a questão de Zeus: o homem não pode aprender a fazer o fogo porque senão ele vai tocar fogo no mundo. Eis a questão da técnica continuamente, até hoje. Esse problema de pensar se a gente avança demais, se não avança demais, se isso é bom ou ruim, a própria suspeita de que a tecnologia pode destruir o planeta, já é uma suspeita antiprometeica.

Será que iremos destruir o planeta com tanto celular, tanto avião? Não tem pessoas que acham que a gente devia morar no

---

28. ÉSQUILO. *Prometeu acorrentado*. São Paulo: Martin Claret, 2019.

Xingu? Voltar a viver como aborígenes, descobrir remédios da floresta? Isso é uma suspeita antiprometeica, mas mesmo que você tenha essa suspeita, não há dúvida de que, aparentemente, a gente evolui tecnologicamente, não dá para dizer que não. O problema todo não é o tecnologicamente, por essa razão Passmore coloca isso para trás. O problema é todo o resto, o que em filosofia a gente chama de *progresso moral*. Perfectibilidade moral resume a ópera.

É aí que está o centro da discussão de fato: Atenas avançou na filosofia, mas, ainda assim, se desfez como potência. A questão é que a Grécia perdeu o poder político e militar, os romanos a engoliram; antes destes, Esparta tomou a Grécia, mas Atenas não acabou, depois que os macedônios gregos a invadiram. Atenas também não acabou após os romanos. Vale lembrar que o próprio Aristóteles era macedônio "invasor"; ele não era ateniense, e sim fazia parte do exército que ocupou Atenas, só que ele veio antes para estudar com Platão. Era um macedônio que reconhecia o poder de Atenas para a inteligência. A Grécia acabou tal como se conhecia, então alguém pode dizer: se a filosofia tivesse tomado conta da Grécia Antiga como um todo, a Grécia teria ficado maravilhosa e eterna? Claro que não. Nem Roma foi eterna. E até hoje, no Ocidente, não houve império mais poderoso do que Roma em sua época.

Eu não estou fazendo propaganda contra a filosofia, não sou tão louco assim, mas o que estou querendo dizer é o seguinte: o coração da tese do conglomerado herdado é que, como não se sabe como esses conglomerados se constroem, seja religiosamente, seja moralmente falando, sejam crenças políticas, seja história como um todo, o que acontece é que, ao longo do tempo, as civilizações e as culturas vão produzindo modos de vida que ninguém sabe como se dá. Quando alguém acha que descobriu como é, e começa a dissolver modos ancestrais de viver e querer pôr alguma coisa no lugar, talvez a gente não consiga acertar a mão. Está claro? Porque isso tem que ficar bem claro para entender por que não se pode falar propriamente em perfectibilidade da natureza humana no universo grego. Primeiro porque, inclusive, os homens tentavam copiar os deuses, que não eram perfeitos enquanto tal e eram criação dos próprios homens. Os deuses gregos não eram bonzinhos, eles eram como nós, uns loucos, a diferença é que eles eram imortais. Mas quando você é imortal, o tédio que você vai enfrentar, muito do que os deuses faziam era para ocupar o tédio deles, se divertiam com a gente... Então não tem uma régua, não tem Jesus como modelo, não tem um parâmetro no qual você mede um projeto de aperfeiçoamento. Os gregos estão andando em círculos, inclusive porque a história era cíclica, era a história das estações do ano, a percepção delas. Quando eu trago o conceito de Murray, não é para falar da Grécia enquanto tal, é um argumento que problematiza a perfectibilidade como um todo, do ponto de vista histórico. Porque se a constituição dos processos de crença, hábitos, costumes, não é um processo evolutivo, organizado, que conseguimos repetir em laboratório, entender claramente todas as causas em ação, quando eu, alguém do século XXI, filósofo, historiador, o que for, posso descobrir, por exemplo, que existe um elemento socioconstrutivo na produção de valores morais. Essa descoberta, por si só, não implica que saibamos criar conjuntamente – isto é, social e politicamente – modos de construção de valores que achamos "melhor".

O conceito de conglomerado herdado reforça essa ideia. É socioconstrutivo, é histórico, só que não temos a mínima ideia como se faz, esse é o problema; não temos a mínima ideia como: ah, é histórico? Agora vamos fazer melhor? Para fazer melhor, você tem que entender como se faz. Como não sabemos como se faz, não tem régua, não tem métrica, não se sabe o processo. Isso se aplica a tudo que foi sendo descoberto nos últimos tempos como caráter sócio-histórico. Há valores morais, no sentido de que eles têm um fundamento histórico longo, são parte do conglomerado herdado da nossa civilização, no nosso caso, basicamente judaico-cristã. Nós temos uma origem grega, mas os gregos em muitas coisas eram diferentes de nós, alguns acham que eram melhores, inclusive. Bernard Williams, por exemplo, acha que os gregos antigos eram melhores do que nós, que tinham menos ilusões morais do que nós. Eles sabiam, por exemplo, que não existe uma coisa chamada juízo moral ou consciência moral e que isso era só abstração mental; a única coisa com que eles se preocupavam era com a moral baseada na vergonha. Se eu tenho honra pública, tudo bem, dane-se, porque, se eu for entrar numa de culpa, vou ficar correndo atrás do rabo da culpa, então os gregos estavam mais preocupados com a vergonha pública do que com a culpa. E Bernard Williams acha que isso, na realidade, devia ser mais leve; ele repete uma frase do Nietzsche, muito famosa, que é: "os gregos eram incrivelmente superficiais devido a muita profundidade de conhecimento". Essa contradição é bem típica de Nietzsche, profundamente superficiais devido a uma profundidade de conhecimento; o que lembra a frase de Oscar Wilde,"só almas confusas não levam as aparências a sério", que também é um tipo de contradição. Você deve levar aparências muito a sério, porque talvez você não encontre nada atrás delas, se começar a procurar...

Encerrando essa questão, o conceito de conglomerado, que vai nos acompanhar, serve para aplicarmos, por exemplo, a muito do que foi construído como pensamento filosófico e ciências sociais nas últimas décadas. Eu posso saber que os valores variam de época para época; aparentemente, isso é bastante verdade em muitos casos mesmo. O relativismo é realmente um fato constitutivo da experiência humana histórica. Os sofistas, que estão lá na Grécia e descobriram esse negócio, até onde a gente sabe, tinham bastante razão quando diziam que, se as vacas tivessem deuses, os deuses delas teriam cara de vaca. Isso tudo parece que é razoavelmente verdade, portanto é um componente sócio-histórico, o problema é: eu consigo mexer nisso para fazer melhor? Há engenharia possível para refazer o conglomerado herdado? Há cognição humana suficiente para todos os agentes que atuam na feitura desse processo? Não.

A mesma coisa podemos afirmar, por exemplo, no debate dos elementos sócio-históricos na construção das identidades sexuais, que hoje é uma discussão muitíssimo acirrada no mundo. Se, aparentemente, chegamos à conclusão – pelo menos por ora, já que não se sabe o que vai se pensar daqui a mil anos – de que há um componente sócio-histórico nas identidades sexuais, isso não significa que saibamos com exatidão como tornar esse processo melhor, nem pior, ou o que isso significa na prática. Hoje eu sou isso, amanhã eu sou aquilo, se quiser ser assim eu vou ser, ou eu não tenho nenhuma identidade sexual. Inclusive hoje, quando esse processo todo é bombardeado o tempo inteiro, por uma espécie de expectativas psicológicas no seio das redes sociais, imagine o estrago que as redes sociais causam no conglomerado herdado da modernidade – que, por si só, já é uma ruptura. A ideia de conglomerado herdado nos ajuda a entender por que, por exemplo, a humanidade nunca consegue colocar a si mesmo onde ela quer se colocar, e nem a modernidade foi capaz disso, ela consegue coisas, mas não refazer todo o processo, nem colocar nada no lugar, principalmente porque o povo, como se fala, resiste bravamente nas suas crenças. E aí a menina do caixa fala para mim: professor, eu sei que você não acredita em nada disso, mas essa doença foi Deus que mandou, porque a gente anda enchendo o saco Dele demais. A crença dela é muito mais antiga do que qualquer ideia que eu possa ter, está muito mais enraizada – eu não estou dizendo que quero ter a crença dela, não estou querendo nada; desejo é discutir com vocês o tema do curso, mas, sim, a crença dela está muito mais enraizada na experiência humana antiga, ancestral, que é a ideia de que existe alguma coisa que faz parte da nossa vida que não enxergamos direito, sobre a qual não temos controle, e que de alguma forma se mete no nosso dia a dia, na natureza, nas coisas que acontecem.

Talvez, se conseguíssemos fazer com que o mundo inteiro fosse ateu e não acreditasse em nada, talvez desse uma merda tão grande, o mundo ficasse tão confuso, porque não é ninguém que constrói o conglomerado herdado, que organiza as épocas e as sociedades. São processos múltiplos, confusos, repetitivos, em zigue-zague, com todo tipo de influência, inclusive se um povo invade, se um povo não invade, todo tipo de situação, e, no final das contas, entendemos um pouco como funciona, e quando tentamos começar a mudar a partir do que a gente entendeu, no fundo estamos mexendo num grande vulcão cuja ponta parece um *iceberg*, mas que possui um vulcão por baixo.

Obrigado, vamos às perguntas.

Pergunta: É correto dizer que os estoicos não acreditavam na esperança?

Pondé: Esperança é um conceito vasto. Os estoicos achavam que, se você viver muito no passado, é um nostálgico e fica sofrendo com o que aconteceu. Se você viver pensando o tempo inteiro no futuro, vira ansioso, usando uma linguagem contemporânea, e que o importante era viver o presente. Porém, o presente do estoico não é o presente do epicurista, não é um *carpe diem* de "capture o dia e goze com ele". O presente do estoico é você viver o presente sem se deixar dominar por expectativas e inquietações com relação ao futuro e ao seu desejo. Trata-se de se defender dos efeitos nefastos da fortuna, no limite do possível. Nietzsche criticava os estoicos porque achava que eles eram meio depressivos, que é muito diferente da ideia do estoicismo que está na moda hoje em dia discutir, a tal da *mindfulness*, essas coisas. O estoicismo era uma filosofia que pregava a acomodação à lei do *logos*, que significa que nós somos muito pequenos e que tudo passa, por isso você deve se ater ao presente, viver com o que está perto, deve usufruir do que tem à mão agora, porque você não tem controle sobre o futuro. Ao mesmo tempo, você deve desconfiar, por exemplo, das grandes promessas que o mundo faz a você, porque o mundo nos engana e faz promessas falsas, então, se você entende esperança como a ideia de: eu vou viver agora, porque tenho esperança de que, no futuro, eu vou realizar o que quero, de fato não há essa esperança no estoicismo. O que o estoico tem é a crença de que, se ele conseguir colocar as suas inquietações sob o controle da sua razão, ele vai atingir um estado de ataraxia, que significa "imobilidade da alma", leia-se: sem paixões ou *apatheia* (não apatia, *apatheia*), e, através disso, ele vai se tornar autônomo. É com isso que Agostinho vai brigar. Essa ideia de autonomia que faria com que o estoico conseguisse, portanto, se distanciar da maioria que não tem essa autonomia, e se tornar uma pessoa cada vez mais perfeita no controle das suas emoções.

Pergunta: Com o aumento do acesso à informação, o mundo virtual, a internet, você não acha que embaralhou ainda mais a dificuldade de saber de onde vem a cultura, os valores, enfim, embaralhou esse conglomerado herdado?
Pondé: Sem dúvida. É que, na realidade, para termos uma clareza do conceito de conglomerado herdado é sempre mais fácil pensar nele para trás, mas conseguimos aplicá-lo ao presente porque temos a experiência moderna, com a tentativa de ruptura do que foi herdado da tradição judaico-cristã. Se você introduz as redes sociais como um conjunto gigantesco de emissores que impactam as pessoas, geram ações, negócios e expectativas, sim. Agora, para termos uma ideia exata do impacto que as redes sociais terão tido no modo de vida ao longo do século XXI, só quem vai poder avaliar isso um pouco melhor é quem estiver vivendo no século XXIII, ou seja, não será nenhum de nós aqui. Alguém que consiga compreender, por exemplo, como somos capazes de saber hoje que a invenção da imprensa por Gutenberg acelerou os conflitos internos ao cristianismo e produziu as guerras religiosas na Europa, que, por sua vez, acabou criando o Estado moderno e a teoria liberal, como decorrência do problema da tolerância religiosa.

Pergunta: As sociedades mais produtivas, no sentido econômico-financeiro, necessariamente se guiam pela crença na perfectibilidade?
Pondé: Essa é uma pergunta que tem tudo a ver com a compreensão de perfectibilidade moderna e contemporânea. A Grécia atingiu altos níveis de impacto econômico, de vida cultural, se você imaginar que, no ano 500 a.C., os gregos

estavam fazendo teatro enquanto metade do resto do mundo ainda vivia em árvore e se matando; os gregos também se matavam, mas não viviam só se matando, você diz: como eles chegaram a esse nível de sofisticação estética? E eles não tinham uma concepção de perfectibilidade, não havia embutido neles o conceito. Na filosofia grega, quando começa a aparecer um pouco essa ideia, ainda assim, não dá para comparar de forma nenhuma com a perfectibilidade do Iluminismo para cá. Talvez invertendo o que você perguntou, com certeza é verdade, o entendimento da história da sociedade como esforço de produção de riqueza está intimamente associado a uma compreensão de perfectibilidade, isso com certeza está. Da organização das minhas emoções, da capacidade de autodisciplina, da capacidade de acúmulo de autodisciplina, de fazer gestão do meu dia a dia, de ter uma meta, e isso está dentro do pacote de perfectibilidade em grande medida. Tem um autor que será abordado aqui em algum momento, Thomas Sowell, de *Conflito de visões*[29], um economista muito interessante que tem uma visão de evidente imperfectibilidade, só que ele chama de *visão restrita*. É a visão de que a natureza humana tem recursos escassos. Você pode ter uma compreensão de perfectibilidade do ser humano e, ainda assim, compreender que temos que trabalhar duro para conseguir sobreviver. Agora, a crença no modelo de que trabalho, gestão, organização, disciplina, inovação e empreendedorismo provavelmente produzirão riqueza... a expectativa de perfectibilidade de alguma forma pode dar sustentação a isso. Se pensarmos, será que as pessoas que ficaram ricas, muito ricas, tinham uma

---

29. SOWELL. T. *Conflito de visões:* Origens ideológicas das lutas políticas. São Paulo: É realizações, 2011.

percepção de perfectibilidade de si mesmas? Talvez sim. Sabe aquela noção que muitos filósofos conservadores têm de que temperamento é destino? Você nasce com um temperamento tal e pronto. Nasceu preguiçoso, desorganizado, indisciplinado, dorme o dia inteiro, adora drogas, a chance de que você consiga fazer alguma coisa pode ser difícil. Na contracultura até era meio chique, agora é meio velho, mas se você nascer uma pessoa disciplinada, organizada, com metas plausíveis, que dorme pouco, talvez você consiga realizar mais coisas do que a maior parte das pessoas consiga. Será que isso implica que você acredita em perfectibilidade? Não necessariamente, pode ser só um vício que você tem de viver desse jeito, e você sabe que é um vício, mas acho que há um vínculo de causa e efeito aí. No caso de Adam Smith, que escreveu *A riqueza das nações*[30], não dá para dizer que ele tivesse uma concepção de perfectibilidade, mas há nele a crença de que a interação entre as pessoas, inclusive entre os vícios, produz riqueza. À medida que você vai enriquecendo tem que olhar para a moral, porque o capitalismo estraga as virtudes. Pode fazer todo mundo ficar egoísta, ganancioso, mas isso melhora a condição de vida material, e, quando melhora a condição de vida material, a vida melhora em muitos aspectos. Não dá para dizer que é possível detectar perfectibilidade nele, mas ele era um filósofo que acreditava na capacidade de entender o mundo racionalmente. Eu posso acreditar na capacidade de entender o mundo racionalmente e ainda assim pensar essa capacidade como uma coisa escassa, ou posso pensar nisso como uma faculdade acumulativa e crescente, como pensavam os iluministas franceses. Essa diferença é bem importante.

---

30. SMITH, A. *A Riqueza das nações*. São Paulo: Edipro, 2021.

Capítulo 3

Ainda na Grécia Antiga: Aprofundando o conglomerado herdado

Haveria concepção de perfectibilidade na filosofia grega? Bem-vindos ao nosso terceiro encontro. No primeiro, apresentamos o conceito de perfectibilidade de modo analítico. Em seguida, tratamos da Grécia e então abordei o conceito de conglomerado herdado, na última aula. Depois vamos falar do surgimento específico do tema da perfectibilidade no debate cristão, por Santo Agostinho, que é inclusive o que Passmore fala: o problema da perfectibilidade da natureza humana nasceu no debate de Agostinho com Pelágio ao redor do programa da Graça. A seguir, Passmore abandona a discussão teológica e assume a sua face secular, não religiosa, filosófica enquanto tal. A perfectibilidade da natureza humana aparece no debate renascentista, com o filósofo Pico della Mirandola. Ainda que fosse católico praticante, ele dá um passo importante para começar a tirarmos a noção de pecado da natureza humana, que é tão intrínseca à obra de Agostinho. O conceito de pecado é uma espécie de alicerce para se pôr em dúvida a perfectibilidade, por conta da herança maldita de Adão e Eva. Em 1498, Pico della Mirandola lança *Discurso sobre a dignidade do homem*[31].

---

31. Mirandola, G. P. *Discurso sobre a dignidade do homem*. São Paulo: Edições 70, 2006.

Bom, vamos falar do Iluminismo, do utilitarismo, dentro da discussão secular propriamente, na qual a ideia de perfectibilidade vai se instalando, inclusive do ponto de vista do senso comum. Este alcança a ideia de "reinvenção de si mesmo", de perfectibilidade do ponto de vista político, ou mesmo do *marketing* – tudo isso é mero senso comum.

Pensei em fazer, mais adiante, uma discussão específica sobre como a herança de Freud, e de toda a psicologia moderna, impacta a crença de perfectibilidade da natureza humana. E eu me lembrei de um sujeito chamado Edward Bernays, de quem, imagino, talvez ninguém tenha jamais ouvido falar. Esse rapaz tinha um tio muito importante: Freud. Bernays é o nome de família da Martha, esposa de Freud; Martha Bernays era o seu nome de solteira, e Edward Bernays era *twice nephew of Freud*, filho da irmã de Freud com um irmão de Martha. Ele era duplamente sobrinho de Freud e Martha. Se tivesse o sobrenome da mãe, seria Edward Freud Bernays, mas ele só tinha o do pai, irmão de Martha.

Os pais de Edward migraram muito cedo para os Estados Unidos, o que foi a sorte deles, e ele fez carreira lá como uma figura importante nas relações públicas e na publicidade americana. Isso em 1920. Ele foi contemporâneo de Freud, só que Edward era moleque e Freud já era o tio famoso. Edward Bernays foi o responsável pela popularização da psicologia e da psicanálise – Freud, claro, desprezava as ideias do sobrinho – nos Estados Unidos. E ele introduziu, de uma forma muitíssimo popular, a ideia de que a psicologia pode fazer você melhor, no sentido que está aí até hoje. E é interessante no caso de Bernays, porque ele faz isso no âmbito da cultura *pop*, já que era uma espécie de patrono das relações públicas americanas, e nos Estados Unidos as relações públicas estão muito próximas da publicidade. No Brasil, a publicidade praticamente engoliu a área de relações públicas.

Por exemplo, Bernays fez um evento numa das avenidas importantes de Nova York, patrocinado pela American Tobacco Company, que é dona do Lucky Strike, uma marca de cigarros muito importante na primeira metade do século XX e famosa durante a Segunda Guerra porque os soldados americanos a fumavam. Ele faz o evento para colar a imagem de que uma mulher independente fuma Lucky Strike, e, com isso, ele bombou as vendas dessa marca de cigarros em meio ao público feminino com um discurso sufragista – uma mulher moderna vota e fuma cigarros. Ele, inclusive, colocou fotografias de duquesas milionárias fumando, o que também bombou as vendas do Lucky Strike entre as mulheres. Então esse cara é uma fera ou uma peste, dependendo de como você queira se referir a ele. Fica muito nítido o percurso da perfectibilidade no trabalho dele, que na realidade remonta a Locke, como veremos mais além.

E isso acabou fazendo com que eu decidisse ampliar a nossa conversa, para dar uma atenção específica para qual é a conversa que a psicologia e a psicanálise têm com a noção de perfectibilidade da natureza humana. É uma conversa bem interessante. E há outro motivo para eu ter resolvido fazer mais aulas do que o previsto: para ser fiel à máxima do nosso querido Hegel, de que você deve respeitar a paciência do conceito. Esse é um conceito hegeliano muito elegante e muito bom. O conceito é um objeto do pensamento, uma ferramenta do pensamento, e que exige uma certa duração no tempo para que seja trabalhado. No nosso caso, o conceito de perfectibilidade da natureza humana e seu oposto, a imperfectibilidade. Essa ideia de paciência do conceito é muito clara para quem empreende uma boa formação em filosofia, porque o filósofo trabalha com conceitos – é o nosso objeto de trabalho. Inclusive é por isso que tem gente que tem a impressão de que filósofos conseguem falar de tudo, porque, quando aprendem o conceito em jogo, começam a destrinchá-lo em pedaços, analisá-lo, como dizia Descartes, responsável por colocar essa palavra em circulação. Você pega o problema, parte-o em fragmentos e começa a analisar cada um deles. O método analítico de Descartes que Freud tomou emprestado para a psicanálise é a própria ideia de análise.

Nós estamos discutindo o conceito de perfectibilidade. Perfectibilidade não compreendida como aperfeiçoamento numa atividade técnica específica, mas perfectibilidade compreendida como progresso e evolução da natureza humana e da sociedade como um todo. Portanto, está implícita aí a ideia de evolução, no sentido hegeliano, não darwiniano, a ideia de melhoria, *meliorism*, como os americanos falam, a ideia de melhorismo, a sociedade e as pessoas se tornarem melhores com o tempo. É claro que isso tudo está encravado na noção de modernização, assim como no capitalismo. Não à toa Edward Bernays trabalhava para marcas; essa ideia de que o capitalismo precisa da crença na perfectibilidade, porque você precisa melhorar o tempo todo. Isso aparece, por exemplo, quando discutimos redes sociais, que têm uma métrica do inferno. Ela mostra claramente o quanto você é gostado ou desgostado, e os algoritmos reforçam isso jogando você para o fundo ou para cima. As redes sociais também trazem uma inquietação constante, que é a ideia de que parada é morte. Você precisa avançar cada vez mais, numericamente, que é a ideia PIB, você tem que crescer o PIB o tempo todo. Esse movimento contínuo vai se espalhando para todo lado. Por exemplo, a saúde mental é uma fronteira essencial do capital no século XXI. As relações sociais vão, cada vez mais, sendo permeadas por essa demanda de geração de bens e serviços. A saúde mental é um *business* hoje, que está começando a incluir psicólogos no seu universo. Antes eram só psiquiatras. Psicólogo é o varejista, pois trabalha por hora; psiquiatra não, ele está ali com a indústria farmacêutica, no discurso médico, inclusive. Agora, com as empresas, as *startups* de psicologia que existem por aí, a psicologia vai conseguindo entrar no eixo. Edward Bernays fez algo assim nos Estados Unidos, mas ele estava preocupado com propaganda, com o *marketing* mesmo. Ele foi direto ao assunto. Hoje você dá uma volta para chegar ao *marketing*, à propaganda.

Nós vimos na semana passada o conceito de conglomerado herdado e a referência era o livro *Five stages of ancient greek religion*. Neste livro, Murray faz um estudo do que ele chama de cinco estágios da religião grega e, ao longo da obra, mostra que não há linearidade entre os diferentes estágios da religião da Grécia Antiga. Na realidade, quando a gente usa a expressão *religião grega*, e Murray sabe muito bem disso, estamos fazendo uma concessão. Quem já estudou religião na vida sabe o quão difícil é definir religião. Gente que estuda ciências da religião fica, no mínimo, um ano se batendo com o que é religião. O senso comum usa a palavra religião tranquilamente, como quem fala pão de queijo, mas quando se estuda religião academicamente não é assim; você vai percebendo que existe, no mínimo, uma concepção gerada pelos estudos de religião, que nascem junto com o romantismo alemão, no final do século XVIII e início do XIX, e que se constituirá na compreensão científica, seja no sentido científico de humanas, seja até no das neurociências das experiências religiosas. Há, portanto, uma compreensão de religião que se pode afirmar que é a do profissional de religião, e não do sacerdote ou do fiel.

Este fiel tem uma concepção de religião de alguém que acabou de sair da missa, que vai na igreja todo domingo. Ele vai dizer que religião é Jesus, alguma coisa assim. Isso já facilitando a conversa, porque, se quisermos torná-la ainda pior, você vai dizer: mas, no século XVI ninguém usava a palavra "religião". Aí vem um filósofo judeu e diz: em hebraico não existe palavra para religião, aí fica complicado. Então do que estamos falando?

Estamos falando de uma palavra que foi se estabilizando ao longo do tempo, inclusive entre europeus, para fazer a diferença entre a crença da população das Américas e a população europeia que estava chegando aqui. E aí vem aquela história: porque Cícero falou, é *religare*, religião significa "religar o mundo com o transcendente" e tal. Cícero disse isso para quatro pessoas e mais dez que o leram. A religião em Roma era uma questão de Estado, como sempre foi, não foi a Igreja Católica que inventou a religião do Estado; aliás, a Igreja Católica inventou muito pouca coisa, se a gente começar a estudá-la.

Estou dando esse exemplo porque, quando Murray diz cinco estágios da religião grega, ele já está dando de barato a palavra religião, porque o grego provavelmente não ia entender isso, a religião não era uma esfera separada da vida. São os estudiosos, posteriormente, que elencarão uma série de fenômenos que associaremos à palavra religião, crença no sobrenatural – que, por sua vez, já é outro conceito complexo e típico do conglomerado herdado –, em realidades que vão além da natureza, em alguma forma de vida após a morte, entidades imortais de algum modo, espécies de agentes nos acontecimentos naturais, atribuição de realidades de alguma maneira subjetivas a figuras como tempestades, como no candomblé, a orixá do raio, das cachoeiras, da água salgada, a Iemanjá do mar, a Oxum das cachoeiras.

Estou dizendo isso para vocês terem em mente que, quando falamos dos cinco estágios da religião grega, o autor faz essa afirmação para facilitar a conversa, porque todo mundo diz: religião eu sei o que é, é acreditar em vida depois da morte, fantasma, deuses, rituais. E aí você já sabe do que está falando, senão o cara não acaba o livro, não consegue descrever esse movimento, que é a tese dele, que depois vai ser retomada por Dodds, seu aluno, que ficou muito mais famoso que ele. Dodds, que escreveu um livro sobre o irracional na Grécia Antiga, não só na religião, vai observando que esse movimento não é um movimento de acúmulo e progresso em direção a coisa alguma, que a tal da religião grega vai e volta batendo cabeça. Homero foi fundamental para que se assimilasse a ideia dos deuses olímpicos, que todo mundo conhece. Zeus, Atenas, Afrodite, Apolo, muito famoso na Grécia Antiga, um deus bem envolvido com os seres humanos; o oráculo de Delfos, que era o oráculo de Apolo, de quem Freud falou, Sófocles também, que está presente e existiu mesmo, está até hoje lá, uma enorme ruína. E, nesse movimento, se você pegasse uma máquina do tempo e fosse até a Grécia, séculos IV, V a.C., que é o primeiro período para o qual será usada a expressão *clássico*, você provavelmente encontraria uma confusão de crenças convivendo uma ao lado da outra. A palavra *classicus,* do latim, significa o que a gente chamaria hoje de primeira classe, primeira ordem, e não era aplicada para a literatura enquanto tal, nem havia uma concepção tão clara assim; "clássicos" era aplicado para pessoas, e muito provavelmente surgiu num ambiente de guerra, de liderança política.

No século XIX, os alemães começam a usar a palavra "clássico" para se referir aos séculos IV e V da era antiga, antes de Cristo, da Grécia, porque os séculos IV e V são os séculos da democracia, do apogeu de Atenas, do surgimento das tragédias e da filosofia, portanto é o apogeu da Grécia Antiga. Era quando havia os festivais de teatro, das tragédias como acabamos conhecendo, então se você pegasse uma máquina do tempo e fosse para lá, se materializasse no final de um grande festival de três dias e começasse a conversar em grego ático antigo com essas pessoas, o que você provavelmente aprenderia como sendo a religião deles? A mesma confusão supracitada. Não sabemos com precisão quem eram as pessoas que assistiam ao teatro. Há uma enorme discussão, por exemplo, se havia mulheres na plateia, se escravos e estrangeiros (metecos) podiam assistir ao teatro. Sabe-se que, no teatro, quem fazia papel de mulheres eram homens.

É possível que, se estivermos falando de pessoas razoavelmente eruditas assistindo, elas conheciam Homero e Hesíodo. A famosa religião do Olimpo se constituiu numa religião espalhada pela Grécia nessa época, mas ela convivia, ao mesmo tempo, com formas arcaicas de religião, como, por exemplo, aquela que eu devo ter citado para vocês, do rito longo com o cadáver e o enterro, e alimentação do cadáver, na qual você dá vinho e leite, na ideia de que, fazendo isso no túmulo, você estava cuidando para que aquele espírito familiar não virasse um demônio, um espírito atormentado que iria atrapalhar a sua vida. O conglomerado herdado é visível no caso das diferentes camadas religiosas na Grécia Antiga.

A conversa que Ulisses tem na *Odisseia*, voltando para Ítaca, com todos os espíritos do Hades, inclusive Aquiles, é peculiar porque se trata de um momento em que a própria *Ilíada* fala de que não se tinha contato com os mortos. O morto ia para o Hades, queimava-se o corpo – na religião do Olimpo – justamente para garantir que ele não voltasse e a *psyche*, como eles falavam, que deu na psicologia, era um espectro, um vulto da pessoa morta que saía do corpo quando a pessoa morria, mas que não tinha nem vontade nem intelecto; era um espectro, sobre o qual Dodds levanta a hipótese de que provavelmente veio dos sonhos, que é pré-histórico. A gente sonha com mortos, e muita gente acredita que o sonho com o morto se trata realmente de um morto que está se comunicando com você, até hoje. Isso é comum em muitas pessoas religiosas de todos os segmentos. Eis uma camada de crença paleolítica presente até os dias atuais em nosso conglomerado herdado.

Ninguém vai ao Hades; depois, os mortos estão lá numa existência eterna, não fazem nada, não é nem inferno nem céu, é o submundo no sentido de abaixo do mundo, que as almas estão lá presas, inclusive porque não têm o que fazer, porque não fazem nada. Elas não têm *thymos*, não tinham impulso nem vontade, era uma espécie de depressão geral. A conversa de Ulisses com o Aquiles morto, que morreu na batalha, parece uma conversa com um deprimido, porque Aquiles, aquele herói guerreiro e tal, ali é só um espectro que não tem substância, que vive na escuridão do submundo.

Mas também se fala que, provavelmente, quem escreveu esse trecho da *Odisseia* já não era mais Homero; tratava-se de algum discípulo, ou seja, compreender um conceito como religião grega antiga é você decupar isso, sabe, como se fala em cinema? Decupar a imagem. Nós vamos decupar a imagem. E esse processo está dentro do campo do que a gente chama em filosofia de epistemologia, uma análise da linguagem. Então, afinal, a gente não tem clareza do que a religião grega antiga era? Não. Não há linearidade, não tem avanço? Não. Tem elementos anteriores que vivem ao lado de elementos mais tardios. E, veja que interessante, quando Fustel de Coulanges vai estudar isso, na primeira parte do *Cidade antiga*, ele não está preocupado com a religião. Dodds está e Murray está, mas Coulanges não; ele está século no XIX, está preocupado em mostrar como os gregos e os romanos, que também são estudados no livro, são civilizações muito estranhas à civilização europeia do século XIX.

Na Grécia Antiga, você não era dono da sua casa, o dono era a linhagem, os mortos enterrados nela. Você não podia vender a sua propriedade, porque na propriedade estavam enterrados os ancestrais, então você estava ali por enquanto, vivo, mas também ia morrer e ser enterrado ali, portanto o filho tinha que cuidar do pai e, em vista disso, ele não podia, por exemplo, decidir vender a casa. A noção de propriedade era vinculada a uma crença religiosa. Para nós, isso hoje é completamente estranho, então, o que não era possível naquele tempo, nos dias atuais é. A propriedade se transforma em posse da pessoa viva. Veem como as coisas são imbricadas? Religião e leis de propriedade estavam relacionadas na Grécia Antiga.

O estreitamento do entendimento da realidade pelo senso comum simplificador torna a realidade cotidiana possível, porque, se você fosse decupar cada coisa que pensa, cada ideia que tem, você não saía do lugar, então é necessário um certo empobrecimento de entendimento da realidade para você conseguir lidar com ela. Por isso Ortega y Gasset, que eu citei no nosso primeiro encontro, dizia que os filósofos gregos estavam confusos, que na realidade o conceito é, antes de tudo, para uso doméstico, para resolver problemas. Quando você começa a aprofundar demais o conceito, aí ele não te ajuda a resolver problema nenhum porque você começa a dizer: eu não sei o que é religião, então? Para nós, aqui, a intenção é pôr em questão o conceito de perfectibilidade da natureza humana, mostrando como, inclusive, na sua última versão, ele está diretamente vinculado ao avanço da sociedade de mercado, o que não significa que Adam Smith, considerado pai da sociedade capitalista, tivesse uma crença de perfectibilidade clara.

Tampouco Locke, considerado o pai da psicologia, do século XVII, médico, filósofo, um dos criadores do conceito de associação de ideias, que vai parar na psicanálise, tinha uma clara concepção de que a natureza humana fosse perfectível. Para ele, a mente funcionava a partir da associação de ideias que você ouve ao longo do seu crescimento. O pensamento, então, associa uma ideia à outra e a intenção da educação seria interferir nessa associação, para fornecer melhores ideias e construir o que ele chamava de um *gentleman*. Um cidadão melhor, alguém tolerante com as religiões diferentes, no caso dele só um debate entre cristianismos. Ele estava preocupado com isso o tempo inteiro, inclusive porque era puritano de origem, tinha apanhado dos anglicanos. Muitos puritanos fugiram para fundar os Estados Unidos.

Existe uma massa de questões aqui que, quando você foca, tudo é o conglomerado herdado. Ele está olhando para a religião grega – e todas as diferentes culturas do mundo – para dizer: olha, a religião grega herda geologicamente, como se fala, ao longo de muito tempo, crenças que não desaparecem totalmente, que continuam existindo ao lado de outras e elas todas se misturam. Olhe para o Brasil em termos de religião. O que é o Brasil? Aqui, como dizia Guimarães Rosa, quanto mais religião, melhor; você tem um amigo judeu, você pede para o rabino dele lhe abençoar, você tem um amigo do candomblé, você pede para a mãe de santo dele dar uma bênção, ao amigo muçulmano, você pede uma intervenção do xeique, padre, pastor, o que vier está valendo. Essa é bem a mentalidade brasileira religiosa.

Antropólogos dizem que isso é possivelmente herdado dos índios brasileiros, que continuavam a praticar as suas crenças, mas, quando o padre vinha, aprendiam o pai-nosso, e quando o padre ia embora, retornavam às suas crenças. Então a gente ficou meio vadio com religião. Você assimila a religião que melhor pegar naquele momento. É claro que, quando se introduz a cunha do mercado, como a gente vive hoje, tudo vira produto.

Esse conceito de conglomerado herdado, para nós, é importante porque é um operador consistente para a análise histórica em geral e aniquila a noção de progresso como um todo. Mas, se na religião não há indício de perfectibilidade, na filosofia grega aparece um pouco em Platão, principalmente na utopia da *República*[32]. Entretanto, a experiência de Platão praticando a república foi muito ruim, por isso que no diálogo *Leis* ele é mais austero nas suas utopias. *Leis*[33] é posterior à sua experiência de Siracusa. Não sei se vocês sabem, mas Platão tinha um amigo que era rei em Siracusa, que o chamou para ser conselheiro político, e foi uma catástrofe. Por isso filósofos não devem se meter com política. Sua utopia na prática foi um desastre e ele saiu de lá corrido; queriam matá-lo, foi uma desgraça total. Ele fugiu e voltou para Atenas. Depois escreveu os textos maduros, entre eles aquele conhecido como *Leis*, que é bastante pessimista com relação ao que a gente chamaria de perfectibilidade, perante o que a gente chamaria da possibilidade de uma utopia. A palavra "utopia" aplicada a Platão também é anacrônica.

A filosofia grega flerta com uma noção do que a gente poderia chamar de *autonomia da razão*, sem dúvida, e a autonomia da razão

---

32. PLATÃO. *A República*. São Paulo: Edipro, 2019.
33. Id. *Leis;* vol.1. São Paulo: Edições 70, 2017.
    Id. *Leis*; vol.2. São Paulo: Edições 70, 2019.
    Id. *Leis*; vol.3. São Paulo: Edições 70, 2019.

vai ser uma ferramenta cara e importante aos perfectibilistas dos séculos XVIII e XIX: a ideia de que, sendo a razão autônoma e compreendendo o mundo, a gente melhora. Freud se afasta dela quando fala que a razão, como herança romântica, em sua obra – ele ficaria muito bravo se alguém dissesse isso, porque ele se via como um descendente do Iluminismo, do positivismo – é submetida ao inconsciente.

O próprio Passmore, que não fala de conglomerado herdado, diz: é difícil aplicar a ideia de perfectibilidade na Grécia Antiga, na religião não há com certeza, como no cristianismo vai ter a partir do pelagianismo que Agostinho critica. O cristianismo contemporâneo é embebecido na ideia de perfectibilidade, o que não era óbvio no antigo.

No entanto, não há o conceito claro de perfectibilidade nem na filosofia grega. No estoicismo, há uma busca de autonomia, que os estoicos chamavam de *Autárkeia*, ou "eu mesmo ser o princípio do modo como eu vivo". Isto é, não ser submetido às superstições, pôr sob controle as minhas paixões – briga eterna do ser humano consigo mesmo. O que o estoico pregava? Não seja escravo do passado nem do futuro, viva o presente. Porque você não tem controle sobre o futuro, essa é a ideia do estoicismo; então, se você ficar planejando, dá errado. Agora, veja bem, o estoico é alguém que vivia na Grécia e Roma antigas, como se vive hoje sem planejar? Primeiro que vivemos mais do que se vivia na época, depois que a sociedade é infinitamente mais complicada do que era. Um estoico podia chutar o balde, ir embora de Roma viver na natureza; hoje você não tem natureza para onde ir, todo lugar vai ter IPTU, ITR, vai ter alguém disputando, sendo dono ou o Estado cobrando alguma coisa de você.

Então não tem essa de sair andando. Nos dias de hoje, se você sai andando para ficar perto da natureza, você é vagabundo.

É como aquele diálogo maravilhoso do filme *Pulp Fiction*[34], de Quentin Tarantino, dos anos 1990. Há um diálogo entre dois personagens, um é interpretado por John Travolta e o outro, por Samuel L. Jackson, que são dois assassinos profissionais. A conversa acontece na hora em que eles estão matando uns caras, um sujeito descarrega o revólver e nenhuma bala os atinge. O personagem de Jackson, que já era meio religioso e citava um trecho da Bíblia antes de matar as pessoas, tem uma epifania e diz: "Deus agiu diretamente na minha vida", e, no final, fala para o personagem de Travolta, enquanto eles estão tomando um café em um daqueles *diners* norte-americanos de manhã cedo: "Eu vou sair pelo mundo". E o personagem de John Travolta pergunta: "Mas o que você vai ser?" – "Não tem nome para o que eu vou ser, eu vou sair pelo mundo pregando a palavra". E o personagem de Travolta afirma: "Tem um nome para isso, *bump*, você vai ser um mendigo, um vagabundo, vai ficar andando pela rua".

Estou mencionando isso porque a variável histórica muda completamente o cenário, por isso é muito difícil a gente imaginar uma ideia do passado aplicada no presente, principalmente aquelas que tenham relação com o modo de viver. Por exemplo, a fuga à natureza hoje é uma variável absolutamente financeira. Se você for morar como caiçara, abrir mão de internet, saúde, desplugar, você vai ser apenas uma "bump" na praia, um *hippie* velho. Ou então, se você tem uma grana e resolve aplicar, você vai para Gonçalves, algum lugar assim, e fica vivendo lá, como vagabundo chique.

Agora o problema é quando você disser que isso – ser vagabundo chique – é uma tendência de comportamento das pessoas. Não é, é a sua tendência e de mais quatro. Esse é o grande pecado

---

34. *Pulp Fiction*. Direção: Quentin Tarantino. Produção de Lawrence Bende. Estados Unidos: Jorsey Films, 1994. 1 DVD.

das pessoas que discutem tendências; é confundir a tendência de quatro pessoas com uma tendência histórica; é das quatro pessoas que gastam mais dinheiro, que têm mais dinheiro. Quando o estoico afirma que você não deve se preocupar com o futuro, que futuro se tinha tanto assim na Roma Antiga? É claro que tinha, alguns eram escravos e permaneceriam como escravos a vida inteira, o que, na maioria dos casos, era horroroso; quem era aristocrata continuava aristocrata, podia morrer numa guerra ou ser assassinado... o futuro é mais breve.

Hoje não. Nos dias de hoje você constrói o seu futuro, toma decisões, racionaliza. Uma coisa é reconhecer que eu consigo, por exemplo, organizar minha vida futura melhor sendo racional, outra coisa é achar que, com isso, eu me torno uma pessoa melhor. São duas coisas diferentes que normalmente estão imbricadas no discurso *coach*, porque, na verdade, o profissional ali está vendendo a própria ideia de perfectibilidade. O *coach* está vendendo isso, a noção de que você vai se apropriar da sua vida, tomar decisões racionais, ter ideias boas, mudar de crenças ruins para boas, como se diz na psicologia cognitiva, e daí vai caminhar em direção ao sucesso. Não, uma pessoa pode ter, inclusive, sucesso na vida porque foi uma pessoa terrível, obsessiva, meio doida, incapaz de fazer muitas coisas em outros territórios da vida porque perseguiu aquilo como uma doença, pode ter destruído relacionamentos ao longo da vida, e no final, alcançar enorme sucesso, seja lá em que área for.

Pensar perfectibilidade e imperfectibilidade é pensar também nesse nível, no sentido histórico, mas também no individual, que é, na realidade, o que interessa a todo mundo hoje em dia, e a perfectibilidade é uma *commodity*, um bem que normalmente não seria um bem, mas a ele é agregado um valor no mercado da propaganda, relações públicas. Ela é uma *commodity* no mercado político. Imagina um político querendo ser eleito dizendo: olha, não vai dar certo, eu não sei o que está acontecendo no Brasil, não sei o que a gente vai fazer... você diz: esse cara está falando a verdade? Ele deve ser doente, vai falar a verdade sendo um político? Quem, em sã consciência, acha que um político fala a verdade? Dando de barato o que é *verdade*, porque podíamos fazer um curso só sobre isso, o ano inteiro. Quem, em sã consciência, acha que um político diz a verdade? O político o faz para ganhar a competição por votos, como se fala sobre eleição tecnicamente, a eleição é um procedimento em que você atribui poder a alguém caso tenha ganhado a competição por votos, portanto, vale tudo para ganhar quando você olha do ponto de vista empírico. Alguém pode virar para você e dizer: mas assim você não ajuda! Uma das expressões de que eu mais gosto no debate público hoje em dia é *você prestou um desserviço a...* quando se diz, por exemplo, que mentiras podem ganhar votos. Eu adoro essa expressão, porque você tem que pensar o tempo inteiro *prestando um serviço a*, senão você está *prestando um desserviço a*, e quando você fica na lógica *prestando serviço/um desserviço*, claramente você não vai conseguir ir para aquele ambiente insólito sobre o qual dissertou Ortega y Gasset com relação ao ambiente da filosofia: insólito e inútil, por isso livre de necessidades.

É um ambiente estranho onde você pensa com o único objetivo de refletir e esclarecer algumas coisas. Quando você não quer prestar serviço nenhum a ninguém nem ao mundo, é insólito, é estranho, porque ao mesmo tempo Ortega y Gasset diz: conceito é uma ferramenta doméstica para resolver o dia a dia; quando o filósofo pega um conceito, filosoficamente ele desdomestica esse conceito. Ele fica não domesticado, estranho, insólito, que é justamente aquilo que faz a diferença entre você se mover no senso comum, como se diz em filosofia, ou se mover no olhar filosófico que está distanciado do senso comum. No nosso caso aqui, a conclusão sobre essa discussão da perfectibilidade na Grécia, porque no próximo encontro nós vamos para o cristianismo, é que não dá para dizer de forma consistente que existia perfectibilidade na Grécia, levando-se em conta que o uso é anacrônico, mas mesmo se você olhar para os estoicos, a ideia de viver de acordo com o *logos* e chegar à *apatheia* ou ataraxia, não é progresso linear histórico socialmente acumulativo.

Sêneca, filósofo estoico, quando vai escrever a versão dele da Fedra, a famosa e infeliz Fedra, personagem da cultura erudita grega que ninguém sabe quem inventou, ele a construirá como alguém dominado pela paixão por Hipólito. Eurípides escreveu a primeira versão de Fedra. Ela se apaixona pelo enteado Hipólito, na versão grega de Eurípides. Trata-se de uma vingança de Afrodite, porque ela havia se apaixonado por Hipólito, que é apresentado como um jovem muito bonito, e ele recusa o amor de Afrodite. Imagine a loucura de um homem recusar o amor de uma deusa linda e maravilhosa... ela resolve acabar com ele, mas como todo deus grego, ela não só o faz ser mordido por uma cobra cascavel, não. Ela faz a madrasta dele se apaixonar enlouquecidamente por ele para acabar com a família toda, no que ela é bem-sucedida, porque Hipólito tinha feito um voto de castidade. Ou seja, ele não recusa apenas Afrodite, ele recusa todas as mulheres.

Hipólito faz um voto de castidade, ele adora Ártemis e a natureza, e no final acaba sendo morto pela última. Na versão de Sêneca, ele tira os deuses da equação. O problema entre Fedra e Hipólito – sendo o problema dele a castidade obsessiva – é que Fedra não consegue organizar seus desejos. Como uma madrasta pode se entregar ao desejo sexual enlouquecido pelo enteado? É claro que isso vai destruir todo mundo, então, como diz a sua escrava na peça: toma juízo, mulher, é seu enteado, não pode, seu marido vai querer matá-lo; Teseu não é um sujeito qualquer, é um cara poderoso!

A preocupação de Sêneca, na reescritura que faz da história de Fedra, é que ela e seu enteado apresentam um modo inadequado na condução de sua vida nas emoções, numa linguagem contemporânea. No caso de Fedra, porque resolve seduzir o enteado, e, no de Hipólito, porque recusa o amor de todas as mulheres. O estoico não está falando que você tem que viver como um casto absoluto, porque o *logos* colocou a reprodução e o desejo sexual na natureza dos animais e dos seres humanos. Quando recusa, no caso de Hipólito, todas as mulheres em nome de adorar uma deusa da natureza e ser casto, você não está vivendo de acordo com o *logos*, que é o objetivo do estoicismo, não está vivendo de acordo com essa ordem cósmica da qual a gente faz parte.

Quando você lê Marco Aurélio ou Sêneca, recebe o tempo inteiro uma chamada de atenção: cuidado com as frustrações, o mundo frustra, ele faz promessas e não cumpre; então há claramente, no caso do estoicismo, e aparece também em Sêneca, na peça, uma contenção das paixões que representa uma luta contínua. O objetivo da ataraxia é chegar numa alma quieta, sem movimentos internos, ataráxica, não inquieta. Daí a posição estoica, às vezes, vista como uma certa melancolia. Peter Gay, que escreveu a segunda biografia de Freud[35], termina o livro quando Freud morre. O último trecho diz: e o velho estoico descansou. Peter Gay associa Freud a um temperamento

---

35. GAY, P. *Freud:* uma vida para o nosso tempo. Companhia das Letras. São Paulo, 2012.

estoico, a uma filosofia de vida estoica, muito diferente do seu sobrinho Bernays.

Há perfectibilidade no estoicismo? A filosofia grega como um todo acredita que, entendendo como as coisas funcionam, você não vive em constante heteronomia, que é quando o outro exerce o controle sobre você – *heteros*, em grego, é o outro. Não é à toa que Platão detestava tanto os poetas que prestavam honras aos deuses em suas narrativas, nem que Sócrates foi condenado à morte por ateísmo, suspeita de que ele pregava o afastamento dos jovens, seus discípulos, entre eles Platão, da prática da religião grega, oferendas e rituais. Afastava os jovens da crença de que ele deveria ir a oráculos pedir conselhos. O mais famoso era o de Delfos, de Apolo. A filosofia grega coloca uma pitada de possibilidade de alguma autonomia, sem dúvida, mas não chega à perfectibilidade, fora a utopia da *República* do Platão. Em Aristóteles, há a possibilidade do desenvolvimento das virtudes, mas não de modo linear e acumulativo ao longo da história social e política. Nele há também, como no estoicismo, uma ideia de ordem no universo, de que se você descobre como funciona, você é capaz de organizar a pólis e sua vida individual com mais eficiência, como se diria hoje.

O epicurismo parte da contingência absoluta porque o átomo é cego. Os epicuristas atomistas afirmavam que os átomos vagam por um espaço vazio eternamente sem ir para lugar nenhum, então o epicurismo parte da contingência, de uma afirmação diferente dos que afirmam que há ordem no universo. Por essa razão, o epicurismo será importante primeiro, para todos que entendem a contingência como a realidade última das coisas.

A *psyche* é isto: um ar feito de átomos que sai pela boca quando você morre e se esvaziam no mundo. Não há crença na vida após a morte no epicurismo. Epicuro é um dos primeiros filósofos que diz: você só acredita nos deuses porque tem medo deles. E quando afirma que não existe vida após a morte é para dizer assim: fique calmo, morreu, acabou. Essa é a ideia dele; nenhum deus vai lhe atormentar, seu tio louco não vai encontrar com você e te cobrar alguma coisa que você fez, porque, quando morrer, acabou, você volta a fazer parte de átomos indiferentes. Quando você parte do pressuposto de que a contingência faz parte da estrutura da matéria, da estrutura da realidade como Epicuro está dizendo, os átomos são cegos e vagam aleatoriamente pelo espaço vazio formando corpos, líquidos e ar, e depois se desformam, desmancham e tudo vira átomo de novo, é inviável a noção de perfectibilidade. A contingência ontológica normalmente atrapalha a construção da crença na perfectibilidade, porque esta depende de uma organização evolutiva e acumulativa de eventos organizados ao longo do tempo.

Voltando: por que o conglomerado herdado inviabiliza a perfectibilidade? Porque ele trabalha com contingência histórica, social, política, as camadas da cultura, seja lá qual for. Elas não se organizam a partir de um princípio e são como um pó que vai se depositando sobre superfícies que existiam antes delas. Está vendo onde está a contingência, onde está o acaso? Ninguém desenhou isso, não é alguém que aprendeu e aí fez melhor, não! Você vai e volta, mistura tudo. A própria experiência cultural é assim, por isso que, quando você trabalha com o conglomerado herdado, é possível ver que a experiência moderna é uma ruptura com o conglomerado herdado judaico-cristão europeu, uma ruptura de natureza racionalista e científica. É a crença de que vamos descobrir como as coisas funcionam e fazer melhor. Você pode descobrir, por exemplo, que no clichê do debate de gênero existe um componente social que faz parte da identidade sexual, um componente sócio-histórico-político que faz parte da identidade sexual. Você identifica isso, realiza estudos e tal e conclui que nós vamos conseguir reconstruir melhor identidades sexuais por causa disso. Na realidade, ninguém sabe direito como é feito. Está clara a passagem que fiz para entender como o conceito funciona? E como é um conceito que vai ao coração da crença racionalista? Por isso Dodds o recupera quando está mostrando o irracional na Grécia. O irracional, quando entra, sempre atrapalha os projetos e a autonomia da razão. Os românticos achavam isso lindo, mas não é necessariamente lindo nem feio. Os românticos criaram um fetiche em relação a essa questão e recuperaram a ideia da paixão como algo positivo, o maior de todos os filósofos que fez isso foi Nietzsche.

Dodds diz: a filosofia grega começou a trabalhar uma desconstrução do conglomerado herdado religioso grego, que significava cultura, gestos, hábitos, crenças, tudo junto. Inclusive, isso também foi fruto do fato de que os gregos foram melhorando sua arte de navegação e viajando e comparando coisas e uma das melhores formas de se desconstruir o conjunto de crenças é compará-las. Se você vive só ali, está melhor, se vai para um lugar onde tudo está misturado, isso desorganiza o *logos* das crenças. Veja um exemplo a partir do Império Romano: ele herdou parte da filosofia grega, a religião grega, que depois vai ser destruída pelo cristianismo, que perseguirá sistematicamente a religião pagã antiga, vai matar sacerdotes, arrastar sacerdotisas pelos cabelos no meio da cidade de Alexandria, queimar gente viva, destruir templos. Se o cristianismo não tivesse feito isso no começo, teríamos muito mais coisas da Grécia hoje, muito mais, se não tivessem queimado papiros de maneira sistemática como uma coisa do mal – tipo Talibã, como se falava no começo do século XXI –, a matriz da cultura ocidental hoje possivelmente seria outra. História contrafactual, entretanto, só existe como exercício filosófico.

O cristianismo assume o Império Romano, mas ao mesmo tempo vai assimilando a filosofia – aquela relação ambivalente. Destrói a filosofia grega, e no entanto assimila parte dela, batiza Platão, batiza Aristóteles. Vai formando um caldo, tudo junto e misturado, e isso vai se espalhando ao longo do tempo, principalmente na civilização europeia, se mistura com bárbaros, inclusive assimilando religiões pagãs bárbaras. Por exemplo, o cristianismo católico, que era o hegemônico na época, quando vai assimilando as religiões bárbaras, vai estabelecendo aquilo que se chama, em história, da religião de *monopólio do sobrenatural*. Toda religião tem que estabelecer um monopólio sobre o sobrenatural porque as pessoas acreditam no sobrenatural dos mais variados tipos. Então alguém tem que dizer: esse vale, esse não vale, esse pode, esse não pode, esse é o jeito certo de falar com o sobrenatural, esse jeito está errado, e a Igreja Católica foi fazendo isso na Europa à medida que herdou o espólio do Império Romano; vai se espalhando, cristianizando e colonizando o imaginário sobrenatural da Europa de então. Os povos germânicos, os povos bárbaros que acabaram derrubando o Império Romano militarmente tinham o hábito, quando havia uma contenda entre dois – isso aparece em alguns filmes, às vezes –, de fazer uma luta entre eles e quem vencesse era compreendido como aquele que recebeu o favor dos deuses, então estava certo. Entendem como o sobrenatural age aí?

Você diria que um é mais forte ou mais tecnicamente preparado, mas a Igreja Católica diz: isso não vale, Jesus não tem nada a ver com isso, com essa disputa para dizer quem é o certo. Quem afirma o que é o certo e o que Deus quer somos nós. Na Igreja Católica, isso é muito claro, porque ela se organiza como uma instituição;

as outras também são assim, mas a situação é menos evidente. No judaísmo, você tem 158 mil sinagogas diferentes dizendo cada uma que tem o monopólio da relação com Deus; pode ler, não pode ler, pode escrever, pode ter mulher rabina, não pode, pode casar com quem não é judeu, não pode, pode ter pai judeu, mãe judia, você é judeu do mesmo jeito. Quer dizer, não tem um centro, como tem na Igreja Católica. Por isso é fácil jogar pedra na Igreja Católica, pois ela tem um endereço, um endereço histórico, institucionalizado, e ela valoriza esse endereço histórico institucionalizado.

Whitehead, cuja obra principal é *Process and reality*[36] [Processo e realidade, em tradução livre], comentando o conceito de conglomerado herdado, afirma: é um destino peculiar das civilizações que, quando se desenvolvem muito, são destruídas pelo seu próprio progresso. Roma foi destruída pelo seu progresso, seu avanço e a incapacidade de lidar com tantas culturas diferentes. A Grécia foi destruída pelo seu progresso, Mesopotâmia, todas as civilizações que se expandiram na Antiguidade (isso é uma questão de expansão física, basicamente). Mas o que Whitehead quer dizer é que é interessante que, no processo de avanço civilizacional, você vai entrando em conflito com heranças ancestrais, desconstrói a placa tectônica daquele universo, e esse processo, se você olhar daqui a mil anos, alguém pode dizer que houve um processo de reconstrução, reorganização, que ninguém sabe direito como é, alguns acham que está mandando no processo, outros, não. Por exemplo, hoje existe um nível de comunicação entre as pessoas que jamais existiu, a nossa espécie evoluiu no silêncio, não nesse ruído todo que vivemos hoje, portanto esse elemento "estranho" poderá causar rupturas no modo ancestral em que vivemos até hoje.

---

36. WHITEHEAD, A. N. *Process and reality*. New York: Free Press, 2010.

Nós podemos olhar para Roma agora, mas quem estava lá não tinha essa percepção; pelo contrário, um patrício romano rico, em sua casa maravilhosa, devia achar que estava no topo da história do que se conhecia como humanidade, como muitos hoje pensam em Nova York, por exemplo, que estão no topo, que não vai acontecer nada, que é daqui para melhor, cada vez melhor, e que nada vai dar errado. Se formos pensar em como, por exemplo, modos de produção se dão ao longo da história, a humanidade sempre teve escravos, independentemente de questão racial – escravidão nunca foi essencialmente racial –, mas sim sempre uma questão econômica e política, como resultado de guerra. O que fez a humanidade se libertar do modo de produção escravagista? A tecnologia. Se, em algum momento, a tecnologia acabar, o que eu não acho que vai acontecer necessariamente, mas se tivermos uma crise técnica grave e perdermos a organização econômica, se desmanchar o Estado de direito, haverá uma razoável e significativa desordem. Como consequência, poderemos voltar ao modo de produção escravagista, provavelmente. Não vinculado à raça, mas vinculado ao que sempre foi: quem é mais fraco vira escravo, e se você não aceitar, eu te mato, você escolhe – que era basicamente como funcionava na Antiguidade.

Sempre existiu tráfico de pessoas. Como todo mundo sabe, fazia-se tráfico de seres humanos, vendia-se gente. Atacavam-se grupos, prendiam, matavam os velhos e as crianças, muitas vezes levavam as mulheres e os homens jovens. As mulheres iam trabalhar como escravas em casa, tornavam-se escravas sexuais, os caras iam trabalhar na agricultura, digamos assim, porque não tinha técnica, então você punha as pessoas para trabalhar. Se ocorrer uma crise no sistema de produção de bens, imagina sete bilhões de pessoas vivendo sem organização econômica. A gente volta para a escravidão. Esse enunciado é não perfectibilista, porque eu não estou partindo do pressuposto de que a gente não aprende nada definitivamente; são certas condições materiais que, ao longo do tempo, podem causar idas e vindas em determinadas formas de comportamento. Nesse horizonte, o que sustenta o modo de vida das pessoas são heranças, que vão se aglomerando ao longo do tempo como placas tectônicas; está aí a metáfora do autor, e isso é a base, mas você pode ter erupções vulcânicas, a modernidade é uma espécie de erupção vulcânica como essa.

Uma característica da erupção vulcânica moderna muito significativa é a velocidade que a modernidade introduziu nas relações e que hoje é cada vez mais rápida; agora, na comunicação, nós nunca vivemos algo assim, uma velocidade nesse nível. Nunca nos deslocamos no espaço tão rápido quanto fazemos hoje, nunca vimos e soubemos de coisas na velocidade que acontece nos dias atuais. Quando alguém diz: mas tem *fake news*... é óbvio que tem, sempre teve, sempre se mentiu muito, hoje se fala mais mentira porque as relações são muito comercializadas, quase todo mundo está se vendendo o tempo inteiro, e aí você mente para se vender, para agradar o consumidor para fazer a customização. Quanto mais saturação de conteúdo, mais mentira.

Ontem eu estive num evento de educação, de uma escola, e uma das coordenadoras contou a história de uma mãe que ia na escola da criança, que era integral, trazia o limão de casa e explicava para a professora que limão tem que ser cortado em quatro pedaços e não dois. Porque em dois não é saudável para a criança; o filho dela tinha que chupar o limão em quatro pedaços. Isso se chama customização *designed around you*, como se diz em publicidade, que implica você fazer tudo customizado para o consumidor ali, então logo, logo, vai surgir uma psicologia para aquele consumidor, específica, uma teoria feita para aquela pessoa. A escola já está quase aí, nesse movimento de demanda de customização.

Em meio a esse povo que faz previsão do futuro, como ninguém previu as redes sociais? Como ninguém disse: vai acontecer uma coisa chamada "redes sociais" e o mundo vai virar pelo avesso. Como esse povo que vê o futuro por aí, que só sabe prever uma viagem na sua vida e diz que vai aparecer uma viagem na sua vida – ano passado, 2021, foi difícil fazer essa previsão. Vai aparecer uma oportunidade de trabalho, tem alguém no seu trabalho querendo te ferrar. Diga-me alguma coisa que eu não sei.

Fechando a nossa conversa, voltei ao conglomerado herdado porque eu queria que ficasse claro o vínculo dele com o tema da imperfectibilidade. A reflexão de Dodds sobre o irracional na Grécia Antiga nos serviu de modelo para pensar essa imperfectibilidade, pois não dá para alegar que a civilização grega trabalhasse com uma noção de evolução social, o que separa muito a democracia grega da nossa democracia hoje. A democracia grega não se via como um processo de evolução social em direção ao bem. A democracia grega era um experimento feito em Atenas, durante um certo tempo, e que tinha problemas como todo o universo político tem – corrupção, violência, teorias conspiratórias, fraude nas votações. Inclusive, era um experimento que a maior parte dos filósofos, como Platão e Aristóteles, desprezava. Democracia? Regime demagógico, degenera em retórica, todo mundo mente mais ainda, já que o objetivo é convencer os outros.

É outro momento da história, mas estou dizendo isso para apontar o seguinte: os gregos inventaram a democracia, e daí? Isso não significa nada. A civilização grega acabou, isso significa que a nossa democracia vai acabar? Pode acabar porque tudo que é histórico pode acabar, mas não é disso que se trata; trata-se de entender que aquela ideia praticada em Atenas não implicou nenhuma evolução na Grécia como tal. Semana que vem vamos discutir como o debate da perfectibilidade contra a imperfectibilidade vai aparecer justamente ao redor do conceito de natureza humana. Natureza humana compreendida como uma série de comportamentos que se repetem em momentos diferentes. Podemos afirmar que há uma constância nesses modos de comportamento, se essa natureza humana aprende e vai avançando continuamente, ou se há idas e vindas, que não dá para dizer que ela avança evolutivamente como se pensa? Vamos ver como Agostinho relacionará esse problema ao da Graça e do pecado original. É isso, vamos às perguntas.

Pergunta: Você disse que, na Grécia, eles não tinham o conceito de perfectibilidade; em que momento nós passamos a considerar a Grécia um modelo – modelo de beleza e de organização, o famoso deus grego – se eles não tinham esse conceito? Como se faz uma analogia com os dias de hoje, por exemplo, vários critérios assim, fora a beleza humana, se os gregos não tinham esse conceito, é como se hoje em dia também não tivéssemos?
Pondé: Eu falava no comecinho da aula hoje, a primeira vez que a gente usou a expressão "clássico" foi para a Grécia dos séculos IV e V a.C. "Clássico" é uma palavra que significa "a primeira ordem" e os gregos tinham uma concepção de ordem no universo, principalmente a filosofia. Afrodite era muito bonita, havia uma perfeição de formas nela, por isso ela era a deusa da beleza e do amor. No século XIX, os europeus em geral, e principalmente os alemães, construíram a ideia de que a civilização grega era melhor do que a cristã, e

que, portanto, a Grécia deveria servir de modelo. Vem daí, inclusive, a expressão "Grécia clássica", que devia servir de modelo para o século XIX, que estava olhando para um certo afastamento da herança medieval. Esse fato nada implica que a Grécia tivesse uma concepção de perfectibilidade.

Capítulo 4

Há perfectibilidade na herança bíblica?

Bom dia. Hoje vamos falar um pouco sobre onde nasce oficialmente a discussão sobre perfectibilidade.

Tivemos duas aulas sobre a Grécia Antiga. Talvez devêssemos ter começado pela pré-história, apesar de que seria bem difícil, claro. Aliás, o livro de David Graeber e David Wengrow[37] – Graeber morreu no começo da pandemia vítima de um ataque cardíaco fulminante aos 59 anos, e estava por trás daquele movimento, no começo do século XXI, chamado Occupy Wall Street. Essa obra é sobre pré-história e ambos autores são professores de Arqueologia e Antropologia. Pré-história é um tema de que gosto muito. Em seu texto, eles colocam uma questão que me fez pensar, de novo de modo anacrônico, ainda mais quando se está falando de pré-história. Seria possível se indagar acerca de uma capacidade humana de perfectibilidade, olhando a partir da pré-história e para a pré-história?

A tese deles é que sim, possivelmente, o que atrapalha é quem vive pela violência como organização política. Os livros sobre esse período dependem muito do lento avanço da arqueologia. Eles elencam e analisam achados arqueológicos de várias regiões

---

37. GRAEBER, D.; WENGROW, D. *O despertar de tudo*: Uma nova história da humanidade. São Paulo: Companhia das Letras, 2022.

do mundo, inclusive aqui da Amazônia, e levantam a hipótese de que a humanidade na pré-história teve alguns grupos que tinham um modo de vida parecido com o que chamaríamos de um modo de vida libertário, usando uma expressão obviamente anacrônica. Em que, inclusive, diferenças entre homem e mulher não eram as diferenças que estamos acostumados a ver quando pensamos na pré-história ou na Antiguidade. Essa é uma discussão bastante acirrada entre quem estuda esse assunto, e eles não são os primeiros a levantar essa hipótese de que, no período, teria havido (a expressão é deles) "experimentações sociais que poderiam ter resultado em modos diferentes de vida". Outro arqueólogo da pré-história, chamado Alain Testart, francês, e uma arqueóloga, chamada Marylène Patou-Mathis, francesa também, são autores que se identificam com essa ideia. Há inclusive um livro de Testart, cujo título é *L'amazone et la cuisinière: Anthropologie de la division sexuelle du travail*[38] [A amazona e a cozinheira: antropologia da divisão sexual do trabalho; em tradução livre], que vai mapeando informações de como as mulheres eram cozinheiras e guerreiras, com informações muito interessantes.

Quando você estuda pré-história, sempre se debruça sobre os achados e os compara com populações que existem hoje e são neolíticas, próximas do Neolítico, como indígenas da América do Sul, aborígenes, bosquímanos.

Entretanto, há um detalhe muito peculiar em Testart. É muito provável que, segundo ele, em determinados grupos, mulheres participassem de caça junto com homens, mas só quando não estavam menstruadas. Isso é uma prática que existe, segundo o autor, entre aborígenes. Por que as mulheres menstruadas

---

38. TESTART, A. *L'amazone et la cuisinière:* Anthropologie de la division sexuelle du travail. Paris: Gallimard, 2014.

não participavam da caça? As hipóteses são: pelo sangue, pelo cheiro, pela atração da presa. Esse livro é interessante para quem gosta de temas da pré-história porque ele reaquece uma discussão sobre se a humanidade teria tido experimentações, modos de vida diferentes do que acabou se tornando hegemônico, e claro que se pergunta algo que ninguém consegue responder: por que deu nisso que vivemos hoje e já vivemos há tanto tempo? Porque as formas de poder associadas à geração e à gestão da violência se tornaram hegemônicas, que é o que Fukuyama mostra muito bem no livro dele, já traduzido para o português, *As origens da ordem política: Dos tempos pré-humanos até a Revolução Francesa*[39]. Ele vai estudando, desde a pré-história, como surgiu o poder em várias civilizações, como ele entra em decadência, o que acontece em diversas culturas e tal, e essa coisa de que o poder que conhecemos é sempre um que está realizando a geração, a gestão ou o cuidado com a violência. O problema de todos os autores, assim como também de Patou-Mathis e de Testart, é dizer que na pré-história parece ter havido grupos que conseguiam, de alguma forma, viver sem a política da violência. Porque às vezes parece que estamos falando de outra espécie quando pensamos nisso, então a questão para quem gosta desses assuntos é a seguinte: e aí, o que aconteceu? Desaprendemos? O que deu errado no caminho? Porque alguns grupos, os quais não praticavam a violência sistemática e organizada, foram paulatinamente conquistados pelos grupos que praticavam violência sistemática e organizada. Assim, esses experimentos foram desaparecendo. Essa é a hipótese mais comum: quando você não tem um sistema de violência

---

39. FUKUYAMA, F. *As origens da ordem política:* Dos tempos pré-humanos até a Revolução Francesa. Rio de Janeiro: Rocco, 2013.

organizado, é muito difícil enfrentar quem o tem. Se colocamos Fukuyama contra David Graeber e David Wengrow, chegamos à conclusão de que experimentos libertários podem ter existido, mas foram derrotados pelos grupos que desenvolveram o poder a partir da gestão e organização da violência a favor deles.

Voltando ao nosso assunto mais especificamente: de onde vem essa discussão sobre perfectibilidade, agora não de forma anacrônica? Ela vem do cristianismo. O cristianismo claramente colocou isso à mesa e Santo Agostinho é a grande figura, no seu debate, nas suas cartas que viraram textos, traduzidos em português pela editora Paulus, nos volumes *Graça I* e *Graça II*. Essa discussão ficou conhecida como a polêmica da Graça na teologia cristã do final da Antiguidade, que é o período em que viveu Santo Agostinho. Este era um cidadão romano do norte da África, que, naquela época, era parte do Império Romano. Latim era a sua língua materna. A mãe de Agostinho virou santa, Santa Mônica.

Peter Brown, historiador da Antiguidade tardia, da origem do cristianismo, escreveu a biografia de Santo Agostinho, e até faz uma aplicação do Freud selvagem quando interpreta a adesão final de Agostinho ao cristianismo romano por influência de sua mãe católica, Mônica. O pai era pagão e a mãe era cristã, e o pai do Santo Agostinho tinha um parente, que ninguém sabe direito, que era um cara rico e que achou que Agostinho era um menino de futuro, investiu nele e o enviou para estudar em Milão. Ele foi estudar lá e começou a se tornar o Agostinho que conhecemos. Passou por uma "heresia cristã" chamada maniqueísmo, uma heresia cristã bastante importante. Tentou também ser platonista, que, na verdade, naquela época, era ser seguidor do neoplatonismo, de Plotino, e acabou seguindo os passos da mãe: tornou-se cristão católico e aí Peter Brown faz aquela gozação e diz que Freud explica o que aconteceu.

Santo Agostinho virou padre, depois bispo, e, na época, bispo era como um prefeito, uma pessoa que mandava no lugar, e Santo Agostinho teve reconhecidamente algumas mulheres ao longo da vida, assim como um filho conhecido (deve ter tido vários), mas um sabido, chamado Deodato, junto de quem ele escreveu textos, morreu antes dele. Há uma carta[40] do autor de *O mundo de Sofia*[41], Jostein Gaarder, que escreveu uma obra de ficção sobre a mãe de Deodato falando mal de Agostinho, pois ele não pagava pensão, já que tinha abandonado a família, ou seja, tentando "cancelar" Santo Agostinho. Santo Agostinho também é conhecido por ter escrito aquela frase: "Deus, Deus, me dê a castidade, mas não hoje".

Esses detalhes de Santo Agostinho são interessantes porque ele era seguramente alguém que estava com os dois pés enterrados na lama da vida concreta. Isto que eu quero dizer: combateu heresias, a famosa heresia donatista, que seguia um bispo romano do norte da África, Donato, que tinha uma teoria de que a igreja era só para santos puros, e Agostinho defendia que a igreja era para todos, inclusive aqueles que já haviam renegado Cristo por medo de serem mortos. Donato dizia que não. É claro que a postura de Santo Agostinho era melhor do ponto de vista do *marketing*; esse negócio de igrejas só de santos, além da chance de só ter maluco perto de você, ainda apresenta a restrição do *target*, das pessoas que podem ser atraídas ao seu templo. As más línguas dizem que ele perseguiu os donatistas, tacou fogo em igrejas donatistas, onde inclusive morreu gente, e era, sem dúvida nenhuma, uma figura do seu tempo, um romano, provavelmente bastante autoritário, disciplinador – e é ele quem traz a discussão sobre

---

40. GAARDER, J. *O mundo de Sofia*. São Paulo: Companhia das Letras, 2012.
41. Id. *Vita brevis*. São Paulo: Companhia das Letras, 2009.

a natureza humana tal como vamos herdar. Alguém que seguramente tinha intimidade com os problemas da natureza humana, e você só pode discuti-la seriamente quando se é alguém que está mergulhado em vícios. Pois se você se acha um poço de virtudes, você não tem natureza humana.

É interessante porque Agostinho sempre foi muito preocupado com o mal. A discussão enquanto tal, em Agostinho, é com Pelágio e seu discípulo, chamado Juliano de Eclano. Ambos partilham do que será chamado posição perfectibilista por excelência, ainda que a discussão se dê prioritariamente no seguinte ambiente: o ser humano detém todos os recursos para a realização dos mandamentos de Deus? O que aqui está identificado com ser perfectível? O ser humano detém, na sua natureza humana, em uma linguagem do século XIX, todos os recursos necessários para a realização do bem ali identificado com viver segundo Cristo, os mandamentos e tudo mais? Ou não, o ser humano depende de uma ingerência contínua de Deus para que não faça coisas ruins o tempo todo? É daí que nasce a polêmica.

Pelágio é um cristão. Ele não está negando a existência de Deus, de Cristo, e provavelmente era um monge britânico. Provável também que fosse um monge que sai das Ilhas Britânicas, vai para Roma e Milão, convive com Agostinho e com os outros que estavam formando a elite do que depois ficou conhecido como Patrística Latina. Antes, em Alexandria, houve a Patrística Grega, 100, 150 ou 200 anos antes. Gregos e latinos foram os pais no sentido de fundadores – *founding fathers* – do cristianismo.

O debate sobre perfectibilidade nasce em um ambiente em que você opõe heteronomia e autonomia, heteros significa "o outro" em grego, e heteronomia seria uma compreensão de que a nossa vida está o tempo inteiro atravessada por elementos determinantes, que escapam da nossa própria capacidade de decisão. *Auto*, "eu mesmo", autonomia.

A Bíblia hebraica apresenta uma antropologia baseada numa compreensão de autonomia da natureza humana? É preciso entender a pergunta para que fique claro. A Bíblia hebraica apresenta o homem como um ser atravessado por Deus? Ou possui uma antropologia, um modelo de ser humano, que apresenta o ser humano como um ser autônomo no seu comportamento, senhor de si? Senhor de si, veja bem o eco da expressão autônomo até a modernidade. Até hoje existem discussões sobre até onde vai a autonomia humana. Esse tema é recorrente. É claro que podemos ter no meio elementos sociais, que, de alguma forma, limitam a autonomia, numa linguagem atual; elementos biológicos – exemplos do que você pode compreender como outros elementos que determinam a sua autonomia – limitam de algum modo ou dão forma à autonomia possível. A Bíblia hebraica não está preocupada em fazer um discurso sobre a natureza humana, tanto é que os cristãos discutiram e discutem muito mais a noção de pecado original do que o próprio judaísmo. Foram os cristãos que levantaram a questão do pecado original e o transformaram num verdadeiro critério de análise comportamental, como se diria hoje.

A noção de pecado original é como uma espécie de doença herdada, como pensa Agostinho, mas na Bíblia hebraica o que você tem é a narrativa de personagens do povo israelita, e dentro deste alguns escolhidos a dedo por Deus, tomando decisões em diálogo com Deus. Há alguns personagens que são mais próximos Dele, porém não dá para falar que a Bíblia está dizendo que esses personagens têm uma natureza humana que depende o tempo inteiro de uma ingerência de Deus. Evidentemente, na

Bíblia hebraica, a relação dos heróis, digamos assim, com Deus é uma relação de intimidade. Aliás, lembremos de Abraham Joshua Heschel, que escreveu seu doutorado, depois ampliado, que se tornou o livro intitulado *The prophets*[42] [Os profetas], no qual ele faz um estudo da consciência profética dos profetas de Israel, e o tempo inteiro nos mostra como a vida deles era meio que o inferno, porque Deus estava com eles o tempo todo. Eles sentiam o páthos de Deus, como dirá Heschel.

Deus estava o tempo inteiro literalmente se metendo na vida deles, obrigando-os a irem a lugares que não queriam ir, fazendo com que falassem coisas problemáticas, xingando todo mundo, sendo inadequados, e, assim sendo, essa intimidade com Deus era uma intimidade problemática. Mas não há uma discussão sobre a natureza, ou se ela dependia da Graça ou não. Não há nem mesmo um conceito claro como Graça.

Sempre me lembro do final daquele filme romântico, originário do livro chamado *The end of the affair*[43] [O fim de caso, em tradução livre], escrito por Graham Greene, católico converso tardio, ambientado na Segunda Guerra. É um livro autobiográfico no qual o protagonista se apaixona por uma mulher e, no final, o personagem/escritor Graham Greene diz a seguinte frase: tá bom, agora você me provou que você existe – falando com Deus – e fique longe de mim. No enredo tem a ver com o que vai acontecer com a personagem da Juliane Moore, a quem ele ama, uma pessoa muito religiosa, algo que ele detestava.

Se formos olhar para a antropologia hebraica, a relação dos heróis da Bíblia é uma relação que, de certa forma, os mortais

---

42. HESCHEL, A. J. *The prophets*. New York: Harper Perennial Moder Classics, 2001.

43. GREENE, G. *The end of the affair*. New York: Open Road Media, 2018.

gregos tinham com seus deuses. Lembremos que o Deus da Bíblia hebraica não é Jesus, historicamente, e não estamos debatendo aqui sobre a condição de messias de Jesus. Se observarmos o personagem literariamente, o Deus da Bíblia hebraica pode estar, de certo modo, mais perto de Zeus: nervoso, voluntarioso, faz o que quer, escolhe um, acaba com o outro, e há toda aquela gama de histórias no Velho Testamento, que inclusive não foi escrito por uma pessoa só, talvez por muitas pessoas em épocas diferentes, revelando contradições internas. É claro que os rabinos e teólogos cristãos vão realizando um esforço de organizar isso e dizer: não, ele não era horrível não, é que Deus escreve certo por linhas tortas, tem todo um plano etc. Mas, de alguma forma, os judeus retêm ainda a seguinte ideia: Deus não é amor. Se lhe disserem que Ele é amor, lhe enganaram. Mas o cristianismo, ao aproximar muito Jesus do amor e dizer que Jesus é Deus, cria um problema filosófico gigantesco para resolver.

Heschel é um autor que fala muito dessa relação dos profetas, da intimidade com Deus e de todos os problemas que a consciência do profeta passa por conta dessa aproximação. Inclusive há um texto curto, quase um poema de Heschel, no qual ele afirma que, quando Deus se aproxima dele, é como se fosse uma tempestade contínua, no sentido de que é uma coisa meio invasiva. Apesar de que isso é transformado depois, nas palavras dele, como se estivesse entrando em um antigo santuário silencioso.

O famoso crítico literário Erich Auerbach, um judeu alemão que fugiu de Hitler e permaneceu na Turquia durante a Segunda Guerra, escreveu um livro muito famoso que está traduzido para o português chamado *Mimesis*[44], uma obra essencial de crítica literária em

---

44. AUERBACH, E. *Mimesis:* A representação da realidade na literatura ocidental. São Paulo: Editora Perspectiva, 2021.

que ele analisa clássicos, inclusive a Bíblia. Nela há um texto específico chamado "A cicatriz de Ulisses" (Auerbach, E. 2021, p.1), em que o autor compara os personagens gregos com os da Bíblia hebraica, do Velho Testamento, e diz que a característica da relação com Deus no Velho Testamento – estou citando Auerbach – possui a seguinte forma: Deus joga o sujeito na parede, pisa nele, joga para cima e, à medida que vai se desenrolando, você vai envelhecendo e amadurecendo; portanto, seria uma relação que é, na realidade, a descrição de um processo de maturação desses personagens aos quais Ele se liga e não se trata de um relacionamento que, de maneira alguma, alguém em sã consciência diria "eu quero!", porque é invasivo.

Os católicos, principalmente os que discutem santidade, se pensarmos em Hans Urs von Balthasar, teólogo suíço-alemão, jesuíta, que faz um estudo[45] da fenomenologia da santidade enquanto estuda Teresa de Lisieux e Elizabeth de Dijon, fala da característica desse tipo de santidade, invasiva, em que Deus penetra na vida do sujeito, como aparece no Velho Testamento, e se ocupa dessa vida, inclusive muitas vezes à revelia da consciência que a pessoa tem do que está acontecendo. Balthasar chega muito perto dessa ideia de Auerbach. Isso tudo para dizer o seguinte: nada disso tem uma discussão sobre perfectibilidade. O que tiramos daí? Primeiro que Deus se mete na vida dos outros; segundo, quem Ele escolhe perde um pouco a autonomia; aliás, é justamente nessa base que se discute o tema da eleição de Israel, como um povo que não tem plena autonomia, porque Deus se mete na vida o tempo inteiro do povo enquanto tal.

Deus tem se esforçado, desde Adão e Eva, para dar um rumo a essas pessoas, sem muito sucesso. Desde Adão e Eva, trata-se de

---

45. BALTHASAR, H. U. *Two sisters in the spirit:* Therese of lisieux and Elizabeth of the Trinity. São Francisco: Ignatius Press, 1992.

uma tentativa contínua que, às vezes, está indo bem e de repente dá tudo errado. Deus tem um comportamento que, de vez em quando, é um comportamento que Jesus Cristo também apresentará em determinadas situações, como judeu típico da época dele. Por exemplo, Deus eventualmente pode gostar de gente que você olha e diz: ah, esse aqui é melhor. E Deus: não, eu quero esse aqui; e você retruca: acho que a Sua escolha não está sendo muito bem pensada, Deus. O que pode ser o melhor aos nossos olhos pode não sê-lo aos olhos de Deus.

Deus escolhe, às vezes castiga, mas depois perdoa; há casos conhecidos como o do Rei Davi, que, no judaísmo, é o mais amado de todos os personagens bíblicos. E Davi está muito longe de ser um santo; ele fez um monte de coisas erradas. Hoje em dia seria cancelado totalmente: invadiu terras estrangeiras, era ambicioso, tomou a mulher dos outros, fez o marido morrer numa missão suicida para poder ficar com a esposa deste, quer dizer, está longe de ser uma figura que você diria: esse aqui é o tipo de cara de quem Deus gosta. O caso da prostituta Raabe, de Jericó, é semelhante. Josué precisa de alguém que tenha coração puro para ajudar seus espiões na tomada de Jericó e Deus fala: olha, tem uma mulher chamada Raabe.

— Mas ela é uma prostituta.

— E daí? Ela é a única que tem coração puro.

Você diz: espera aí, como uma prostituta tem coração puro? Quanto mais se sabe ser pecador, mais perto de Deus um herói bíblico está. Quem herda muito esse traço na literatura é Dostoiévski e, aqui no Brasil, Nelson Rodrigues. Homem é ladrão e mulher, prostituta, e dos dois parece que Deus gosta.

Jesus retoma essa tradição de forma muito clara em sua vida, a partir de passagens sabidas, de que há uma certa desconfiança com a virtude assinalada, como se diz hoje. Expressão americana que está na moda, você deve "sinalizar a virtude", que é um contrassenso, porque virtude é tímida, ela não se anuncia, é reconhecida pela prática e não pelo autoanúncio, é algo que exige esforço contínuo. No final da aula passada lembramos do livro *Ética a nicômaco*[46], de Aristóteles, que contém a crença de que um ser humano que se esforça praticando a coragem, a disciplina e a justiça pode, ao longo da vida, criar uma segunda natureza, como argumenta Aristóteles, em que você seja corajoso praticando a coragem, não estudando a coragem (ou qualquer outra virtude), apesar de que cada ser humano que nasce, nasce no zero de novo. Esse é um tema que vai aparecer em Kant novamente: você se esforça na ética, mas cada criança que nasce, nasce zerada, não assimila nada dos esforços anteriores, do que alguém pode fazer. A ideia de que você vai construir uma pessoa a partir de ideias boas será discutida numa próxima aula, vamos ter tempo de abordar isso a partir de Locke. Nesse caso, é bem interessante a questão de como a perfectibilidade vai contaminar certas correntes da psicologia e da pedagogia como um todo. Não existe teoria da educação sem concepção de perfectibilidade da natureza humana.

Na Bíblia hebraica, os seres humanos, aqueles que estão perto de Deus, simplesmente tem de se ver com Deus, e é um Deus que parece não gostar muito de gente cuja virtude é muito evidente, parece desconfiar delas. Como Jesus Cristo com a história da adúltera – que não é Maria Madalena, aproveitemos para lembrar, a mulher adúltera do Novo Testamento não é Maria Madalena; não há nada no texto que diga que ela foi algum dia adúltera ou prostituta, nada, nada, nada. O cinema ajudou muito a

---

46. ARISTÓTELES. *Ética a nicômaco*. São Paulo: Edipro, 2020.

criar essa confusão entre as personagens. Se pensarmos do ponto de vista moral, parece que Deus olha os seres humanos de uma forma estranha. Mas a construção posterior, em cima desse tipo de comportamento, vai estar diretamente vinculada à ideia de que Deus tem uma atração especial por quem se sabe pecador. E no cristianismo vai ser muito forte, inclusive nas teorias sobre santidade, aquilo que um santo seguramente diria se você perguntasse para ele: você se sente perto de Deus? Ele provavelmente diria: acho que não tem ninguém na face da Terra que se sinta mais longe de Deus do que eu. Dentro do universo da crença, claro.

Aparentemente, como construção filosófica e teológica, a partir desse comportamento de Deus em relação a algumas pessoas, seria possível comentar: mas ele é cobrador de impostos! É ladrão, e você afirma que ele vai estar no céu com você daqui a pouco, como assim? Tudo bem que ele roubou a vida inteira, de repente até matou gente? Então há uma dinâmica da consciência moral herdada do Velho Testamento que atravessa o Novo Testamento e deságua em autores como, por exemplo, Dostoiévski, de uma forma absolutamente abissal. Essa temática da consciência do próprio pecado que eu sempre cito com Dostoiévski todo mundo conhece, mas há um filme muito bom do começo do século XXI produzido a partir desse ponto de vista que não tem nada a ver com Deus ou religião; o título, em português, é *O voo*[47], e em inglês, *Flight*, palavra que aqui tem um sentido dúbio: é voo e fuga ao mesmo tempo.

O piloto é Denzel Washington, que vira o avião de cabeça para baixo e salva quase todo mundo, mas ele era drogado e bêbado; e inclusive estava alcoolizado enquanto pilotava o avião.

---

47. *O Voo*. Direção: Robert Zemeckis. Produção de Laurie MacDonald, Walter F. Parkes e Jack Rapke. EUA, 2012.

Todo mundo sabia que ele vivia em orgias de drogas e sexo etc., ocorre uma série de coisas ao longo do filme e então ele confessa que estava bêbado, apesar de ter salvado a vida de quase todo mundo. Estava bêbado, mas não foi o causador do acidente, e lá vem o *spoiler*: ele vai preso alguns anos por causa disso e, no final, falando com seus colegas de cadeia, ele diz uma frase muito parecida com uma de Raskólnikov, no final de *Crime e castigo*[48], quando se entrega, que é "eu nunca me senti tão preso como quando eu estava livre e nunca fui tão livre agora que estou preso". Ele confessou que, na verdade, estava bêbado, passou a vida inteira mentindo sobre a sua condição de alcoólatra e drogado, e, sendo piloto, isso colocava de fato a vida de pessoas em risco, ainda que, naquele caso, ele não fosse o responsável. Essa sutileza do roteiro é importante. Nesse personagem, você captura esse funcionamento de que, aparentemente, alguns seres humanos seriam capazes de tomar consciência dos seus próprios limites morais, o que significaria que eles se tornariam mais perfeitos? Apenas que seriam capazes de ser um agente moral, sem mentir sobre si mesmos. O personagem é movido pela moral bíblica, não há uma preocupação em afirmar perfectibilidade nenhuma, mas sim de afirmar que a natureza humana tem a potência de ser moral quando não mente.

No texto bíblico, do Velho Testamento, não há propriamente um desenvolvimento nesse sentido. Há um desenvolvimento claro da noção do quão difícil é você conseguir superar limites na realização do bem, identificado com a vontade de Deus. Há também um comportamento de Deus no seu caráter de eleger pessoas, que é um caráter que Ele aparenta olhar para as pessoas de um modo diferente do modo que nós olhamos. Ele parece enxergar, no caso

---

48. DOSTOIÉVSKI, F. *Crime e castigo*. São Paulo: Editora 34, 2016.

de Davi, por exemplo, um personagem que os Salmos atribuem a ele, que nunca mente, porque inclusive mentir para Deus não adianta, porque Ele sabe tudo; mentir para Deus é mentir para si mesmo, então Davi nunca tenta dizer: eu sou vítima de algum tipo de situação, alguém é culpado. Não, o tempo inteiro Davi está assumindo todos os erros que comete. Não há dúvida de que há um debate moral e que esse debate moral passa por uma relação heteronômica, Deus. Não há dúvida de que esse personagem, Deus, tem um comportamento que é diferente do que chamaríamos de hipocrisia básica na moral pública, mas o judaísmo não está, a rigor, preocupado, como o cristianismo está, com a ideia de que todo mundo nasce amaldiçoado por um pecado. Não há um discurso ontológico sobre a condição caída, nesse sentido, a condição do ser humano é que somos caídos, somos herdeiros de um casal que fez uma coisa errada e estamos pagando até hoje.

Essa ideia de que seríamos herdeiros de um casal que cometeu uma coisa errada, que o cristianismo vai elevar a uma categoria alta dentro da sua tradição, e de forma muito rica, é também trabalhada maravilhosamente bem por outro autor: Georges Bernanos. Quem nunca leu, leia, pelo amor de Deus. Georges Bernanos, autor francês largamente traduzido no Brasil, morou aqui durante a Segunda Guerra, em Barbacena, Minas Gerais, fugindo da Guerra. Na França o chamam de Dostoïevski français, que seria o "Dostoiévski francês". A ideia de que nós descenderíamos de um casal originário, que cometeu uma gafe moral, digamos assim, e essa gafe moral se transformou numa coisa herdada, tampouco foi inventada pelo cristianismo. Em matéria de religião e outras coisas, poderíamos até citar a famosa frase de Lavoisier: "na natureza, nada se cria, nada se perde, tudo se transforma". Numa religião é mais ou menos a mesma coisa, uma mistura de outras religiões.

Apesar de as religiões não serem iguais, você pode tentar construir pontes para fazer com que elas concordem em alguma coisa, mas essas pontes são sempre construídas a partir de fora, ou da ética, ou da política. A democracia, por exemplo, tenta isso o tempo inteiro dizendo: seu Deus também está submetido ao Estado de direito. E alguns religiosos ficam muito bravos com "Deus está submetido ao Estado de direito". A lei de Deus é a lei dos homens.

Mircea Eliade, historiador das religiões, elenca vários exemplos de semelhanças entre as religiões nos seus três volumes de *História das crenças e das ideias religiosas*[49]. São diversos exemplos de maldições desse tipo, de erros nos quais muitas religiões acreditam e que tenham significado uma série de problemas para seus descendentes; portanto, não há nada de tão original na ideia de Adão e Eva, nem no judaísmo, de que eles teriam desapontado Deus, tampouco no cristianismo, que transformou isso numa questão gigantesca.

Os gregos tinham um conceito muito importante da religião antiga que tem a ver com o assunto de uma herança maldita, que alguns traduzem como "pecado". Não é a famosa *hybris*, que se traduz como "desmedida" e que também está perto da noção do pecado; você comete uma *hybris*, dá um passo maior que a perna, e então atrai o destino para cima de você. Porque também no universo grego a melhor coisa a ser feita na vida era passar desapercebido pelos deuses, pois, quando os deuses ou deusas – como no caso de Hipólito, em *Fedra*, por exemplo – se dão conta da sua

---

49. ELIADE, M. *História das crenças e das ideias religiosas*: Da idade da pedra aos mistérios de Elêusis. Rio de Janeiro: Zahar, 2010. (Volume 1).
   Id. *História das crenças e das ideias religiosas:* De Gautama Buda ao triunfo do cristianismo. Rio de Janeiro: Zahar, 2010. (Volume 2).
   Id. *História das crenças e das ideias religiosas:* História das crenças e das ideias religiosas: De Maomé à Idade das Reformas. Rio de Janeiro: Zahar, 2010. (Volume 3).

existência, coisa boa não sai daí, sempre vai render algum tipo de sofrimento. Então o ideal é abaixar a cabeça e passar a vida em absoluto anonimato.

O conceito ao qual me refiro é o de miasma, em língua grega. Miasma é uma crença grega de que famílias herdam erros dos seus ancestrais e as gerações subsequentes pagam por eles infinitamente. Quem cometeu um erro desse foi Agamenon, não Orestes, seu filho, que sofrerá pelos erros do pai. Foi o pai quem matou a filha para ganhar ventos suficientes para ir a Troia, mas ainda se paga a conta até a terceira, quarta geração. O miasma mais famoso da Grécia Antiga, na literatura, é a história de Édipo, que começa com Laio e Jocasta, que foram avisados para não terem filhos, pois seu filho mataria Laio, seu pai, e se casaria com Jocasta, sua mãe. Eles tentam enganar e afastar o filho, mas tudo dá errado. Por quê? Porque Apolo avisou. E então Édipo acaba assassinando o pai sem saber que é seu pai, casando-se com a mãe sem saber que é sua mãe, como todo mundo conhece desde Freud, que popularizou essa história nos consultórios. Isso é um miasma claro, muito presente no discurso de Antígona, a filha mais famosa de Édipo, em que ela diz: nós todos, filhos de Édipo e Jocasta (inclusive ela), temos que morrer porque, enquanto não morrermos, esse miasma não desaparecerá, já que somos filhos de um útero incestuoso.

A história de Adão e Eva é, na realidade, a história de um miasma unificador da maldição da espécie humana. Se você olhar na chave antiga, trata-se da narrativa de um miasma. E ali não há nenhuma prova de que quem escreveu isso sabia das histórias gregas, porque ninguém nem sabe quem escreveu isso, mas como a espécie humana é promíscua, ela se mistura – nós nos misturamos o tempo inteiro –, é possível que haja contaminação de conteúdos nos textos ditos sagrados. Se os grupos não forem bastante fechados, eles se misturam e essa é a recorrência da ideia de que, em muitas tradições, se crê que alguém comete um erro e esse erro é herdado. No caso da Grécia é: foi seu avô, sua bisavó, e essas pessoas que têm miasmas na vida são os personagens mais importantes da literatura grega; todos eles estão mergulhados em miasmas e devem resolver essa questão, que é uma espécie de doença hereditária que vai contaminando. Porém, a ideia de miasma enquanto tal era uma ideia comum; você podia ter gente muito menos famosa que Antígona que acreditava que havia herdado um miasma quando acontecia alguma coisa muito ruim, como na história de Édipo Rei[50], quando sobre Tebas se abate uma maldição, ou seja, uma peste; a primeira coisa que o Édipo se pergunta, e todo mundo se pergunta, é: que erro alguém aqui cometeu para isso acontecer? Erro moral, miasma. Essa pessoa está buscando uma justificativa moral, a ideia de que erros morais se desdobram em acontecimentos, no caso, físicos.

No comecinho da pandemia, uma menina, caixa de padaria, disse que Deus estava irritado etc. Eu contei isso a vocês. Na cabeça dela, nós cometemos um miasma, não obedecemos a Deus e aí veio a pandemia como castigo. Essa suposição de um miasma, que é uma espécie de erro que vai contaminando a vida, apesar de não a termos codificado hoje em dia, provavelmente está vinculada a uma experiência muito ancestral, porque nós somos uma espécie pré-histórica e nunca é demais lembrar esse fato, já que não lembramos disso nunca. Provavelmente isso está ligado a algum tipo de padrão de pensamento, de interpretação nossa, de não saber as causas de um monte de coisas e, de alguma forma, torná-las antropomórficas. Ah, foi meu avô que era um assassino... Há um

---

50. SÓFOCLES. *Édipo Rei*. São Paulo: LPM, 1998.

conto maravilhoso de Edgar Allan Poe chamado "A queda da casa de Usher"[51], em que o personagem vai visitar seu amigo Usher em sua casa, e a casa inteira está morrendo, as plantas estão morrendo, tudo está se desmanchando, ele está doente, a irmã dele está quase morta, fica claro que havia um incesto. Conforme você avança na narrativa, descobre que aquela fortuna inteira foi construída a partir de assassinatos, roubos, violência – o contexto é o século XIX –, pirataria, ou seja, a família tinha um miasma que estava se materializando nas pedras, nas plantas; esse miasma estava matando os últimos dois familiares vivos, Usher e sua irmã.

Podemos pensar em algo psicanalítico nesse tema que arrastamos conosco, o erro dos ancestrais. Erros dos seus pais, dos seus avós, que, de alguma forma, acabam desaguando no modo como seu pai e sua mãe, seu avô, sua avó, se comportam. É claro que você não está pensando numa mágica, porque o grego entendia que isso era da ordem do sobrenatural. Um ancestral seu errou e os deuses vêm, atingem o ponto fraco e dizem: vai todo mundo sofrer nessa família durante gerações, porque cometeu-se um erro lá atrás e esse erro deve ser pago.

Porém, há um ambiente onde não pensamos desse jeito, mas isso aparece: a noção de culpa histórica pela escravidão ou pelo Holocausto. Está aí o miasma na cabeça do *Homo sapiens sapiens* pós-moderno, genial, descolado, científico. Ele questiona: eu? Eu sou alemão, mas eu nasci em 1968, o que tenho a ver com o Holocausto?

— Mas seu avô estava vivo naquela época...

E aí você passa a olhar para si mesmo e perguntar: será que existe alguma célula nazista em mim?

— Mas, meu bisavô nunca teve escravos, o que eu tenho a ver com isso?

---

51. POE, E. A. *A queda da casa de Usher*. São Paulo: DCL, 2014.

— É, mas você faz parte de um grupo que, por ser branco, compactuou com a escravidão.

— Meu pai não, mas meu avô veio da Itália sem nada, inclusive veio depois da abolição. Não tinha nada a ver com isso.

— Não, mas você compactuou com uma sociedade que praticou comportamentos racistas e excludentes...

Aí está o miasma deslocado no tempo. Só que, aqui, ele está relido. Você não está pensando numa mágica, ou em deuses que estão apontando, mas está pensando em uma relação muito semelhante. Quer dizer, você, pessoa, com aquele RG, não. Mas você está numa linhagem familiar ou social-histórica que teve um comportamento não sei quantos anos atrás, e que, portanto, você carrega esse comportamento, e que, em algum momento, deve pagar por isso. Talvez não só você, com RG, mas o grupo social ao qual pertence. Então nós somos moderninhos e pós-moderninhos, mas nem tanto. Existem certos padrões de funcionamento que se reapresentam de forma semelhante à Antiguidade. Provavelmente isso funcionava bem, inclusive, para justificar a ideia da consciência moral, a ideia de culpa – segundo todo mundo que estuda a cultura grega antiga, e não vale só para a cultura grega, mas para a Antiguidade como todo – que nasceu fazendo com que você tivesse vergonha pública. Vergonha do seu pai, vergonha da sua mãe, vergonha do que você fez quando era pequeno, vergonha do seu avô, vergonha do seu grupo que entrou numa cidade e massacrou todo mundo. A capacidade que temos de fazer uma pessoa sentir muita vergonha e, nesse sentido, culpá-la pelo que ela fez ou fazer com que se sinta excluída do grupo, falando mal dela ou apontando coisas erradas que ela fez, funciona como ferramenta moral, socialmente falando. A vergonha é um elemento, de certa forma, externo, enquanto a culpa é interna, mas estão interligadas. Alguns dizem que a moral da vergonha é um movimento mais primitivo, porque são os outros que te fazem sentir vergonha. Do modo como você se veste, se comporta, se senta, fala, e não só você – seus pais e seus avós também. Seu pai foi um *serial killer* e como você fica na escola? Olha, é aquele cara lá, cujo pai é um *serial killer*, será que ele também é? Será que não passou alguma coisa para ele? Tem vergonha do pai, tem vergonha da mãe, e uma das coisas mais difíceis para a criança é ter vergonha do pai e da mãe.

Portanto, não há propriamente aqui uma discussão sobre perfectibilidade, mas uma discussão moral. É necessário explanar por que eu me mantenho fiel à paciência do conceito. Temos que destrinchá-lo, decupá-lo, e depois, para deixar muito claro que, porque um sistema de pensamento, uma visão de mundo, não lida com a possibilidade da perfectibilidade, não significa que ela seja necessariamente amoral ou imoral. Amoral não tem moral; imoral é contra o sistema moral desde o seu interior. Não, a ideia de se colocar em questão a noção de perfectibilidade ou evolução ou progresso moral ou avanço, como queira falar, o fato de questionar, no sentido de pô-lo sob crítica, não significa que você está dizendo que ou há perfectibilidade ou não há moral. Muito pelo contrário, o que percebemos, inclusive, vivendo na terceira década do século XXI, é que normalmente posições perfectibilistas carregam consigo uma crença de que elas são posições extremamente morais, e se você defende uma posição contra a perfectibilidade é porque na realidade você é um niilista, mal-intencionado, quer matar todo mundo, é contra os seres humanos ou é anti-humanista, expressão que acabou sendo usada para esse debate no século XVII e atribuída aos críticos da perfectibilidade.

Humanistas eram perfectibilistas, anti-humanistas eram contrários à crença na perfectibilidade. O debate moral é muito maior do que essa discussão, muito mais complicado e, na realidade, a posição da crença na perfectibilidade vai ganhando força, inclusive depois do século XVIII, XIX, ela se transforma na senhora da casa porque a perfectibilidade vai muito bem para os negócios. Pois, para fazer negócios, você deve deixar o outro feliz, e, como dizia Pascal, para deixar o outro feliz você tem que elogiá-lo, então você não pode pegar um anti-humanista e colocá-lo para vender nas Casas Bahia. Muito menos pode pegar um anti-humanista e colocá-lo para vender em alguma loja da Louis Vuitton; ele vai ser só mais metido, mas vai continuar sendo alguém que está ali vendendo uma visão, de alguma forma, otimista. A dúvida, o ceticismo, ou o pessimismo com relação à posição perfectibilista não excluem a validade da reflexão sobre a condição moral do ser humano, tanto na sua crença com os deuses, como aquelas pessoas e povos de fé, quanto na sua descrença em relação a qualquer forma de Deus. O problema moral é, em si, o miasma, o problema do qual a gente nunca se livra, e se você se livrar completamente é porque é um psicopata, de alguma forma você está sempre se batendo com esse problema moral.

Alguns acham que é por causa de Adão e Eva, outros que é porque comemos a banana e não a pedra, como afirma Eliade sobre crenças de ilhas na Oceania, então a gente quis uma vida doce e aí, perdemos. Ela é doce, mas é breve; se tivesse escolhido a pedra, não tinha gosto, mas seria quase eterna – você ia viver aqui a perder de vista. Mas não lidamos bem com a eternidade. Há um conto de Swedenborg, um excêntrico sueco do século XIX (havia até uma igreja aqui no Rio de Janeiro no início do século XX, igreja de Swedenborg), que disserta sobre nossa inaptidão a uma eternidade feliz. Minha fonte é Jorge Luis Borges, poeta argentino, falando dele. Segundo a narrativa, uma pessoa morre e vai para o céu – o personagem principal do conto. O céu está vazio e ele pergunta: mas por que ninguém veio para cá, ninguém é merecedor do céu, só eu, eu sou o primeiro? E aí Deus diz: não, é que eu pergunto para todo mundo que chega aqui, o que você fazia na vida que tanto amava que faria pela eternidade? Todo mundo desiste. Ninguém ama nada a ponto de fazê-lo pela eternidade; uma hora você fica entediado e cansa. É claro que, quando se está falando sobre isso com alunos de 18 anos, eles dizem: salvar o mundo. Tem coisa mais entediante do que passar a eternidade inteira salvando o mundo? Inclusive porque, se precisa da eternidade para salvar o mundo, é porque não tem salvação, não vai acabar nunca, você só está enxugando gelo. Essa história de Swedenborg é muito interessante porque estabelece um vínculo entre a nossa capacidade de suportar o amor, por exemplo, que já esteve na moda (hoje está fora de moda), e a eternidade amando algo. Eu ouvi de um aluno, um rapaz de 18 anos, recentemente: estamos no século XXI, ninguém se apaixona mais. Não é nota de rodapé, é fato, que inclusive se vai para os consultórios por isso; os psicanalistas têm cada vez mais pacientes sem desejo, sem amor, sem identidade, mesmo que vivamos hoje numa feira feliz de identidades possíveis.

Agostinho começa a polemizar com Pelágio pela seguinte questão: Pelágio vai defender a ideia de que todo mundo, quando nasce, recebe de Deus uma Graça suficiente, expressão que o Pelágio usa. Essa Graça suficiente significa que ela corrige, zera a herança do pecado original, você sai novo dela e, a partir de então, torna-se plenamente autônomo nas suas decisões. Agostinho vai sentir cheiro de estoicismo nisso. Nas *Confissões*[52], ele alega que o que falta ao filósofo, e o filósofo da época dele é um estoico, é chorar. O estoicis-

---

52. AGOSTINHO, A. (SANTO AGOSTINHO). *Confissões*. São Paulo: Principis, 2019.

mo estava "em alta" na elite romana. O estoicismo era claramente a filosofia da elite romana; pessoas cultas eram estoicas, liam estoicos, queriam ter uma vida estoica; sempre aquela coisa da elite rica, poderosa, tentando provar que é capaz de não ser escravo da própria riqueza e do próprio poder. Mais ou menos como aqueles milionários que ficam o tempo inteiro tentando provar que, na realidade, têm alguma coisa além de dinheiro, ou aquelas mulheres muito bonitas que também sofrem o tempo inteiro tentando provar que têm inteligência além de beleza, esse tipo de drama contínuo.

E Agostinho vai identificar na posição pelagiana um estoicismo e afirma, nas *Confissões*, que o que falta ao filósofo é chorar. Há que se entender que, quando o cristianismo começa a entrar na elite romana, encontra uma cultura erudita e essa cultura erudita é o estoicismo, basicamente. Então, há que se imaginar jantares inteligentes, em que as pessoas discutiam estoicismo, aliás como hoje também pode acontecer. Apareciam aqueles homens cultos, que sabiam ler e escrever, não eram aqueles judeus analfabetos do começo do cristianismo, apareciam gregos e romanos convertidos ao cristianismo, que começavam a tentar dizer que Jesus valia mais do que Marco Aurélio, ou do que Sêneca ou Platão. O cristianismo vai entrando em Roma, na Grécia também, como outra proposta de filosofia. Filosofia naquela época não era um diploma de doutorado, era um modo de viver; foi assim que a filosofia nasceu, e também um modo de fazer a gestão política da pólis, as duas coisas. Há que se entender que, quando um Platão pensa na ideia do *nous*, do intelecto, ele não está pensando numa coisa abstrata, e sim no modo de, como se diria hoje, fazer a gestão da vida e a gestão da pólis de modo racional. A razão não é uma coisa puramente abstrata.

Pelágio defende a posição de que, quando nascemos, recebemos a Graça suficiente e, a partir de então, com o nosso livre-arbítrio

– termo criado pelo próprio Santo Agostinho, anos antes, no livro *Livre-Arbítrio* –, estaremos prontos para realizar os mandamentos e que estará superada a herança do pecado. Agostinho olha para isso e diz: você está louco, primeiro nem todo mundo recebe a Graça, porque ninguém merece a Graça, porque são todos filhos de Adão e Eva, todos muito orgulhosos. Agostinho organizava os pecados numa chave de três: a primeira é: todo mundo quer mandar em todo mundo, quer poder e riqueza e é: obcecado por sexo; a segunda é todo mundo usa a inteligência, o intelecto, só pra fofoca, bobagem, murmúrio, como se falava em latim, ou seja, para a salvação, que é o que interessa, o intelecto não serve; a terceira é: a vontade. Essa é depravada – o homem só deseja a si mesmo o tempo inteiro, só quer valorizar a si mesmo. Daí Agostinho considera que a soberba, que ele chamava de libido soberba, libido no latim significa "desejo" – que é a expressão que Freud vai usar –, é a pior de todas. Para Agostinho, o pior não é a luxúria, muito pior é o orgulho, porque o orgulho corrói a vontade e o intelecto, coloca tudo a serviço da própria vaidade; lembrem-se de que outra palavra que Agostinho usa é vanitas, que dá diretamente em "vaidade", em português, que também tem relação com a palavra "vanidade", menos conhecida, que significa "vão, vazio". A vaidade é o comportamento de quem é vazio e quer esconder o próprio vazio, não só as rugas (que é menos pior), quer esconder aquilo que ele não quer que ninguém saiba. Como diz Fiódor Karamázov, o terrível pai da horda primitiva dos *Irmãos Karamázov*[53], quando conversa com o *stárietz*, monge, Zósima, no único momento do romance inteiro no qual ele não mente, que o problema dele é que ele passou toda a vida com medo, então ele se tornou uma pessoa insuportável,

---

53. DOSTOIÉVSKI, F. *Os irmãos Karamázov*. São Paulo: Editora 34, 2012.

para poder lidar com o fato de que, no fundo, morria de medo de tudo. Agostinho, movido por essa suspeita, se lança contra a posição de Pelágio dizendo que, na verdade, nós estamos todos condenados ao sofrimento, ao orgulho e à mentira. Deus escolhe alguns, sem dizer o porquê, e dá a Graça, mas Ele pode conceder na segunda-feira e tirar na terça, então não fique você se olhando no espelho e dizendo: acho que Deus me deu a Graça. Porque, se em algum momento você se olhar no espelho e disser "eu acho que Deus me deu a Graça", é porque você já a perdeu, senão você não estava se olhando no espelho para saber se você a tem. Nesse sentido, a Graça funciona mais ou menos como a noção de virtude em Aristóteles, apesar de que a virtude em Aristóteles não é heteronômica, não é algo que é dado de fora, mas sim fruto de um esforço pessoal – um virtuoso não se gaba da virtude, ela é tímida. Se você tiver a Graça, são os outros que podem perceber, você nunca vai perceber e dizer: olha, eu tenho a Graça mesmo, anota aí no meu portfólio, quando você for fazer uma entrevista de trabalho, falo inglês, mandarim e tenho a Graça.

Agostinho era, na verdade, um autor aparentemente muito obcecado e preocupado com o tema do mal. A heresia (considerada hoje de tal modo) da qual ele fez parte, o maniqueísmo, é uma expressão que acabou se transformando em linguagem comum – "fulano é maniqueísta", a ideia de que existe o bem e o mal e que são dois polos opostos. Você pode dizer: ah, a eleição brasileira é maniqueísta? É, quase toda hoje em dia é, eu sou o bem, ele é o mal, ou ele é o bem, eu sou o mal, e aparentemente o nosso aparelho cognitivo funciona bem assim. Por que é muito legal fazer filme de Segunda Guerra e não de Primeira? Porque, na Segunda Guerra, você sabe quem é o mal: é o nazista, então você torce contra ele. Na Primeira Guerra, achar que os alemães eram os maus é muita propaganda britânica e francesa; ali estava todo mundo se matando para ver quem ganhava mais dinheiro, quem dominava a África e o mundo. A Segunda não, na Segunda tem Hitler, nazismo, e não resta dúvida, porque, se você relativizar, você é doido.

O maniqueísmo foi uma heresia cristã da época de Agostinho, que aparentemente foi gerada por um sujeito chamado Mani, daí o nome *maniqueu*. Quem segue Mani, que se apresentava como o Espírito Santo encarnado e tinha uma teoria segundo a qual existiam dois deuses, um mal e um bom, e que havia uma luta entre esses dois princípios, e que o cristianismo, ele, no caso, como Espírito Santo encarnado – uma espécie de Jesus Cristo, o retorno –, combatia o mal. E Agostinho diz que foi maniqueu e que durante dez anos o foi; não se sabe direito quantos anos são esses dez, mas ele escreveu *O Livre-arbítrio*[54] contra os maniqueus para dizer que a origem do mal era a vontade humana, não o Princípio Divino. Essa ideia de que há uma luta cósmica entre o bem e o mal e que o mal age no mundo à solta já existia antes dos maniqueus, pois ela aparece em outros cristãos estranhos chamados gnósticos.

Em alguns lugares do mundo ainda existem descendentes dessas crenças. Hoje eles são muito próximos do islamismo e se chamam yazidis; estes foram mortos sistematicamente pelo Estado islâmico e as mulheres, transformadas em escravas sexuais. Os templos deles são maravilhosos, e estão localizados no Iraque, Irã e Armênia. O do Iraque deve ter sido destruído e na Armênia fica o mais bonito. Até hoje eles acreditam que existe um anjo mau, representado por um pavão, que governa o mundo e que Deus entregou o mundo a esse anjo mau. Eles não se misturam,

---

54. AGOSTINHO, A. (SANTO AGOSTINHO). *O Livre-arbítrio*. São Paulo: Paulus, 1997.

há castas, e, se você for visitar algum dia, vão deixar o templo aberto, mas não vão entrar em contato com você porque você é um impuro e não sabe o drama que está acontecendo no mundo.

Pergunta: O batismo seria a forma simbólica de a religião católica devolver a chance de ser perfeito?

Pondé: Sim e não. Para Pelágio, sim, para Santo Agostinho, que é o criador da noção de sacramento na Igreja Católica, segundo o qual está depositado no corpo da igreja a possibilidade de distribuir a Graça, ainda que o batismo seja essencial, ele não basta – naquela época, o batismo era realizado no final da vida, é importante lembrar esse fato histórico; você não batizava um bebê, você batizava um adulto. Então, batismo era muito mais o resultado de um processo consciente de busca do que alguma coisa que os pais faziam com o bebê, que nem sabia o que estava acontecendo. Para aquelas pessoas, o batismo, sim, era uma espécie de confirmação de que você estava entrando na casa de Jesus e de Deus; para Pelágio, o batismo era, na realidade, um coroamento do seu esforço de ter recebido a Graça suficiente antes; para Agostinho, o batismo era uma forma de recepção da Graça, mas que não havia nenhuma garantia de que, já que você estava sendo batizado, você estivesse com a Graça ou a tivesse recebido. Por isso que é sim e não ao mesmo tempo. A posição de Agostinho sobre a Graça vai impactar a tradição calvinista e luterana com a teoria da predestinação, que nos puritanos vai fazer um estrago psicológico gigantesco. Essa coisa de você ficar se batendo se você tem a Graça, se não a tem... Há uma relação ao sacramento, mas, ao mesmo tempo, Deus é livre com relação ao seu próprio sacramento, que é a acusação que normalmente se faz ao Deus de Agostinho. O problema do Deus de Israel não é se você acredita Nele, é se Ele acredita em você. Você acreditar Nele, para Ele tanto faz, se Ele vai acreditar em você é outra coisa. Se Deus é quem escolhe, você tem que ter muita confiança Nele para ver se Ele vai escolher bem. No Velho Testamento, Ele faz umas escolhas às vezes duvidosas.

Pergunta: A ideia que você trouxe na aula passada, de Camus, de que a esperança só existe se atravessada pela humildade, está presente em Santo Agostinho também?
Pondé: Sim. Albert Camus conhece muito bem Pascal e o jansenismo do século XVII, que é um agostinismo francês, e o jansenismo retém claramente essa posição agostiniana. Camus estudou em um colégio religioso com bolsa e vinha de uma família muito pobre da Argélia, então ele possuía formação teológica católica. Isso aparece nos textos dele, esse tipo de conhecimento profundo, não para pregação, mas o entendimento dessa antropologia agostiniana. Trata-se de uma marca do pensamento agostiniano: onde não há humildade nunca há esperança, e onde há orgulho nunca há esperança, porque o orgulho inviabiliza a esperança pelo próprio funcionamento dele, porque ele é mentiroso. É uma ideia bíblica, o desnudamento moral significa, na realidade, o primeiro passo em direção à salvação.

Capítulo 5

A natureza humana é suficiente ou insuficiente?

Hoje voltaremos à discussão de Agostinho que iniciamos na semana passada: veremos o debate que organizou a análise ao redor da perfectibilidade. Passmore, no final do seu livro sobre perfectibilidade, alega que, ainda que o cristianismo tenha sido abandonado ao longo da discussão filosófica da perfectibilidade, no final das contas permanecem as questões que foram colocadas no debate de Agostinho; um dos grandes marcadores da discussão sobre perfectibilidade é o tema da autonomia, que está no debate de Agostinho. Até onde vai essa autonomia, se nós a possuímos, quais são os limitantes dela?

No caso da discussão de Agostinho com Pelágio e Eclano, que são os protagonistas, o que limitava essa autonomia era o pecado original. Lembremos que a ideia de pecado original está muito próxima da noção de miasma da Grécia. O miasma, na Grécia, está ligado a alguma história familiar, por exemplo, um erro que algum ancestral seu comete e você carrega para toda a vida. Portanto, no debate de Agostinho com Eclano e Pelágio, o limitante é a herança do pecado original, esse miasma do pecado original que todo mundo, sendo descendente de Adão e Eva, teria. Quando Pelágio defende a ideia de que Deus dá Graça suficiente para todo mundo, e essa Graça suficiente neutraliza a herança do pecado original e a partir daí o livre-árbitro se torna autônomo, as pessoas são capazes de fazer escolhas, portanto seriam suficientes no seu comportamento. Essa expressão suficiente *versus* insuficiente vai ganhar tração justamente a partir daí e, no século XVII, na França, vai retornar.

A ideia de suficiência é definida por um especialista francês chamado Henri Gouhier. Ele discute Agostinho, Pascal, Pelágio e os jesuítas do século XVII, porque quem vai fazer o papel de Pelágio na discussão do século XVII na França são os jesuítas, seguidores do jesuíta espanhol Molina. Na discussão teológica no século XVII, na França, a expressão *molinisme* é, na realidade, pelagianismo – os seguidores de Pelágio.

Existem outros modos de entender limites à autonomia, para além da concepção de pecado original. Por exemplo, a psicanálise freudiana impõe limites à autonomia. Na passagem da introdução ao narcisismo, Freud afirma que nós sofremos três grandes feridas narcísicas: a ferida narcísica de Galileu e Copérnico, quando estes teriam provado que a Terra não está no centro do universo, é a primeira; a segunda seria Darwin e seu *A origem das espécies*[55], em 1859, três anos depois de Freud nascer, no qual Darwin teria provado que somos parentes dos macacos, iguais aos outros animais; e a terceira ferida narcísica seria ele, Freud, quando teria provado, em suas próprias palavras, que o Eu não é o dono da sua própria casa. Quer dizer, quem seria o dono da casa da consciência senão o Eu? O inconsciente, as pulsões. Então, o Eu teria perdido a condição de senhorio dentro da sua própria casa da consciência.

---

55. DARWIN, C. *A origem das espécies:* A origem das espécies por meio da seleção natural ou a preservação das raças favorecidas na luta pela vida. São Paulo: Martin Claret, 2014.

A partir do ponto de vista do nosso debate, há uma analogia: você tira o pecado, mas aparece outra coisa no lugar para negar a suficiência da natureza humana: não somos plenamente autônomos porque existe um inconsciente, e esse inconsciente, que está fora da autonomia consciente do Eu, impacta diretamente o modo como você pensa. Quando se rastreia essa questão até o passado, já no Romantismo – pois quem inventou a ideia de inconsciente foram os românticos –, aparece ali o limite: as emoções limitam a ação da consciência, o irracional. A analogia: você tira o pecado como limitante, mas aparecem outras coisas. Alguém pode dizer que outro fator limitante são as heranças e construções sociais nas quais você está inscrito, você herda modelos, estereótipos, preconceitos; por exemplo, se a discussão de gênero é abordada nesse lugar, você vai dizer: herdamos uma concepção de identidade sexual que faz com que as pessoas queiram se encaixar em identidades sexuais definidas, aí você pode chegar até o ponto de uma empresa oferecer 72 gêneros sexuais possíveis. Quando você vê isso, pode dizer: 72 gêneros sexuais possíveis, sem nenhum debate aprofundado sobre o tema, é claro que se trata de uma posição de *marketing*. Por quê? Porque, se você vende a ideia de que as pessoas são completamente autônomas – no caso específico, cada um "escolhe" seu gênero único –, essa ideia vende porque, como dirá Pascal no século XVII em relação ao molinismo pelagiano: essa hipótese elogia a vaidade humana. Falar de autonomia humana é um bom *marketing*. Quando é importante para as vendas, claro. O *marketing* é uma ciência social aplicada, muito inteligente na sua própria função, então ele sabe muito bem que, às vezes, é bom vender autonomia e, às vezes, é bom vender heteronomia, como, por exemplo: eu faço isso porque a sociedade me obriga a fazê-lo. Aí é o limite em que ele investe: eu roubo porque a sociedade me fez fazer isso. Ou eu tenho um preconceito porque a sociedade me fez ter esse preconceito. Ou seja, você tem uma certa variação. Às vezes, é bom vender autonomia; às vezes, é bom vender heteronomia.

Portanto, esse debate sobre perfectibilidade e seu contrário, a imperfectibilidade, é um debate atravessado pela oposição autonomia/heteronomia, O que é um debate sobre perfectibilidade? É um debate sobre autonomia, sobre o alcance – voltando a Henri Gouhier – da suficiência da natureza humana, palavra suficiência. A natureza humana tem todos os recursos necessários para exercer autonomia moral? Observem: a natureza humana tem todos os recursos necessários para exercer autonomia moral? Essa é a pergunta.

Agostinho vai dizer que não. Não, porque existe o pecado desorganizando a operação moral. A autonomia da vontade é capenga, todo o movimento da vontade é em direção à repetição da *libido sexualis*. Associamos diretamente essa forma de libido ao desejo pelo corpo. Da *libido intellectualis*, ou seja, o intelecto submetido ao pecado, e que se ocupa com o que não importa. Por sua vez, o intelecto fica submetido à libido soberba que é a pior de todas, a vaidade. A libido da vaidade, a soberba, o orgulho. Por quê? Porque o pecado original deixaria como herança a negativa constante do vazio da criatura, como Adão e Eva escolheram a si mesmos, como criatura. Ernest Becker (antropólogo norte-americano que escreveu um livro primoroso, entre outros, *A negação da morte*[56], que ganhou o Pulitzer) usa a seguinte expressão para tal passo do casal original e seus descendentes: uma das razões do sofrimento do ser humano é o projeto *causa sui*. *Causa sui* é uma expressão medieval que traduzimos como "por causa de si mesmo". O único ser que é *causa sui*

---

56. BECKER, E. *A negação da morte*. Rio de Janeiro: Record, 1991.

é Deus, porque Deus é causa de si mesmo. Deus é incausado que tudo causa, é imóvel que tudo move, e é incondicionado que tudo condiciona. Esse é um movimento da razão, a razão procurando a causa primeira, chega a algo que pode ser completamente especulativo, mas responde a questão racionalmente: deve existir uma causa primeira incausada, que é Deus.

O que Becker diz é o seguinte: negamos a morte o tempo inteiro porque tentamos sustentar uma posição neurótica. Ele está se referindo à psicanálise no livro também, uma posição neurótica que é o que ele chama de "neurose do projeto *causa sui*". Vivemos querendo dizer que somos causa de nós mesmos, que é a herança de Adão e Eva na leitura que Becker está fazendo do pecado, o orgulho que Agostinho percebeu é esse orgulho do ser humano querer dizer o tempo inteiro que ele é causa de si mesmo. Portanto, autossuficiente em si mesmo como Deus o é.

E como a vida é uma experiência humilhante de insuficiência, sistemática, repetitiva, entediante, contínua, sem fim até que acabe, a insuficiência, o tempo inteiro, é o problema a ser negado. É por essa razão que alguns acham que, se não fôssemos insuficientes e mortais, ninguém seria religioso, só entediado, mas não religioso. Por isso que, mesmo abandonando a discussão no cristianismo, esse problema da autonomia ou da suficiência da natureza humana, se esta é suficiente ou não é, mesmo que eu abandone o conceito de natureza humana, aquilo que chamamos em filosofia de antropologia filosófica (um conceito que normalmente é vespeiro), estará sempre presente.

Agostinho é o responsável por essa ideia de natureza humana: existe uma coisa chamada natureza humana que é uma característica supostamente universal da qual não escapamos, porque nos é natural ser assim.

Esse debate é infernal. Não vou entrar propriamente na discussão se existe ou não natureza humana. Tomo o conceito como existente, como a resultante de comportamentos que se repetem de modo constante ao longo dos milênios e ainda hoje para quem não mente.

Quem tomou para si, já no final do século XX e até hoje, o conceito de natureza humana foram os darwinistas. Tomaram para si esse desafio. Existe um livro de Edward Wilson, *On human nature*[57], um maldito total, que é considerado a pedra fundamental da psicologia evolucionista. Ele não era psicólogo e começou a carreira como estudioso de insetos. Trata-se de um livro dos anos 1970. Nele fica muito claro o darwinismo se apropriando dessa ideia. Se, na origem agostiniana, tratava-se de uma ideia que tinha a ver com o drama teológico do ser humano, no darwinismo estará ligado à ideia de componentes genéticos herdados que determinam o funcionamento da natureza humana. E evidentemente que, por exemplo, aqui na PUC, um curso de Psicologia Evolucionista que trate desse tema será taxado de opressor, malvado, machista.

Tanto que existem muitos psicólogos influenciados pelo darwinismo, como Steven Pinker, por exemplo, que sofrem muito por conta disso. Há um estremecimento relacionado ao darwinismo, mas, independentemente disso, podemos usar a expressão "natureza humana" sem entrar na discussão ontológica e dizer: existe sim uma natureza humana para quem tem olhos para vê-la. E essa natureza humana herdou o pecado original – na teologia – ou tem um comportamento que se repete por causas biológicas. Não precisamos entrar nessa discussão dura, que eu

---

57. WILSON, E., O. *On human nature:* With a new preface. Massachusetts: Harvard University Press, 2014.

acho, pessoalmente, que nos leva ao que o próprio Pinker chama no livro dele, *Tábula rasa*[58], de vespeiros, mas sim entender a natureza humana como um certo tipo de comportamento que você percebe se repetir.

Agostinho foi muito feliz ao colocar o problema, pois quem vai dizer que não existem obsessões sexuais? Quem terá a coragem de dizer, pelo menos até o século XXI (talvez mude daqui para a frente), que o sexo é uma coisa que impacta a vida das mais variadas formas, que é um território da vida em que você facilmente pode atravessar a norma, que você pode perder autonomia decisória por conta de algum tipo de atração muito forte? Eu posso não usar o nome natureza humana e dizer: olha, cuidado, hein! Cuidado porque o sexo é um dos territórios onde as pessoas se perdem, umas mais que as outras, mas é um território no qual você facilmente pode se perder. Quem coloca em dúvida o fato de que a existência do intelecto não significa que todo mundo, o tempo inteiro, seja capaz de utilizá-lo de forma correta, sabendo até onde vai a potência desorganizadora do intelecto? Como se pode ter certeza daquilo que se está pensando? Ortega y Gasset, em seu livro clássico *A rebelião das massas* (escrito em 1930), quando vai definir o homem massa, ele diz: o homem massa é o homem médio, que tem umas duas ideias fixas a partir das quais julga tudo. Você o encontra hoje no Twitter, no Instagram, nas redes sociais, o tempo todo. Ele tem duas ideias e a partir delas julga tudo o que existe, acha que entende todo mundo, classifica qualquer tipo de conteúdo que não consegue digerir. Na realidade, o autor inclusive deixa claro, como vimos anteriormente, que o homem massa não é a classe trabalhadora, não é um operário; o homem massa, pelo contrário, é normalmente alguém que tem diploma.

---

58. PINKER, S. *Tábula rasa*. São Paulo: Companhia das Letras, 2004.

Portanto, você não precisa ter o conceito de natureza humana para reconhecer os limites da atividade intelectual, a mesma coisa valendo para o território do orgulho e da vaidade. Você não precisa, de forma nenhuma, do conceito de natureza humana duro, ontológico, de que existe um ser da natureza humana para dizer o que diz o Advogado do Diabo, o Al Pacino, no filme homônimo[59] No final da narrativa, há uma cena na qual ele dá uma piscada de olho para a câmera e diz: vaidade *é* de longe o meu pecado predileto. Por onde você facilmente pode tropeçar e por vaidades de formas as mais minúsculas e nuançadas. Então, quando se usa o conceito de natureza humana, não preciso nem entrar numa defesa enlouquecida da posição teológica, nem da ideia darwinista, apesar de que eu acho sim que o darwinismo tem certas razões quando aponta algumas características que têm a ver com o processo de adaptação da espécie. Mas eu não preciso entrar nessa discussão para declarar: o debate sobre a autonomia da natureza humana continua posto.

Depois que discursei sobre a natureza humana, eu decupei as três libidos de Agostinho ou três concupiscências. Natureza concupiscente implica a consequência de que "posso ir pro inferno por causa disso". Mas o que é natureza concupiscente? É a natureza humana que deseja, que é atraída. Agostinho afirma que a natureza humana sofre de uma *delectatio*, que somos atraídos por aquilo que consideramos irresistível, que devia ser Deus no projeto inicial, mas, por causa de Adão e Eva, rompemos a primeira aliança entre homens e Deus, e por esse motivo todo mundo nasce com essa herança. É justamente o que estou dizendo: se você tira essa ideia fora do pecado, continua valendo a pergunta, por isso que o tema sai do cristianismo e vai para o debate secular,

---

59. *Advogado do Diabo*. Direção: Taylor Hackford. Produção de Regency Enterprises.

ainda que com conotações marcadas pela revolução burguesa, pelas condições burguesas e pelo advento da sociedade secular, com a lógica do progresso (lógica burguesa do progresso técnico e social) e a tara moderna pela eficiência, objetivos e resultados.

Um dos pilares da utopia moderna é justamente a crença na autonomia e na suficiência do ser humano, por isso o tema da perfectibilidade, como deixa bem claro Passmore em seu livro, vai margeando o debate do progresso o tempo inteiro, está ali como se estivesse percorrendo a costa do continente do progresso. Seja do ponto de vista social, seja do ponto de vista individual. Como no livro já citado, The Dawn of Everything [O despertar de tudo, em tradução livre], de David Graeber e David Wengrow, os autores tentam mostrar que, na pré-história, tivemos experimentos sociais e políticos em que se trabalhava e vivia em liberdade muito mais do que se vive hoje e que, portanto, algo se perdeu no meio do caminho. Evidentemente que esse algo se perdeu por conta do comportamento de pessoas ruins.

Eles não creem em natureza humana, mas acreditam que existem pessoas boas e ruins, e essas pessoas ruins acabaram gerando o mundo que conhecemos.

A jornalista Fernanda Mena escreveu um artigo na *Folha*, no final em setembro de 2022, sobre o debate ao redor desse livro nos Estados Unidos e na Inglaterra e as críticas variadas. A principal delas feita ao livro, especialmente sobre Graeber, seria seu viés ideológico de esquerda. Ele foi um dos idealizadores do movimento Occupy Wall Street e ambos são muito envolvidos com pautas políticas do partido democrata, e por isso mesmo a posição deles teria influenciado a leitura dos achados arqueológicos.

Por que, se a discussão sobre a pré-história é uma discussão que pega fogo? Os darwinistas são muito metidos nesse debate.

Por que pega tanto fogo a discussão sobre a pré-história? Porque ela parece colocar questões sobre o desenvolvimento do ser humano. É mais ou menos o seguinte: se sempre fomos do jeito que somos, então provavelmente não conseguiremos deixar de ser do jeito que somos. Porque somos assim há 200 mil anos. Se, na pré-história, existiram modos de vida diferentes dos que existem hoje, por exemplo, não existia propriedade privada, não existia desigualdade social, então significa que, de alguma forma, é possível ter um tipo de vida dessa maneira, apesar de que, no final das contas, estamos falando de pré-história: não existiam antibióticos, nem aviões, nem vacinas. Uma das vantagens da pré-história, para quem acha, como Harari, que o auge da humanidade foi no Alto Paleolítico, há 50 mil anos, pois você não tinha propriedade privada porque não havia o que possuir.

Quando vem a agricultura, você começa a se preocupar com trigo; como Harari afirma, não foi o trigo que se adaptou a nós, fomos nós que nos adaptamos ao trigo, e começamos a ter de tomar conta dele.

Eu me lembrei dessa discussão desse livro novamente, pois ele lembra que outras pessoas já levantaram a hipótese de que o homem da pré-história não era idiota e bonzinho como pensava Rousseau, nem idiota e mau como pensava Hobbes, mas quando você olha para a pré-história, percebe que é como se estivesse olhando para a origem da humanidade, como se estivesse procurando Adão e Eva de alguma forma. Encontramos nela a mãe de todos nós, os australopitecos, a Eva africana, a Lucy. Mas é como se estivéssemos buscando, ao identificar a nossa origem na pré-história, o alcance do que podemos ser, como podemos nos comportar, quais comportamentos são repetitivos, o que há da pré-história em nós. Era esperado que o livro de Graeber e

Wengrow fosse apanhar tanto, porque inclusive os autores debocham de todo mundo que já escreveu sobre pré-história antes deles. Eles têm uma linguagem bem divertida, irônica.

Eu já mencionei que Agostinho sempre foi um autor preocupado com o mal. Ele diz que houve um período em que pertenceu à seita cristã, à heresia cristã maniqueia. Inclusive, disse que os únicos descendentes vivos do que significou o maniqueísmo ou o gnosticismo (um pouco anterior ao maniqueísmo e naquele momento estava dentro do cristianismo) hoje estão dentro do islamismo. Porque eles ficaram no território que foi conquistado pelo islã, Síria, Irã, Iraque, e são uma variação dentro do islamismo, que, na época do Estado Islâmico, há alguns anos, foram mortos sistematicamente pelo ISIS especificamente, e as mulheres, transformadas em escravas sexuais porque eram consideradas adoradoras do diabo, que é o anjo cruel que Deus entrega para administrar o mundo na crença yazidi. Esses maniqueus, lá do tempo de Agostinho, fazem uma leitura em que há uma luta entre o bem e o mal, dois princípios que estão presentes no zoroastrismo, do profeta Zoroastro, e essa oposição entre o bem e o mal introduz o mal no mundo; não é o ser humano que introduz o mal no mundo, mas ele já está posto na estrutura cósmica que vem desse princípio de o mal estar instalado.

Agostinho escreve o *Livre-arbítrio*, que vem antes da polêmica da Graça, porque está querendo afirmar, afastando-se da sua herança maniqueia, à qual ele faz referência, a ideia que o mal entrou no mundo pelas mãos de um princípio divino mau. Não, o mal entrou no mundo pelo livre-arbítrio humano que escolhe amar a criatura em detrimento de Deus, isso no texto do *Livre--arbítrio*. Nele, Agostinho parece afirmar que existe liberdade de escolha na natureza humana, no livre-arbítrio, termo que ele inventou. Existe liberdade de escolha — os seres humanos desde Adão e Eva escolheram amar a criatura e não o criador, mas essa escolha no texto claramente parece sustentar a ideia de que nós decidimos livremente. É por isso que, quando ele vai discutir com Pelágio e Eclano, há o debate sobre se ele está desdizendo a si mesmo. Ele está dizendo que não tem mais escolha? Que escolhemos só pelo pecado? Que repetimos continuamente a herança do pecado? Essa é uma discussão sem fim. Os protestantes adoram o Agostinho *heavy metal*... Protestante histórico é *heavy metal*, é gente *hardcore*. Você vai enfrentar essa herança? Estamos vendo, no Brasil, essa herança engolindo o país; protestante, quando coloca uma coisa na cabeça, é difícil de tirar, a tal "redenção intramundana", dita por eles, engole o mundo.

Os protestantes vão herdar muito esse Agostinho da polêmica da Graça, concepção de natureza humana dura que você resolve trabalhando muito, para ficar cansado no final do dia, não fazer besteira e também não gastar muito dinheiro, não se atolar em sexo e bebida. E assim, Weber diz que isso criou o capitalismo, porque os homens começaram a ficar ricos, trabalhavam muito e não gastavam, criou-se então o tal do "espírito protestante" e o capitalismo.

Voltando ao livre-arbítrio, Agostinho é um filósofo que se preocupa com o mal; no livre-arbítrio, ele está olhando para o maniqueísmo e dizendo: não, não existe um princípio divino do mal, somos nós que escolhemos errado continuamente na vida, escolhemos criaturas, entre elas nós mesmos, e o resultado é que o mal entrou no mundo pela ação humana.

Esse problema maniqueu ou gnóstico ou marcionita (começo do cristianismo), ou bogomilo, nos séculos IX, X, dos Balcãs, ou cátaro, na França, também na Idade Média, ou o filósofo romeno do século XX, é o de imputar uma existência divina ao mal.

De acordo com Brian Hayden, arqueólogo da religião do Alto Paleolítico, nós começamos a adorar espíritos malignos muito cedo porque percebíamos a nossa submissão à contingência. A ideia de um deus mau é bem razoável partindo de nossa condição.

E a contingência é sempre vivida como uma ameaça à nossa suficiência, a contingência coloca em questão continuamente a nossa suficiência, porque nós não somos suficientes o suficiente, para suficientemente controlar a contingência – redundância proposital. Ela sempre apronta, e, se você pensar em relação às religiões, estas são formas variadas de se especular acerca de poderes sobre a contingência. É por isso que outro romeno, Mircea Eliade, filósofo das religiões e historiador, dizia que a origem das religiões é o que ele chama de terror da contingência, o medo contínuo da contingência, dessa entidade que não é entidade porque ela não é no sentido de uma, trata-se simplesmente do resultado da interação cega de todos os fatores contidos dentro de um sistema.

Pensem em um sistema que contém átomos, e que esses átomos funcionam de forma aleatória, movimentam-se desordenadamente dentro de um sistema, de um espaço, e, nessa movimentação, eles se desviam e batem uns nos outros, e vão formando corpos. Quando os corpos são muito intensos, eles formam sólidos; quando os corpos são mais ou menos densos, formam líquidos; quando são bastante aerados, formam ar – essa é a teoria de Epicuro, atomista grego antigo. Só que esses átomos se movimentam num espaço infinito e vazio aleatoriamente, então tudo o que existe é fruto da interação aleatória e cega desses átomos – isso é o que chamamos em filosofia de contingência.

Por isso que contingência é um conceito em filosofia, ontologia, na verdade, com o qual se lida como quem manuseia material radioativo, porque a contingência é a garantia de que nós não temos controle sobre as coisas. Esse é terror da contingência de que fala Eliade, como fundamento filosófico das religiões. Tanto é que, quando você olha para o processo de modernização, uma das características da ansiedade típica moderna, ansiedade de base social, é justamente pelo fato de o processo de modernização ser fincado na crença da possibilidade crescente de controle. Vejam se não é isso que fazemos quase todos os dias na vida e temos um razoável sucesso, durante algum tempo, em algumas áreas da vida. Caso resolva controlar tudo, você se torna obsessivo, como dizia Freud, começa a ter rituais, por isso ele dizia que a religião é uma neurose obsessiva, porque se criam rituais e liturgias que, no fundo, no fundo, funcionam para você manter a contingência do lado de fora. Contingência é aquele tipo de pessoa que você não convida para entrar na sua casa porque ela é absolutamente imprevisível, porque inclusive ela *não é*. Ela é o não ser, você não tem como conversar com ela: oi, dona contingência, posso lhe pedir uma coisa? A contingência é a imagem mais poderosa do poder mais absoluto e arbitrário, é tão potente que nem é alguém que você pode influenciar; você pode oferecer sacrifícios humanos ou animais, mas aí você lê esse elemento descontrolado sobre nós como poderes divinos, e o considera mau.

É por isso que Paul Carus levanta essa hipótese em 1900, a hipótese de espíritos malignos. Ele escreveu *The history of the devil and the idea of evil*[60] [A história do diabo e a ideia do mal; em tradução livre] e afirma que, quando formos capazes de produzir a ideia de uma divindade que não existe só pra nos destruir, será um momento de saúde mental, imaginar uma divindade que está a nosso favor, nesse sentido, uma deidade cuja existência não se pauta simplesmente por

---

60. CARUS, P. *The history of the devil and the idea of evil*. Los Angeles: Peaks Pine Publishing, 2016.

gargalhar da nossa miséria, é uma prova de saúde mental. Imaginar, por exemplo, Jesus Cristo como um Deus que é amor é uma prova de saúde mental, no sentido de ter esperança de chegar à conclusão: não tem só coisa ruim. Estou falando do processo imaginário humano, não estou me referindo à existência de nenhum Deus em si, e sim ao processo da construção imaginária humana. Por que seria a saúde mental, saúde psíquica? Porque é uma produção a partir de uma fé nas coisas, de achar que quem manda não é uma contingência louca, perversa, como vai dizer Schopenhauer (ele chama de "vontade", no século XIX); não, é alguém que tem boa vontade, que está ali do seu lado, não para te ferrar o tempo inteiro.

Essa discussão é teológica. Teologia é uma ciência muito sofisticada, ao contrário do que parece, apesar de ser meio que a louca da casa na academia, ela é muito sofisticada porque, nessas questões, você está lidando com tópicos de fronteira. Pensar, por exemplo, um conceito como Deus exige uma robustez intelectual gigantesca, para você pensar o conceito, não para praticar uma religião. Quando Agostinho sai do maniqueísmo, ele se afasta dessa hipótese destrutiva (essa hipótese do mal como o princípio é uma hipótese muito desgraçada para o ser humano, é muito ruim e tem desdobramentos psicológicos negativos, porque a ideia de que exista um ordenamento em si perverso é péssima para se viver, para investir nas coisas). É coisa de Lars von Trier, o cineasta dinamarquês deveras deprimido, que jogou um planeta chamado melancolia em cima da gente naquele filme[61]. Então a possibilidade de você postular a esperança ontológica no ser é um esforço muito grande. Recentemente, o pastor Ed René Kivitz definiu a esperança como a *teimosia da fé* (definiu literalmente, dessa

---

61. *Melancolia*. Direção: Lars von Trier. Dinamarca, Suécia, França e Alemanha: Nordisk Film, 2011.

forma), essa coisa de você postular o tempo inteiro que, sim, existe esperança, sim, as coisas têm sentido, sim, funciona. É claro que, quando se faz isso, você tem que encher os pulmões de ar e se preparar, porque quem nega a esperança, quem nega Deus, quem nega o sentido, está sempre na posição mais fácil. Se você chega a essa posição sem se matar, você é sempre perigoso, porque está, como se fala em teologia, operando a partir do *argument from evil*, como dizem os norte-americanos, o argumento a partir do mal, em que você não é obrigado a defender o bem, porque quem defende o bem é tipo cristão, judeu, sei lá, esse povo que fica insistindo o tempo inteiro que existe Deus, e que Ele não é sádico, e, portanto, haveria um sentido maior nas coisas como terremotos, pragas, pandemias, guerras e tal.

Se não está defendendo nada disso, então você joga o mal no colo no cristão e diz: você que se vire, você que resolva esse problema, eu não tenho esse problema, porque eu não estou postulando a existência de nenhum bem como princípio, é o *argument from evil*, uma categoria de ateísmo prático de demolir a fé, e Ed René sabe muito bem disso; por esse motivo, quando ele fala em teimosia da fé como definição de esperança, significa o tempo inteiro postular que existe esperança. É provável que isso esteja profundamente enraizado na experiência humana, esse problema com a esperança, que deve ser pré-histórico; devemos ter começado a sofrer com isso há muito tempo, que é justamente o porquê de a obra de Ernest Becker ser tão boa nesse sentido. Ele escreveu outro livro, *The birth and death of meaning*[62] [O nascimento e a morte do significado; em tradução livre], no qual ele discute justamente o nascimento da pergunta sobre o significado, que no

---

62. BECKER, E. *The birth and death of meaning:* An interdisciplinary perspective on the problem of man. New York: Free Press, 1971.

momento no qual a espécie humana acaba, tal pergunta desaparece, porque em si não tem significado nenhum.

Veja que esse tema, da perfectibilidade e da imperfectibilidade, não é só uma discussão sobre mecânica da natureza humana – é um tema que toca profundamente em questões como a esperança; por exemplo, se eu consigo mudar a minha vida, isso é esperança. Se eu acredito que sou capaz de tomar alguma atitude diferente da que eu vinha tomando – aí entramos no mercado dos psicanalistas –, se acredito que consigo atingir algum tipo de amadurecimento que faz com que eu deixe de fazer algo que me fazia sofrer, isso é esperança. Se acreditamos que é possível chegar um dia em que a política seja melhor, se acreditamos que um dia seremos capazes de atingir uma condição na qual a política seja melhor, isso é esperança.

Estou lentamente saindo do cristianismo sem matá-lo. Não é a minha intenção matar o cristianismo nem religião alguma. É uma briga perdida contra as religiões; elas são pré-históricas, a insuficiência é tão grande que não tem jeito. As religiões são sistemas repetitivos que oferecem significados; significados que muitas vezes são extremamente sofisticados. O que o ateu às vezes não entende é que ele acha que toda pessoa religiosa que vai encontrar pelo caminho é menos inteligente do que ele e se ferra. Esse é o problema do ateu iniciante, aquele ateu que outro dia eu vi um rapaz chamando de ateu Toddynho. É aquele menino que está falando para todo mundo que é ateu e tem 16, 17 anos, acha que resolveu todos os problemas e aí você chama de ateu Toddynho; ele toma um Toddynho e sai por aí achando que só vai encontrar gente burra que tem fé, e então se surpreende na amostragem disponível no mundo, provando em absoluto o contrário disso.

Portanto, ter ou não fé não é uma garantia de inteligência no sentido intelectual, de capacidade de funcionamento da inteligência, eu quero dizer, mas esse tema da perfectibilidade e imperfectibilidade gira ao redor da própria noção de eu ter alguma autonomia na vida. É claro que posso crer que eu tenha alguma autonomia na minha vida e não fazer uma afirmação dura: eu tenho autonomia sobre tudo. Posso, inclusive, me movimentando no território da psicanálise, entender que a única maturidade possível é quando eu assimilo o desamparo como parte da minha vida – desamparo é um conceito freudiano; *O futuro de uma ilusão*[63], texto dele sobre religião. Freud, ateu convicto, que declara que a religião fala do desamparo nesse texto, se pergunta por que somos religiosos. Porque descobrimos que estamos desamparados. Desamparo é o quê? Estar sob o efeito da contingência, a desgraçada da contingência de novo, por dentro e por fora, de todos os lados, a contingência age sobre nós.

Diante dessa descoberta, que não é apenas intelectual, a criança faz essa descoberta do desamparo de forma concreta – qualquer tentativa de amadurecimento, no sentido psicológico, de você se tornar aquilo que Freud considerava raro, um adulto, alguém que conseguia lidar com o princípio da realidade, como ele dizia, necessariamente passa por um enfrentamento do problema do desamparo. E aí os temas se imbricam porque a ideia de perfectibilidade pode funcionar facilmente como uma negação do desamparo. Se eu sou perfectível, aperfeiçoável, a coisa deslancha no campo do mercado de comportamentos, do *marketing* de comportamentos. Eu me reinvento, tenho tudo à mão para fazê-lo, consigo mudar radicalmente a minha vida.

---

63. FREUD, S. *Freud (1926 - 1929) - Obras completas volume 17:* O futuro de uma ilusão e outros textos. São Paulo: Companhia das Letras, 2014.

Você percebe que a discussão da perfectibilidade se acomoda em um discurso cultural de vendas, de comportamento, então abandona-se o debate teológico lá atrás e, à medida que se seculariza, passa-se a resvalar em discussões que estão no Instagram.

As religiões seguem as linhas desse processo e também assimilam o discurso da perfectibilidade à venda, no sentido de vender autonomia. É por isso que, quando olhamos a história do cristianismo, Pelágio venceu a batalha. Ele perdeu oficialmente, inclusive foi condenado como herege posteriormente, mas venceu a batalha porque o processo modernizador colocou na frente das pessoas a possibilidade de você romper com o passado, ou pelo menos acreditar que está rompendo. Você pode romper com heranças, apesar de isso criar uma enorme controvérsia. Quando você olha para o debate público a partir desse embate de perfectibilidade/imperfectibilidade, é todo um roteiro de uma série da Netflix de 150 temporadas. Você vê essa questão virando, rodando, se batendo em todas as chaves possíveis.

Voltando para a teologia: acabei de mostrar o caminho que faremos porque neste meio há um monte de coisas para provar que vamos chegar ao secular. Lá atrás, Agostinho estava querendo tirar o mal do plano divino e localizá-lo no ser humano e na nossa escolha. Quando ele enfrenta Pelágio, que é um cristão que assimilou a autonomia estoica, a ideia de autonomia de conseguirmos tomar decisões uma vez que Deus deu a Graça para todos, Agostinho pisa no freio e diz: espera aí, não é bem assim. Primeiro que Deus só concede a Graça a alguns, assim como para pessoas que você olha e diz: ela não merecia. Agostinho argumenta: você, que está dizendo que ela não merecia, é, antes de tudo, alguém que não a merece, na verdade, porque acha que pode julgar quem merece a Graça ou não. Agostinho, fazendo esse recuo, pelo qual ficou muito famoso, acaba fundando a teoria da predestinação, que vai fazer escola entre protestantes, marcando as cores de uma compreensão de natureza humana pessimista, dominada pela herança do pecado e dizendo: se Deus fosse só justo, estava todo mundo no inferno, mas Ele seleciona algumas pessoas, concede-lhes a Graça e segue um caminho de escolha que nós, que estamos do lado de cá, olhamos e dizemos: mas como? E de que maneira você sabe que a pessoa tem a Graça? Essa pessoa que está aparecendo feliz... não tem coisa que ofenda mais do que alguém que pareça feliz, isso é profundamente ofensivo.

Essa pessoa aqui está sendo humilde, realizando os mandamentos de Deus. Como? Ontem estava bêbada, eu a vi lá na sarjeta, não vale nada... De repente está aí, e eu, que estou há anos me esforçando para viver segundo os preceitos, para seguir a orientação do meu diretor espiritual, que sou uma pessoa que preserva os valores e as virtudes, vivo com toda essa tralha. Aí você vai falar com Deus, e Deus fala como no Velho Testamento, como no livro de Jó: onde você estava quando eu coloquei as estrelas no firmamento? Quem é você pra vir questionar a minha escolha? Quem você pensa que é para dizer aqui como eu devo julgar ou não as coisas? Deus é aquela coisa onipotente que você não entende. Hoje em dia esse Deus seria claramente cancelado. Um Deus desse você só vende em alguns nichos muito específicos. Ele até pode ter cara de mau, mas tem que fazer você ficar rico. Você até aceita um pecadinho aqui e ali, mas se comprar o pacote "Fico rico, melhor de vida", então está valendo. E Ele repete: quem é você? Onde estava quando eu coloquei as estrelas do firmamento? Você tem ideia do que está acontecendo aqui? Nenhuma. Você é um ser diminuto que só existe porque eu deixei, começa por aí, e se me encher o saco, você deixa de existir. É aquela imagem do Velho Testamento que, se Deus vira a face, tudo vira pó.

Essa é a insuficiência que Abraão menciona quando se refere a si mesmo como pó e cinzas. O Velho Testamento é muito bom para isso. Jesus é mais legal, mas, no Velho Testamento, Deus "pisa na jaca", vai daí até o fim. O Deus do Velho Testamento é um Deus meio radical – Jesus é mais tranquilo –, o Deus do Velho Testamento é alguém para quem você normalmente abaixa a cabeça, para ver inclusive se Ele esquece de você, pois, quando Ele lembra de você, você sofre. Heschel mesmo reconhecia. Portanto, essa ideia desse Deus gigantesco todo-poderoso, para quem você abaixa a cabeça, o senhor absoluto do bem e do mal está presente quando Agostinho diz que Ele escolhe as pessoas para dar a Graça e você que se dane se não gostou, e se não está gostando é porque seguramente não merecia Graça nenhuma. Essa psicologia agostiniana vai deitar raízes no movimento puritano como ninguém. Mas essa questão de Deus dar a Graça a quem Ele quer e de você ficar o tempo inteiro querendo saber se tem a Graça ou não, é prova de que você provavelmente não tem, porque, se tivesse, nem se lembrava disso.

Agostinho é um psicólogo natural muito agudo. *Confissões* é um texto bastante psicológico nesse sentido, e de qualquer jeito ele funda uma tradição. Uma espécie de ancestral da psicologia, Agostinho concebeu a noção de espaço interior, a ideia de que você encontra Deus dentro de você e não do lado de fora; olhar para dentro de você, olhar para suas memórias, como ele faz, procurando para ver se encontra Graça, onde ele pecava, este é o processo de "análise". E, nesse movimento, ele afirma que encontrou Deus, "ó beleza infinita, tarde te conheci, tarde te amei".

Esse argumento de Agostinho, que vai ser assumido no século XVII pelos agostinianos franceses, entre eles o famoso Pascal, do movimento conhecido como jansenismo, inimigos daqueles que vão defender a posição molinista, que é a pelagiana, que eram os jesuítas. Essa questão é muito grande, na qual não vou me aprofundar, mas existe um contexto histórico muito importante aí que é o fato de que os católicos jansenistas, que estavam muito perto dos calvinistas, têm um papel na história do catolicismo francês muito importante, de auxiliar a França a não virar calvinista, além de ter matado muitos calvinistas, principalmente na noite de São Bartolomeu, no século XVI.

O jansenismo é um movimento católico, que chegou à beira da condenação como heresia, que foi perseguido sistematicamente pela Igreja Católica francesa, também pela monarquia francesa e, na verdade, eles não aceitavam que o rei era rei por vontade de Deus, mas não foram contra a monarquia porque achavam que era melhor deixar assim – como não somos capazes de decidir quem é melhor para mandar, deixa quem a gente está acostumado a mandar. Não mexe não, porque, se formos discutir quem deve fazê-lo, todo mundo vai mentir querendo o cargo, então a melhor solução é: deixa o filho mais velho da rainha ter o comando, como argumenta Pascal. Porque, na realidade, a soberania política não tem fundamento, o jansenismo foi um movimento filosófico muito poderoso na França, muito mesmo (não conhecemos muito bem no Brasil por razões óbvias), mas na França culta, o jansenismo foi e ainda é muito poderoso, inclusive no catolicismo francês, na austeridade das igrejas católicas daquele país.

O rei Luís XIV destruiu o convento das freiras de Port-Royal des Champs, centro espiritual do jansenismo, e este virou um museu, a Société des Amis de Port-Royal, que são os jansenistas de hoje que cuidam dessa herança. Oficialmente, eles têm uma missa todo domingo, esse convento das freiras na cidade virou uma maternidade, cujo nome é Val-de-Grâce, no prédio onde elas viviam, e eles se reúnem numa missa todo domingo, aqueles que são amigos da sociedade Port-Royal, como é intitulada. Os jansenistas eram de elite intelectual muito grande, Racine, o dramaturgo, era jansenista, La Fontaine também, da fábula d'*A Cigarra e a Formiga*[64]. Esse debate na França foi acirrado; os jansenistas tiveram que fugir, Pascal viveu tempos escondido, escrevendo os textos que ficaram conhecidos como Provinciais, tirando sarro dos molinistas, e o que estava no centro do debate era o tema da perfectibilidade, com os jansenistas afirmando a dependência absoluta da Graça, tal qual Agostinho afirma lá atrás, dizendo que a Graça é contingente – vejam a palavra novamente –, porque é Deus quem escolhe e ninguém manda em Deus, Ele escolhe quem quer para ter a Graça.

Ao mesmo tempo, se não aceitar isso, se você se revoltar, é porque com certeza não possui a Graça; é um orgulhoso que está pondo o dedo na cara de Deus e dizendo: eu mereço ser salvo, fiz isso tudo aqui e mereço ser salvo. Então percebam que, desde a origem, o debate da perfectibilidade *versus* imperfectibilidade está o tempo inteiro dialogando com vaidade, humildade e, ao mesmo tempo, uma pressão psíquica e social. Mas não somos perfectíveis? Afirmam os simpáticos otimistas. É quase como se a posição da imperfectibilidade estivesse colada numa posição absolutamente pessimista, cosmológica e espiritualmente falando. É claro que, para os jansenistas e para os calvinistas, existe Deus. No momento em que você vai tirando Deus da equação, tira esse

---

64. LA FONTAINE, J. *Fábulas de La Fontaine*. São Paulo: Martin Claret, 2012.

debate do pecado, da herança do pecado, surge o tratamento secular que vamos encontrar brevemente. Pico della Mirandola escreve o livro que será considerado uma espécie de primeiro manifesto da perfectibilidade, no Renascimento, um opúsculo, chamado *Discurso sobre a dignidade do homem*.

O que Mirandola está afirmando? Está afirmando o seguinte: a natureza humana não é definida por nada e, aqui, *atenção*: a natureza humana não é definida por nada (isto no século XV, 1498). O que esse texto está dizendo? Não há definição prévia da natureza humana, portanto não há pecado original que nos defina. Por isso ele vai dizer: todos os animais são definidos por uma natureza, que chamaríamos instintual, a qual Deus colocou neles. Nós fomos feitos à imagem e semelhança de Deus, por conseguinte somos livres como Deus, não infinitamente, mas a semelhança que temos com Deus é que Ele fez de nós artistas e artífices da nossa vida e do mundo. Percebem o afastamento da ideia de pecado? O foco é esse afastamento, aquilo que na Idade Média se chamava de antropologia da miséria humana, sendo a miséria em decorrência do pecado: você está patinando na miséria o tempo inteiro. Pico afasta essa ideia de uma determinação do pecado e põe no foco a ideia de que nossa natureza, como ele mesmo diz, faz do homem um ser indefinido, portanto nós somos um ser em aberto, ontologicamente em aberto, não estamos definidos por um orgulho de nascença ou herdado, não somos necessariamente tarados sexuais, não somos necessariamente alguém que não sabe usar a inteligência. Venhamos e convenhamos, é mais interessante. Diante dessa ideia, há um autor chamado Emmanuel Faye, infelizmente sem tradução no Brasil, intelectual francês especializado em Renascimento, cujo livro é uma pérola chamado *Philosophie et perfection de l'homme: de la Renaissance a Descartes*[65] [A Filosofia e a perfeição do homem: do Renascimento a Descartes, em tradução livre] (lembra o título da obra de Passmore). Nele, o autor acompanha justamente esse processo de construção da noção de perfectibilidade que passa a se secularizar, nos séculos XVI e XVII. E a perfectibilidade humana vai pondo a cara para fora, deixando para trás a herança do pecado e vai, inclusive, paulatinamente dizendo subliminarmente para Deus: se você quiser continuar tendo um emprego, acompanhe o meu processo de emancipação em direção ao futuro, que só depende de nós.

Pergunta: Então eu posso afirmar que qualquer tipo de definição ou julgamento do comportamento do ser humano poderia ser então careta e preconceituoso?

Pondé: Você está entrando nesse debate sobre ser ou não *judgemental*. As pessoas falam: você está julgando.

Pergunta (continuação): Não dependemos disso para viver?

Pondé: Essa é uma discussão iniciada por (o primeiro autor que me vem à cabeça) John Kekes (falarei dele em algum momento aqui, é um húngaro-americano com mais de 85 anos de idade); quem realiza esse debate também é Stewart Justman, ainda vivo, norte-americano que escreveu um livro fabuloso chamado *The psychological mystique*[66] [A mística psicológica; em tradução livre], no qual critica a cultura psicológica. Eles falam do esvaziamento das categorias de avaliação moral como um dano, e Justman coloca isso na conta da

---

65. FAYE, E. *Philosophie et perfection de l'Homme:* De la renaissance a Descartes. Paris: Librarie Philosophique J. Vrin, 1998.

66. JUSTMAN, S. *The psychological mystique*. Illinois: Northwestern University Press, 1998.

psicologia. Caso tenha um analista, ele deve odiá-lo, porque ele fala muito mal da psicologia nesse livro. Afirma também que as categorias psicológicas de análise acabaram com a responsabilidade moral completamente, pois tudo recebe a culpa de uma determinação psicológica. Porque, se eu digo que sou assim porque alguém me traumatizou, então eu não sou responsável pelo que faço. Você perguntou se fazer qualquer tipo de julgamento moral seria uma forma de preconceito, se pode ser compreendido como tal. Quem fala: você está julgando, que é uma fala muito comum entre alunos de 18, 19 anos de idade, seguramente entende como uma forma de preconceito, quando você está julgando alguém, quando emite uma opinião sobre alguém. Tanto que, na linguagem, o que você percebe é: ele julga, mas recua dizendo que não está julgando. O medo é tão grande de alguém dizer: você está julgando! Um dia eu estava discutindo isso numa aula, em um texto específico, e uma menina alegou que tinha uma amiga cujo pai tinha ficado com a amiga dela e largado a mãe dela. Isso desce quadrado. Aí outra aluna falou assim: eu tenho nojo de gente que faz isso. Eu falei: espera aí, você tá julgando eles? Não pode julgar. Nesse contexto que eu levantei, esse é um tema que normalmente é um vespeiro, e nos últimos quinze anos se tornou pior ainda; então você cai numa discussão do relativismo, mas a própria pessoa que diz que não pode julgar também não aguenta o relativismo. Pois, se você empurra o relativismo até o fim, você deságua no niilismo, que é o fantasma dessa discussão toda; você deprime, porque se tudo é relativo, não há bem nem verdade alguma. Na realidade, o que salva o relativista é que há algumas coisas que ele, profundamente, subjetivamente não relativiza, e isso é o que o salva da depressão absoluta, que pode ser inclusive uma tremenda fé em Deus, ou adesão ao sistema religioso ou ao sistema revolucionário político – algo pelo qual ele tenha aderência, senão provavelmente estaria louco. Mas acho que sim, quem acusa os outros de estar julgando normalmente entende que essa pessoa que o faz julga porque parte de algum preconceito e aí, geralmente, se você quer colocar isso em discussão, o método costuma ser empurrar a pessoa para aquilo que ela considera um abismo. Isso é muito fácil de fazer com alguém de 18, 19 anos de idade que, na realidade, está no meio dessa briga sem saber do que se trata; alguns professores e as redes sociais lhe disseram, ele escuta isso dos colegas, mas não sabe do que se trata, e empurrar uma pessoa dessa idade para perto do abismo é muito fácil: eu tenho nojo de gente que faz o que você está fazendo, e dizer: ah, então você está julgando? Qual é o problema? Não é tudo relativo? Não é uma questão de que cada um é uma pessoa, a história de cada um é o que importa?

Isso me lembra Ortega y Gasset também, não o do *A rebelião das massas*, mas o do *O que é filosofia*[67], que é o curso que ele deu em 1929, quando alega que "a filosofia, na verdade, é um pensamento dramático" e é uma definição muito boa – estetizante, mas muito boa. O modo como a filosofia pode analisar um discurso relativista e mostrar o pânico do relativista escondido em seus *statements* de virtude é uma forma de desvelar o drama da mentira moral inscrita na vida cotidiana.

Pergunta: Até que ponto nossa identidade é preconceito?
Pondé: A identidade também é composta por alguns elementos que eu posso, analiticamente, no sentido filosófico,

---
67. GASSET, J. O. *O que é filosofia?* São Paulo: Vide, 2016.

reduzir a certos preconceitos, é claro. O drama a que se refere Ortega y Gasset – como ele disse que a filosofia é uma atitude dramática do pensamento, do intelecto, é porque, quando você vai navegando, você vai vendo que a margem não é óbvia e, se a margem não é óbvia, o risco é de acabar fazendo afirmações niilistas, promovendo processos de desconstrução violentos ou querendo reerguer formas de construções violentas, politicamente inclusive, para achar que vai pôr as coisas no lugar enquanto se afoga nos impasses. Retornemos à família dos anos 1950. O que era a família dos anos 1950? Se arranharmos esse conceito, encontraremos um monte de personagens rodriguianos nisso daí. Quando eu digo "retornemos à família dos anos 1950", também estou pensando numa estrutura familiar na qual os filhos respeitavam os pais; esse é um grande marcador, o de que homens e mulheres sabiam o seu lugar. Mas se eu começar a arranhar esse conceito, encarnar o espírito indagador da filosofia ou modernização como tal, vou dizer: esses lugares foram construídos historicamente, apesar de que ninguém construiu tipo: vamos construir hoje? Tem gente que acha que é assim, que tudo tem influência social na construção: a partir de hoje, vamos fundar uma instituição que vai começar a construir os novos gêneros sexuais, que vão se comportar desse jeito, mas aí se embaralha tudo porque, mesmo que exista um componente sócio-histórico, ninguém sabe como este funciona. Ele funciona no conglomerado herdado, um processo absolutamente irracional, confuso, sem ninguém fazendo a gestão. É por isso que eu acho que essa ideia de Ortega y Gasset é muito boa, é de fato uma atitude dramática que o pensamento assume, e o tempo inteiro você fica tentando escapar das armadilhas de cair aqui ou ali, e normalmente o homem massa – de novo Ortega y Gasset – pega uma ou duas ideias desse processo, faz como se estivesse fora dele e acha que pode entender tudo – aí complica geral.

Pergunta: Sobre essa ideia de um Deus a favor e não contra me fez recordar de uma conversão que intriga muitas pessoas, que é a conversão da Edith Stein, filósofa, fenomenóloga e autora, e o ápice da conversão dela é a leitura da autobiografia de Teresa D'Ávila. As pessoas questionam: mas eu não entendo isso, o que tem essa obra? E eu sempre intuo que, porque ela não se explica (esse trecho me marcou, essa frase), ela só diz o seguinte: a leitura da autobiografia me mostrou a verdadeira fé; eu encontrei a verdadeira fé. Mas Teresa D'Ávila apresenta justamente esse Deus amigo e próximo. Ela começa falando que a oração é um trato de amizade com Deus (eu só recordei assim), talvez essa ideia de um Deus amigo, de um Deus próximo, de fato seja atrativa.
Pondé: É muito poderosa a ideia de que, no meio disso tudo, você tem um Deus que, como eu dizia, está jogando a seu favor de alguma forma; que se você tem uma experiência amorosa, você não precisa ter medo. Dos deuses normalmente você precisa ter medo, é sempre assim, medo porque eles podem tudo e você não pode nada.

Pergunta: Acho que os ateus têm um pouco de inveja dos que têm fé, não?
Pondé: Olha, eu acho que uma vez falei no *Roda Viva* que a Marília Gabriela estava dirigindo – foi o último programa

que ela fez – que eu achava que, se Deus existisse, esteticamente o universo ficava mais interessante. E é muito comum, muitas vezes pessoas que não têm fé, como aquele filósofo matemático Russel, que viveu cento e poucos anos, quando uma vez um jornalista lhe perguntou: professor, se o senhor morrer e encontrar Deus, o que o senhor vai dizer a Ele? Ele respondeu: vou dizer a Ele o seguinte: eu sinto muito, não tinha prova suficiente.

Pergunta: Por que será que venceu o pelagianismo?

Pondé: Se eu for argumentar historicamente, posso dizer que o pelagianismo teve a seu favor todo o humanismo burguês que nasceu na Europa a partir do século XV, no sentido histórico das forças produtivas crescendo a partir dos avanços que foram acontecendo. Se quiser fazer uma afirmação de maior alcance, talvez eu possa argumentar que a teoria da perfectibilidade se acomoda melhor ao nosso terror diante da contingência, é mais terapêutica, estabelece uma parceria melhor com momentos muito difíceis.

Capítulo 6

Do cristianismo ao tratamento secular da perfectibilidade: Iluminismo e utilitarismo

Lembrando: segundo Pelágio e Eclano, todo mundo recebe uma Graça suficiente de Deus e essa Graça suficiente de Deus resolveria o problema da herança do livre-arbítrio maldito pelo pecado. Essa ideia de Santo Agostinho, de que a gente teria uma herança maldita do pecado original, é muito próxima das crenças antigas em miasmas, como no caso dos gregos. Agostinho não faz essa referência; estou fazendo porque percebemos que essa ideia, a de que haveria o miasma nas famílias, que é a forma que aparece na Grécia, é muito semelhante ao pecado original. Mesmo o Deus do Velho Testamento fala que vai castigar até a décima nona geração pelo erro que alguém comete; e a forma mais fácil de saber o que isso significa hoje é a ideia de que você herda a dívida dos pais e isso atrapalha a sua vida, é a ideia mais próxima que a gente pode ter do que é um miasma. Ainda que possa ter gente que pensa mal de você porque seu pai era bêbado, a sua mãe era bêbada. Mesmo que você não tenha herdado a dívida, sabe aquela frase que as avós gostam? "O fruto não cai muito longe da árvore" ou "filho de peixe, peixinho é"? São frases que carregam um certo tom miasmático, e é claro que podem funcionar para um lado ou para o outro, mas o miasma é sempre negativo.

Tem gente que traduz miasma por poluição, mas na realidade a melhor tradução é contaminação: você é contaminado pelo ato. Santo Agostinho vai fazer uma defesa dura desse miasma adâmico, digamos assim. Por que essa posição de Agostinho dizer não à Graça suficiente pelagiana é associada à ideia de imperfectibilidade? Essa é a pergunta: por quê? Por que é que a posição de Pelágio é associada à ideia de perfectibilidade? Não é tão óbvio. Por que é que Agostinho, ao negar a Graça suficiente, ao afirmar que a Graça é contingente, é considerado uma espécie de fundação da posição de que o ser humano não é perfectível? A ideia é que, quando Pelágio afirma que nós não herdamos o pecado por conta da Graça suficiente, nós nos tornamos autônomos em relação ao pecado, nos tornamos autônomos de toda a herança maldita do pecado e o miasma adâmico não nos domina mais, porque Deus consertou isso dando uma Graça suficiente.

Essa ideia de suficiência, enquanto tal, vai fazer tradição no Renascimento e depois dentro da Filosofia moderna, porque o que está no foco da ideia da suficiência é a ideia de autonomia. A ideia de que nós somos autônomos para melhorar nossa vida; somos autônomos no sentido de que temos tudo o que é necessário, em nossa natureza humana, para realizar os nossos desejos de forma ordenada, e que essa autonomia é de alguma forma acumulativa, crescente, de que essa autonomia significa autonomia da vontade e que conseguimos ter controle sobre a nossa vontade – como no estoicismo.

Quando Sêneca relê *Fedra*[68], a história de Fedra, de Eurípides, e tira a maldição de Afrodite, Sêneca (estoico famoso) coloca que o problema de Fedra é que ela não consegue controlar o seu de-

---

68. EURÍPIDES, SÊNECA, RACINE. *Hipólito e Fedra:* Três tragédias. São Paulo: Iluminuras, 2018.

sejo depravado pelo enteado, e que ela deveria deixar seu desejo, um desejo sexual e afetivo, pelo enteado sob controle. Hipólito, por outro lado, comete um erro contrário ao de Fedra: exclui a paixão pelas mulheres como sendo sempre depravada e, portanto, erra para o outro lado, e dedica-se à vida celibatária, ao culto de Ártemis. A questão sempre gira ao redor de se a nossa vontade ou nosso intelecto possuem autonomia; portanto, no século XVII, quando o agostinismo volta ao debate, aí com a versão molinista jesuíta da posição pelagiana, a discussão gira em torno da ideia de se a natureza humana é suficiente ou não. Suficiente significa: ela é autônoma? Conseguimos controlar nossa vontade? Conseguimos controlar nosso pensamento ou nós estamos sempre limitados por marcadores exteriores, e quais seriam esses? Na teoria de Agostinho, o pecado é um marcador exterior, o limite. O pecado está ali funcionando! Deus dá a Graça a você, a alguns poucos e a quem quiser. Essa é a teoria da predestinação: Deus dá a quem quiser, pois, a rigor, ninguém merece. Mas como é misericordioso, Ele concede a alguns e para esses alguns você olha e diz: mas essa pessoa não merece. Quando você faz isso, o que Deus está fazendo é mostrando que você não merece, tanto não merece que está com inveja de quem recebeu e falando mal: é vagabunda, sem-vergonha, ladrão.

Essa discussão acerca do orgulho, que está muito presente na posição de Agostinho, você só enxerga esse orgulho quando Deus lhe dá uma Graça; isso é tão importante que Ele lhe dá hoje, mas pode tirar amanhã. Se você se revoltar, é o orgulho, porque na realidade você não merecia, *you are not entitled to*. E, de acordo com o ponto de vista agostiniano, ninguém tem direito a Graça nenhuma, mas Deus concede a alguns, por isso o nome é *Graça* – Deus dá a quem quiser. Por um lado, a posição da perfectibilidade fica associada à noção de suficiência da natureza humana, ou seja, temos todos os recursos para evoluirmos na vida, melhorarmos, e esses recursos se desdobram em recursos da própria sociedade, do acúmulo de conhecimento e da noção de progresso crescente. Veja que a posição da suficiência vai combinar bem com o avanço capitalista, da sociedade liberal, da ideia de que nós podemos educar crianças e as crianças têm nelas todos os recursos necessários para progredir. Se as ensinarmos direitinho, elas serão crianças e adolescentes cada vez melhores.

O problema começa com: quem sabe quem está ensinando direitinho? Como você tem certeza de que existem pessoas que sabem exatamente o que estão ensinando às crianças? Quem determinou a teoria do que é "ensinar direitinho" e do conteúdo de "ensinar direitinho"? Podemos farejar o questionamento da suficiência no âmbito da educação e você já está fora do âmbito religioso enquanto tal. Eu sei quão enraizada está em nós a ideia da autonomia da natureza humana. A ideia de que nós somos autônomos e suficientes, a ideia de que detemos em nós todos os recursos para nos reinventarmos compõe nosso repertório identitário básico. Essa problematização retira a discussão teológica do centro e assume o seguinte formato: o indivíduo e a sociedade são autônomos para cada vez mais serem melhores? Como fazemos isso?

O importante na nossa discussão é ficar claro como o debate sobre a natureza suficiente pela Graça de Pelágio se transforma no debate secular. Transforma-se não numa discussão sobre livre-arbítrio curado pela Graça, e sim na ideia de que a natureza humana não tem nada que a impeça de ser autônoma, nada. Nenhuma danação, nenhum limite, é só saber como lidar com a criança, é só saber como lidar com o cidadão, é só fazer programas melhores, mais avançados, para essa criança e esse cidadão serem melhores, ou seja, é só investir na ideia de perfectibilidade dentro da história humana. Esqueça Deus, esqueça a Graça, mas, antes de tudo, esqueça que temos alguma tara miasmática, isso elimina qualquer noção de miasma.

Já falamos sobre Pico della Mirandola, contemporâneo de Maquiavel, conde católico que escreveu o livro *Discurso sobre a dignidade do homem*, no qual ele sustenta a tese de que a natureza humana não possui definição. Naquele embate da filosofia acerca da herança do pecado original, Pico está dizendo que nós não somos definidos pelo pecado original; Deus nos criou livres, por isso Pico interpreta "feito à nossa imagem e semelhança" como os seres humanos sendo artífices, seres criadores, e portanto semelhantes a Deus, ainda que numa versão micro, mortal. Somos uma versão mortal da capacidade criativa infinita de Deus. O progresso será inexorável uma vez que a gente faça a correta gestão das coisas. Se o fizermos, elas melhoram e avançam.

Não existe mais nenhuma definição, *a priori*, como era a do pecado, que nos limite, basta termos a vontade certa, a vontade motivadamente correta – isso na versão simplista do mundo corporativo. Basta termos o foco, basta sermos corretamente informados, como se a gente tivesse muita certeza de como funciona a informação correta hoje em dia, principalmente quando você vai para dentro das redes sociais e tudo mais. Basta ter informações, ferramentas, foco, objetivo, você vai conseguir avançar e é claro que alguém pode perguntar: o que você está chamando de avançar? Lembrem de quando Passmore fala: eu vou fazer uma paradinha analítica aqui, ele até pede desculpa, "eu estou falando em perfectibilidade não no sentido de você avançar como pianista, avançar como carpinteiro, mas avançar no sentido da pessoa e da sociedade como um todo". Avançar moral e socialmente, não só através de uma técnica específica, mas no todo moral e político. É isso que significa a perfectibilidade. Sendo a natureza humana perfectível, tudo mais o será na sequência: a interação entre as pessoas, as construções sociais, as decisões políticas. O caminho da suficiência se move *pari passu* com o avanço moderno, a crença moderna, essa ideia que temos de progresso. A posição da imperfectibilidade no século XVII acaba recebendo uma espécie de codinome, que é a posição *anti-humanista*. Henri Gouhier, autor do século XX, francês, especializado nessa discussão da suficiência do século XVII, vai dizer que o Renascimento constrói duas concepções de humanismo: uma é aquele humanismo que conhecemos como humanismo da erudição renascentista, das traduções, da recuperação de textos antigos, chamado de *humanismo histórico* ou *da erudição*; e há outro humanismo, que vai ser fundamental para a história da filosofia, o humanismo filosófico que descende de Pico: é aquele que vai sustentar uma natureza humana suficiente, indefinida, o humanismo que entende o ser humano como detentor de todos os recursos, potencialmente, para transformar em ato, como diria Aristóteles. Você tem um recurso potencial, "nós só usamos 10% do cérebro", "só usamos 20% do cérebro" (eu adoro essas frases, alguém criou essa porcentagem em algum lugar), mas o que importa é que temos um potencial muito maior e isso faz você acordar de manhã melhor, pois não está atingindo todo o seu potencial. E hoje quando se afirma que o cérebro tem 80% do potencial não utilizado, isso é uma afirmação de vibração ontológica, porque a ontologia da ciência é materialista, e a nossa vida intelectual está vinculada ao cérebro. Então se você diz que a gente tem 80% de cérebro não utilizado, mas com potencial para ser aplicado, estamos afirmando que, ontologicamente, temos 80% reservados para uso. É como se você tivesse um cheque especial do qual não usufruiu. O que isso significa? Precisamos resgatar esse potencial.

No ano passado, em uma aula, eu discutia um sociólogo francês vivo, Alain Ehrenberg, e o último livro[69] dele sobre o cérebro, que trata justamente desse modelo de neurociência que enxerga o cérebro como um órgão de potências não empregadas, e que a questão é descobrir como usar mais tal potência. É claro que essa questão vai virar picaretagem, tipo "o que você tem que fazer para que o seu cérebro seja melhor utilizado?". Ou seja, vai dar em *coaching*. Quais exercícios e crenças novas devem ser desenvolvidos no lugar de crenças ruins? Você faz *workshops*, toma remédios – normalmente os remédios avançam mesmo para você não pirar, de modo a não ficar muito ansioso.

Essa ideia de Pico vai ser definida como humanismo filosófico, (humanismo aqui significa uma crença na capacidade de autonomia e suficiência do ser humano). A posição contrária, que no século XVII vai ser defendida por jansenistas e agostinianos, receberá o nome anti-humanista. Por que essa posição está ligada à afirmação da imperfectibilidade? A afirmação da imperfectibilidade, no ambiente teológico, significa a dependência da Graça. Mas, e fora do ambiente teológico, o que significa afirmar que a natureza humana não é perfectível? Que o ser humano não é perfectível? Esqueça a discussão teológica como pressuposto metodológico, esqueça. A posição da suficiência dá numa posição aberta para a reinvenção, para o sucesso, para o elogio. Por que é tão legal escutar pessoas otimistas, que defendem a autonomia? Porque você vai para casa mais feliz, você acredita na sua

---

69. EHRENBERG, A. *La mécanique des passions*: Cerveau, comportement, société. Paris: Odile Jacob, 2018.

capacidade de ter novos projetos. Na esfera mundana, é quando você recebe aqueles *e-mails* de fulano dizendo que está mudando, que trabalhou muito tempo não sei onde, mas que agora resolveu abraçar novos projetos, subtexto: foi demitido e agora está abraçando novos projetos, uma vida nova, faz um *retrofit* básico na vida. Porque a posição da imperfectibilidade é uma posição, em muitos sentidos, indigesta.

Falando agora de iluminismo e utilitarismo: veremos duas posições bem identificadas com a suficiência e a perfectibilidade, e depois debateremos onde fica a imperfectibilidade nisso. A minha referência principal para essa discussão da psicologia e perfectibilidade *versus* imperfectibilidade é o livro *The psychological mystique*, de Stewart Justman, que faz a análise da cultura psicológica na educação e para além da educação, e esse debate de perfectibilidade/imperfectibilidade está dentro dela. E depois discutiremos esse problema na obra de John Kekes, filósofo húngaro-americano vivo. O livro dele que vamos discutir aqui é *Human predicaments: and what to do about them*[70] [Dilemas humanos: E o que fazer com relação a eles; em tradução livre] – é uma tradução um pouco selvagem, mas direta, "dilemas humanos". Ele trabalha com dilemas o livro inteiro. Kekes é um autor que discute muito bem a tradição da imperfectibilidade fora de qualquer plano religioso. Quando fala de religião, ele está se referindo à religião do ponto de vista secular, como questão cultural, psicológica, sociológica, mas não do ponto de vista da fé.

Como a suficiência aparece no Iluminismo? Há vários autores no Iluminismo, o francês é o mais conhecido: Diderot, d'Alembert, Rousseau; mas esses autores não afirmavam a mesma coisa.

---

70. KEKES, J. *Human predicaments:* and what to do about them. The University of Chicago Press: Chicago, 2016.

Se analisarmos, por exemplo, um autor como Diderot e um como Voltaire, Diderot é muito mais otimista que Voltaire, tratando-se de visão de mundo. Holbach e Helvétius, nomes talvez desconhecidos, são mais internos à história da filosofia. Helvétius é um autor muitíssimo importante para a ideia de projeto para a educação científica e materialista. Esses autores do século XVIII são, na realidade, muito herdeiros de Locke, filósofo do século XVII, inglês, considerado o pai da tradição liberal. Falaremos dele posteriormente, pois John Locke era médico, muito famoso pelo empirismo e pela defesa daquilo que ficou conhecido como liberalismo, mas é o pai fundador da educação moderna. Ele pensava educação, aquilo que estava fazendo e propondo para os filhos da aristocracia britânica de então, como parte da atividade dele de médico; ele não se via como pedagogo e sim como um médico que teria descoberto um método baseado na associação de ideias, aquela mesma sobre a qual Freud vai falar depois. Associação de ideias em que, através da introdução de boas ideias, você curaria a mente dos adolescentes e crianças de más ideias, e a partir desse processo você criaria uma nobreza melhor, responsável, que iria então fazer a gestão da sociedade como se pensava na época.

Não é muito diferente da ideia da elite paulistana que põe os filhos no Equipe, Santa Cruz, Gracinha, Vera Cruz, esses colégios muito cabeça que seguramente darão melhores ideias para os filhos para que eles façam um mundo melhor. A teoria das associações de ideias, e como manipular essas ideias na cabeça dos jovens para que sejam melhores, continua sendo o pressuposto silencioso na educação até hoje.

Se você "pegar" a educação e espremê-la, mesmo a escola religiosa, na base reside a crença de que o que forma as pessoas é o conjunto de ideias que elas têm. A sociedade deriva disso, e, portanto, se você mexer no tipo de ideia que as pessoas têm na cabeça e colocar boas no lugar de ruins, o mundo melhorará. Ideias saudáveis, poderia se dizer hoje. Veja que a vocação da educação moderna de se confundir com psicologia não nasceu agora – está na origem, porque, para Locke, era a mesma coisa: mexer com ideias é fazer pessoas mais saudáveis, pessoas mais saudáveis têm melhores ideias e a sociedade é formada pelas melhores ideias, então ela será alimentada por elas e prossegue em um processo crescente de melhoria de ideias.

O conceito de perfectibilidade está muito claro nessa posição. É óbvio que, de Locke para cá, isso se expandiu. Locke nunca imaginou ensiná-la para escravos nem para pobres serviçais. Estamos aqui diante da famosa tese das duas verdades diante da vida: a massa da população vive acreditando em um monte de besteira, mas é assim que tem que ser, porque crê em um monte de besteira e realiza as bobagens e as atividades mais miseráveis da sociedade, e parte da elite não, essa é educada de outra forma, por isso faz a gestão da sociedade, então ela deve receber outro tipo de verdade.

Essa discussão vem desde Averróis e a Idade Média (árabe muçulmano, espanhol, o primeiro autor europeu, de que se tem notícia, a discutir Aristóteles). É a teoria da dupla verdade, que depois vai ser condenada pela Igreja Católica como heresia. Segundo essa teoria, no âmbito cristão, existiriam duas verdades: a verdade da fé e a verdade da razão, e as duas são distintas uma da outra. A Igreja Católica vai dizer: não existe isso, a verdade da razão serve à verdade da fé e pronto. Mas a tese de que existiriam duas verdades na vida vai voltar ao nosso tema. Algo como: deixa o povo acreditar na religião, literalmente, acreditar mesmo que existiu Jesus, que ele é Deus, que no terreiro acontecem mágicas, que existe reencarnação, vida eterna, que tem que fazer promessa, tem que ir para Aparecida, acreditar que de fato existe um Deus que deu uma Torá para os judeus, aquele povo pobre e miserável que existia na Antiguidade, que escolheu essa população ignorante para entregar a Torá quando havia um monte de gente avançada (gregos, egípcios etc.).

Por que Deus escolheu justamente aquele povo para receber a Torá? Havia tanta gente culta ali na região... era só atravessar o Mediterrâneo, o Mar Vermelho, chegar ao Egito, um povo culto; dá justamente para um povo limitado que não entendia nada. Então deixa acreditar, essa é a crença do povo. Os cultos e eruditos entendem que isso tudo é histórico, construído, metafórico, simbólico, serve ao desamparo do qual Freud fala em *O Futuro de uma ilusão*, ao medo da morte, ajuda as pessoas a andarem na linha, senão Deus castiga, ajuda a achar que tem um Deus que lhe ama, você é um infeliz, ninguém lhe ama, mas esse Deus lhe ama – deixa acreditar. Quem é culto, erudito, sabe que tudo isso é uma criação histórica, uma operação simbólica, uma bengala, mas você não precisa ir lá e dizer para eles; deixa que continuem a acreditar nisso porque, inclusive, se eles souberem que se trata apenas de uma metáfora, literalmente acabou. Porque aí não vão respeitar mais nada. Essa discussão é bem séria. Parece engraçada, mas não tem nada de engraçado. Para se ter uma ideia, ela aparece na introdução do livro do Daniel Dennett, darwinista, professor de Filosofia do MIT, na obra de 2003, intitulada *Freedom evolves*[71] [A liberdade evolui, em tradução livre]. Ele é muito conhecido por *A perigosa ideia de Darwin*[72], traduzido no Brasil.

---

71. DENNETT, D., C. *Freedom evolves.* Londres: Penguin Books, 2004.
72. Id. *A perigosa ideia de Darwin.* Rio de Janeiro: Rocco, 1998.

A introdução do livro é: vamos contar para todo mundo que o darwinismo acabou com Deus, que é tudo acaso e que não existe moral nenhuma? Ou, se a gente contar, vai gerar um problema imenso e deixamos o darwinismo para a elite intelectual, aquilo que eles se autodenominaram nos Estados Unidos como *the brights*. *The brights*, os iluminados (vejam que é igual ao Iluminismo), os brilhantes. Sabemos que Deus não existe; Jesus foi um cara legal, mas morreu na cruz, não ressuscitou coisa nenhuma, isso é invenção para fazer pegar a religião. Deus não entregou livro nenhum para Moisés, se é que ele existiu, Mohamed era epiléptico que falava coisas estranhas quando não tinha assunto e o candomblé é um monte de gente que acredita em crenças neolíticas e entra em transes. No fundo, nenhum espírito sabe nada além do que a gente sabe: vai aparecer uma viagem, tem alguém no trabalho lhe perseguindo, cuidado que pode rolar uma doença; ou seja, você não precisa ouvir de espíritos algo para saber que pode acontecer.

Mas não contamos nada para ninguém, pois, se contarmos, o resultado é pior, então discutimos o darwinismo entre nós, sabemos que, na verdade, tudo é fruto dessa seleção natural, que é cega e contingente. Basicamente a ideia é a seguinte: não fale para ninguém da contingência, fique quieto. Porque a contingência é insuportável. Lembremos de Epicuro e os átomos andando pelo espaço vazio.

Contingência eu não quero, porque estraga o meu dia. Estraga mesmo, não é brincadeira. Durante a pandemia isso era claro. Parecia tudo controlado, você confinou, fez tudo certinho, lavou a maçã com Pinho Sol, não botou o nariz do lado de fora da porta, quando você ia visitar sua mãe você usava roupa de astronauta, e mesmo assim pegou Covid! De onde apareceu esse raio dessa Covid? Sua prima estava lá, todo dia na rua, trabalhando muito. Ela não pegou e você pegou? Esse vírus não respeita nenhuma lei? Ele não leva em conta nossos acordos? Fazemos tudo certinho.

Claro que não é a mesma coisa que dizer que não adianta fazer nada. É a mesma coisa de: faça o que puder, mas no fim do dia não é você quem decide. Tem alguma coisa meio louca circulando por aí, a tal da contingência, insuportável sempre (lembrando que o desamparo de que Freud fala é o desamparo em relação à contingência). A contingência é o problema. Nós estamos num *business* desde a pré-história dizendo: não há contingência, esse é o nosso *business*, não há. Você diz o que quiser, monta, cria. Por isso eu dizia a vocês sobre a tese de Mircea Eliade, de que a fonte da religião é o terror da contingência, ou mesmo que você ache que os deuses são muito ruins, você negocia com eles, oferece virgens, guerreiros, frangos, mata cordeiros, oferece o filho, qualquer coisa. Oferece o filho para ver se acalma essa sede de sangue. Dá para negociar se o deus é mau, mas com a contingência não dá para negociar porque ela não é, ela não lhe ouve, não tem projeto, esse é o problema da contingência que é discutida desde a Grécia e aparece, por exemplo, em Epicuro.

Na realidade, Daniel Dennett tira a conclusão na introdução de *Freedom evolves*, de que a gente tem que contar para todo mundo, mas com jeitinho... um cara como ele, professor secularizado, que acredita na atividade da educação e da razão, aceitar a dupla verdade e dizer: deixa o povo ignorante acreditando em Jesus, seria difícil. Para você entender um pouco essa situação, pense um pouco no que normalmente a elite pensa dos evangélicos. Tem gente da elite que pode até acreditar em Jesus, mas com evangélicos é diferente: mágica, Deus, tipo Michelle Bolsonaro.

Você pode ser um religioso culto, erudito, e crer que a Bíblia é simbólica. Mas Dennett chega à conclusão: vamos contar para todo mundo que o darwinismo existe, e que ele jogou isso tudo no lixo, que na realidade é tudo seleção natural, mas vamos dizer que não precisa se desesperar por causa disso também; sobrevivemos, somos resilientes, somos um animal moral, portanto a moral faz parte da adaptação. Por consequência, nada de niilismo, porque o niilismo não é adaptativo, as pessoas ficam violentas, entram em processo entrópico, então vamos trabalhar. Trabalhar como? Vamos educar as crianças e aí as coisas voltam ao seu lugar... Quer dizer, o darwinismo é ateu, é circular, mas o que vamos fazer é um trabalho lento e gradual de educar as pessoas, as crianças, inclusive para não permanecerem dependentes da religião, porque, quando você depende de religião, você dá dinheiro para picareta – basicamente essa é a ideia. Você deveria investir em outra coisa e não em igreja, sacerdotes, rabinos, seja lá qual for o seu time nesse ambiente.

Voltando: todos esses franceses do século XVIII são discípulos de Locke, de um jeito ou de outro, de todo o empirismo dele. Locke é o pai do liberalismo porque defendeu a liberdade religiosa na Inglaterra; escreveu duas cartas sobre a tolerância para defender a liberdade privada da fé. É claro que, naquele ambiente, a discussão era entre anglicanos e presbiterianos, pois Locke é de tradição presbiteriana – portanto calvinistas, puritanos, aqueles que fundaram os Estados Unidos. A Inglaterra estava numa guerra religiosa em que anglicanos e puritanos se matavam e todos matavam católicos, que era basicamente assim: todos os protestantes matavam católicos e eles se matavam entre si, os protestantes. Tanto que, até hoje, na Inglaterra, o catolicismo (não na Irlanda) é uma religião de famílias normalmente muito ricas, alguns aristocratas, gente de classe muito alta; não é uma religião popular, digamos assim. Na Irlanda é, na Inglaterra, não.

Locke vai defender a ideia de que o soberano não deve interferir na fé privada, daí nasce a defesa da liberdade privada e toda a discussão liberal posterior, porque ela vai evoluindo para outras áreas, não só a religiosa. Essa discussão não era sobre a fé judaica ou mosaica, como se falava; os católicos, pelo menos, ganharam o direito de fazer isso em casa – faz missa em casa com a família. Já é um passo um pouco melhorado depois de se matar tantos católicos; "papistas", como se dizia na Inglaterra. As guerras religiosas são um fenômeno muitíssimo importante para entender o surgimento do mundo moderno, e é uma coisa que poucos de nós sabemos. Na Europa se sabe um pouco mais, mas aqui, zero. A última manifestação de guerra religiosa aparece no filme *Belfast*[73]. Os mais jovens não sabem do que estou falando, mas, até os anos 1970 e 1980, católicos e protestantes se matavam na Irlanda do Norte. Eu cresci com isso na televisão o tempo todo. *Belfast*, filme de Kenneth Branagh, autobiográfico, no qual ele interpreta um irlandês protestante que teve de fugir graças à violência religiosa. Até hoje há tensão na Irlanda do Norte, pois não acabou.

Quem conseguiu resolver a guerra propriamente foi a Thatcher e Tony Blair. Foram os dois que conseguiram. Muitos ataques terroristas o tempo inteiro em Londres, guerras, tiroteios, Belfast transformada num campo de guerra, destruída. Essa é a última manifestação das guerras religiosas na Europa, no século XX. As guerras religiosas deram origem à fundação do Estado moderno, laico, a tolerância liberal. E aqui no Brasil agora temos uma oportunidade histórica *sine qua non* para rever um pouco dessa temática, não em guerra aberta até agora, mas nas urnas, entre

---

73. *Belfast*. Direção: Kenneth Branagh. Reino Unido: Focus Features, 2021.

um grupo religioso cristão específico e o resto da população. Estou fazendo essa analogia não porque acho que a gente vai evoluir para uma guerra religiosa; não sou apocalíptico, não acredito que vai acontecer nada depois da eleição, talvez um barulho aqui e outro ali, mas não acho que vai ter um golpe para acabar com o Brasil. Não que alguns malucos não possam ter esse plano na cabeça, porém não creio que isso venha a se transformar numa situação de guerra civil.

Sem dúvida nenhuma, há um fenômeno evangélico protestante crescente. A Igreja Católica é muitíssimo incompetente para competir com os evangélicos; é lenta, burocrática, e os evangélicos são como McDonald's: é Jesus em cada esquina, cem cadeiras de plástico, uma Bíblia, um microfone e pau na máquina. Jesus é a maior *commodity* religiosa do Ocidente e, nesse sentido, é claro que eu fiz essa analogia para mostrar para aqueles que acham que a religião ia acabar... veja que o Brasil está vivendo um momento no qual até agora muita gente não prestou atenção: o fenômeno evangélico protestante é o fenômeno social mais importante pelo qual o Brasil está passando. Não é a questão de gênero. O maior fenômeno social pelo qual o Brasil está passando (que, inclusive, bate na questão de gênero) é o crescimento evangélico. Modos de vida, valores morais, família no centro da discussão, organização econômica liberal popular, há crescimento econômico onde se instala o evangélico. E se a coisa continuar desse jeito, os evangélicos vão engolir o Brasil dentro de vinte, trinta anos, provavelmente. E isso reflete na discussão política, é óbvio, como refletiu lá atrás na Europa, de forma mais sangrenta que aqui.

Os iluministas franceses vão herdar da posição de Locke a crença de que, se mudamos as ideias, tudo vai melhorar. Basicamente significa, no caso dos iluministas franceses, jogar fora a ideia religiosa, as ideias monarquistas, as ideias aristocráticas, matando, se necessário. A Revolução Francesa foi o terror. As ideias que valem são ideias científicas, não religiosas, portanto sem superstição, e uma vez que isso for feito em larga escala na educação, as pessoas serão cada vez mais racionais. Porque esse conjunto inteiro, na língua francesa, que não é a língua de Locke, significa *madame la raison* [madame razão; em tradução livre]. Eles chegaram, inclusive, a vestir uma mulher de deusa grega e dizer que ela era a nova deusa da França, a deusa da razão, *la raison*. Locke não faz nada disso, mas esse Iluminismo, que tem essa simbologia, vai marcar profundamente o tema da perfectibilidade, porque os iluministas vão dizer: onde está a chave da perfectibilidade? No uso da razão. Se você educar a razão pela ciência, isso significava, de um lado, Newton, do outro, Locke, física newtoniana, teoria de Locke da educação empírica, aplicando uma vida racional – que, às vezes, não é tão óbvio porque... o que é a razão? Alguém já viu a razão andando por aí? Os franceses achavam que era uma mulher vestida de deusa grega. Alguém já encontrou a razão num bar, já jantou com a razão em algum lugar?

Para além do que parece óbvio, quando você fala "agir de modo racional", um filósofo chato vai lhe perguntar: o que você quer dizer com isso? E você vai poder se enrolar bastante na resposta e isso vai deixar o filósofo feliz, porque ele vai começar a mostrar que você, na realidade, não sabe nada do que acha que sabe. Esse filósofo era Sócrates, esse era o método dele, dar corda para o cara se enforcar no que ele achava que sabia. O que é a razão aqui, para o iluminista? Pensar a partir da ciência. O que é ciência no século XVIII, pelo amor de Deus? O que é pensar a partir da ciência no século XVIII? É basicamente acreditar que

Newton está certo e acreditar no materialismo, na física gravitacional, acreditar que o universo é organizado a partir de uma lei matemática e física, descoberta por Newton, e, portanto, nós vamos descobrir outras leis iguais aplicáveis ao homem. Le Maître, um dos iluministas da época, cria uma expressão chamada *physique sociale*, física social, que depois vai ser assimilada pelos norte-americanos no século XXI. Alex Pentland, especialista em redes sociais, escreve um livro em 2014 chamado *Social physics*[74] [Física social; em tradução livre] e dá o crédito ao francês do século XVIII. E do que se trata a *social physics*? Estudar os rastros da internet, porque lá você consegue dizer exatamente o que as pessoas estão fazendo, o que elas compram, o que elas buscam. Você descobre. Diga-me o que compras e eu te direi quem és.

O que você pergunta no Google? No Instagram, vou descobrir o que você gostaria de ser, no Google, vou descobrir o que de fato lhe atormenta a alma, que tipo de indagações. Qual é o nível normal de colesterol? Que pergunta você faz? Uma interrogação muito comum de mulheres norte-americanas: como saber se meu marido é *gay*? A outra é: como saber se meu marido tem uma amante? Do ponto de vista dela, está meio que claro o problema: está faltando sexo. O que você compra com frequência? E aí eu não estou nem entrando em méritos. Esta semana estávamos numa reunião de pauta do *Linhas Cruzadas*, programa da TV Cultura, para fazer uma edição sobre a relação dos humanos com os animais. Então vai ter um bloco caçoando do povo que faz bufê para festas de aniversário de *pet*, claro, mas a discussão se dará fora desse ambiente mais ridículo. A ideia é de realmente pensar a nossa relação com os animais, que está aí em toda parte – preferimos *pets* a seres humanos. Quando acabou

---

74. PENTLAND, A. *Social physics*. Londres: Penguin Books, 2014.

a reunião no meu celular, começaram a aparecer notificações de assuntos relacionados a *pets*. Isso acontece com todo mundo. Tem uma profissional da área que eu achei especial, que é uma psicóloga, pelo menos ela diz que é psicóloga, especializada em espiritualidade de animais. Ela dá cursos para você aprender a espiritualidade dos animais, dos seus gatos e cachorros, e inclusive como estimulá-la.

Lembrei de Alex Pentland, porque ele vai lançar a proposta de finalmente chegarmos à física social que Le Maître sonhava no século XVIII, e não o fez porque não possuía as ferramentas. Qual é a ferramenta agora? Mapear a presença nas redes sociais, na internet, e aí você sabe de fato o que as pessoas estão fazendo ou, no caso do Instagram, sobre o que elas estão mentindo. Aí você sabe que está todo mundo mentindo, de alguma forma, em relação a algumas coisas, normalmente vida privada, sucesso pessoal, alegrias. Se bem que você também pode explorar a sua depressão no Instagram como engajamento. Depressão engaja. Você pode se recuperar inclusive de cancelamentos fazendo uma depressão no Instagram. Cancelaram você no passado, hoje você é um deprimido, está sofrendo, aí você recupera a simpatia de um monte de gente.

Voltando novamente: o Iluminismo, portanto, está bem na tradição da perfectibilidade porque acredita que o uso da razão vai descobrir todas as leis, inclusive as que regem o comportamento humano. E fundamental também é descobrir como fazer uma sociedade politicamente racional, fazer uma república, porque a política deve incluir a todos. Então você deve fazer uma educação republicana para a política republicana, que é basicamente levar os jovens a aprender ideias que sejam republicanas e políticas, portanto a ideia de uma educação não misturada com alguma forma de projeto político é acreditar em gnomos. Já nasceu assim, no Iluminismo fica muito claro que o tema da perfectibilidade, nesse caso, está associado à ciência, às reformas políticas e à educação. Ser racional é construir uma sociedade em cima desses três pilares: a razão é política, pedagógica e científica. E tudo o que é religião, joga fora.

Os ingleses, que, inclusive, usam a expressão *British enlightenment*, também nos séculos XVIII e XIX, seguem uma linha diferente. Há muitas explicações do porquê de os ingleses não terem o mesmo ódio anticlerical dos franceses, e uma indicação sobre isso é o livro da Gertrude Himmelfarb, *Os caminhos para a modernidade*[75]. Ela discute o Iluminismo britânico, o francês e o norte-americano; é uma referência acadêmica, suficientemente sólida, da tentativa de dizer por que o Iluminismo britânico não se tornou anticlerical como o francês. E quem são os iluministas britânicos mais famosos? Adam Smith, David Hume, ambos do século XVIII e escoceses; já na virada do século XVIII para o XIX, Jeremy Bentham; e, no século XVIII, John Stuart Mill é considerado, depois de John Locke, o maior filósofo liberal. John Stuart Mill foi o primeiro filósofo que defendeu o sufragismo feminino dentro da ideia de sufragismo universal.

Essa linhagem: Bentham, Stuart Mill, utilitaristas. Os pensadores ingleses dos séculos XVIII e XIX, muito mais fiéis à tradição empírica, ao invés de construírem a ideia de *madame la raison*, ou pensarem num modelo que seria fundado a partir do nada, ou seja, da república, da educação republicana e da ciência do Newton, são mais modestos, como todo mundo que pensa de forma empírica. É por isso que a empiria normalmente não serve muito para

---

75. HIMMELFARB, G. *Os caminhos para modernidade: Iluminismos britânico, francês e Americano*. São Paulo: É Realizações, 2011.

discurso, porque, quando se pensa de forma empírica, torna-se mais lento nas conclusões. Por exemplo, com relação à religião, a posição dos ingleses, mesmo de utilitaristas radicais como Jeremy Bentham, que é o inglês mais parecido com os franceses nessa questão, é menos radical do que a dos franceses. Quando submetidas à lei do Estado, as religiões são menos danosas. O protestantismo já nasce submetido à lei do Estado. Quando Lutero vai ser tirado da fria pelos catorze príncipes alemães que protestam contra sua condenação, daí o nome protestante, Lutero já vai para debaixo das asas desses príncipes, que, na verdade, queriam construir um Estado soberano livre do domínio do papa. Inclusive, uma das primeiras coisas que fizeram com Lutero foi obrigá-lo a casar, para mostrar que ele não estava mais dentro do sacerdócio católico.

A posição protestante já nasce submetida ao Estado que vamos chamar de moderno; a Igreja Católica, com a sua herança do Império Romano, sempre media forças com o Estado, e os protestantes nunca o fizeram; pelo contrário, sempre acreditaram, quando avançavam, em colonizar a máquina do Estado para que este estivesse em consonância com o que eles pensavam. Soa familiar? Colonizar a máquina do Estado, usando as ferramentas do Estado moderno, para fazer com que a sociedade e o Estado entrem em uma harmonia maior, com pressupostos morais. Esse é o principal debate hoje em dia no Brasil, tanto na esfera dos costumes quanto religiosa. Os evangélicos não são um bloco em massa, talvez a única coisa que seja massa no sentido de denominador comum dos evangélicos seja a prioridade em relação à família, do modelo familiar clássico pai, mãe e filhos e não só mãe e filhos. O que chamam por aí de família monoparental, a discussão é à esquerda.

A priori, os autores ingleses não vão olhar para a religião como um inimigo; eles serão mais empíricos nesse sentido, inclusive na ideia de a grande pergunta deles ser: como fazer uma sociedade que se torne cada vez melhor? Religião até ajuda, submetida a um certo ordenamento jurídico e político, mas outra ideia que os ingleses terão é: observemos o comportamento no ser humano, se descobrirmos alguma coisa nele que nos ajude a fazer com que ofereçamos ideias para que se tornem melhores, teremos descoberto uma chave essencial para fazer a sociedade melhor. E se somos capazes de identificar uma certa lei no comportamento humano, que se lhe respeitarmos e oferecermos recursos a ela, o ser humano e a sociedade se tornarão melhores, portanto, perfectíveis. A grande lei é a que vai dar na escola utilitária, o chamado princípio utilitário.

Essa discussão está claramente em Passmore. Ele dedica capítulos e capítulos a ela, que é essencial no debate da perfectibilidade. Qual é a máxima utilitária? O que rege o comportamento humano no final do dia? Otimizar o bem-estar e minimizar o sofrimento. Se levar isso em conta como gestor público, como professor, como filósofo, ótimo. Eles estavam pensando em ética. Utilitarismo é uma escola ética. Se levar em conta esse princípio utilitário e que cada vez que o ser humano sofre, ele fica pior, cada vez que se sente melhor, ele fica melhor, a chave de tornar a sociedade cada vez melhor é reduzir o sofrimento ao mínimo. Essa ideia pegou e pegou inclusive na versão simplista. E aí os utilitaristas vão dizer: o que é o bem? Para de discutir o bem metafísico, quero encontrar o bem na rua. O bem é basicamente fazer com que as pessoas se sintam bem, aí a pergunta passa para: e o que faz as pessoas se sentirem bem? Se você tem menos criminalidade, se consegue reformar os criminosos – objetivo de Jeremy Bentham, especificamente –, se consegue educar crianças desde pequenas para que não sofram o tempo inteiro, tirar da cabeça dos pais a ideia de que sofrimento faz parte da educação, e criar uma gestão pública em que seja incluído o máximo possível das pessoas em bens materiais, bens sanitários, bens psicológicos, a sociedade vai melhorar.

Os utilitaristas tinham isso muito claramente no âmbito psicológico. Eles, que eram descendentes diretos de John Locke, entendiam o quê? Introduzir ideias como liberdade do indivíduo, experiência da liberdade, uma ideia de John Stuart Mill, quer dizer, uma sociedade em que as pessoas entendam como ela funciona, e encontrem aí seu espaço de autonomia. O ser humano sofre com a incoerência e se sente bem com a coerência, que basicamente significa você entender a cadeia causal de decisões, entender como funciona a gestão do mundo em que se vive. Esse debate chega hoje no mundo corporativo e vai dar mais ou menos a noção de transparência, não no sentido de transparência contra corrupção, que também é, mas transparência no sentido de se expor o máximo possível à cadeia causal decisória. Se isso é possível ou não é outra coisa, mas é um projeto, e um projeto que pegou – a ideia de políticas públicas vem justamente da escola utilitária. Outra coisa: a ideia de que existe nas pessoas uma dimensão afetiva da moral – Adam Smith falava de *moral sentiment*, os utilitaristas, de *moral affection*.

A vida moral e ética depende muito de como as pessoas sentem o sofrimento; no mundo corporativo, isso vai bater no discurso da empatia, a ideia da empatia de que você é capaz de sentir o *páthos* (sofrimento) do outro. Então os ingleses não vão ser racionalistas. Racionalista é aquela pessoa ou filósofo que acha que, partindo da razão, você consegue geometrizar e organizar tudo. O empirismo inglês começa a surgir lá no século XIV, com William of Ockham, cuja tradição é muito antiga na Inglaterra, e ninguém consegue explicar o motivo de ter surgido lá. O crescimento do comércio, depois o capitalismo – por que o empirismo nasce no lugar onde a Revolução Industrial nasce, onde o capitalismo começa a crescer primeiro? Porque, para você vender alguma coisa para as pessoas, você deve ser razoavelmente empírico, deve ver o que as pessoas querem. É claro que, se você é um bom vendedor, vai inclusive convencê-las a comprar o que elas nem precisam. Isso é um bom vendedor. Se você não aplicar uma certa percepção comportamental, você não consegue vender nada. E no caso de vender, você tem a parceria da vítima, porque a pessoa entra, quer comprar, e hoje já sabemos que comprar deixa a pessoa feliz.

Então, se o princípio do utilitarismo é deixar as pessoas felizes, então deixemos as pessoas comprarem; se elas comprarem, ficam menos violentas, elas têm um sentimento de que a vida faz sentido, estão agregando valor ao seu cotidiano. Se não conseguem comprar, a vida é uma tristeza. É claro que você pode introduzir a discussão de que o sentido da vida é o ser e não ter, mas alguém vai olhar para você e dizer: está bem, o que é ser? Aí vamos ter que discutir uns 150 anos o que é o ser. Uma coisa é colocar isso no livro, e definir de maneira abstrata, outra coisa é no chão de fábrica, ainda mais hoje em dia, a coisa escorrega para o ter e pronto. Até a noção de dignidade humana está vinculada ao mínimo do que você pode ter, para sentir que tem uma vida digna. Mas, se nos recolhemos de novo para o problema da perfectibilidade, o utilitarismo é uma escola muitíssimo importante da tradição da perfectibilidade porque ela entende ter descoberto a chave do aperfeiçoamento. E a chave do aperfeiçoamento é diminuir o sofrimento físico, social, político e psicológico.

É claro que existiram críticas. Uma das mais famosas é a de um livro chamado *Admirável mundo novo*[76]. Aldous Huxley o escreveu

---

76. Huxley, L. A. *Admirável mundo novo*. Rio de Janeiro: Biblioteca Azul, 2014.

para criticar o utilitarismo, para dizer que este criaria uma sociedade de escravos. Ali ele pensa no Estado fascista da época e na ciência genética básica, mas de lá para cá, na realidade, a grande arma do utilitarismo é o *marketing*, e está funcionando muito bem. O projeto funciona muito bem inclusive porque o *marketing* hoje é um grande vendedor da perfectibilidade, o grande operador da ideia de perfectibilidade na sociedade.

Pergunta: No fim das contas, como você quer acordar: machucado, com dor, todo cheio de sangue, ou bem e caminhar feliz pela rua?

Pondé: Não há dúvida de que os utilitaristas acertaram em cheio quando focaram no tema do sofrimento *versus* bem-estar. A discussão é quando você passa disso para o sistema social e político de vida, e quando o faz, que era o que o Aldous Huxley estava pensando, você acaba criando uma sociedade em que a felicidade é o primeiro critério e, na realidade, uma vida voltada à felicidade, no fundo, no fundo, não garante felicidade. Agora, isso não significa que você tem que sair procurando sentir dor – fora os masoquistas –, apesar de que a dor vai te encontrar de qualquer jeito. Então a dúvida é com relação à proposta utilitarista de que não é que a gente não sofra da dor, a maior parte de nós busca o bem-estar; é de que isso possa ser transformado numa narrativa universal, que de fato pessoas que estão procurando a felicidade o tempo inteiro conseguem, na verdade, inclusive ser felizes porque a própria ideia de felicidade não pode ser posta em foco com facilidade. Eu posso dizer que há uma parte da felicidade que está ligada ao não sofrimento, mas se a gente passar disso aí, vai complicar. O que seria o raio da felicidade? Como definição, como experiência cotidiana. Mas não há dúvida de que os utilitaristas, assim como toda grande escola filosófica, caminham por um território razoavelmente sólido e fizeram uma grande organização de um problema. Agora, que a humanidade se aperfeiçoe constantemente e as pessoas se aperfeiçoem, com frequência buscando a felicidade utilitária, é outra coisa. Estamos nessa há pelo menos uns duzentos anos e o *marketing* hoje é uma grande ciência mentirosa; você está o tempo inteiro vendendo coisa para todo mundo, a ponto de que, chega uma hora, você não sabe nem se a pessoa está falando honestamente com você ou se está querendo lhe vender um projeto. Só o projeto, só vendendo esse projeto. Por isso você deve desconfiar da palavra "projetos".

Pergunta: A lógica utilitarista vem de um legado capitalista, eles andam juntos. No século XVIII, na Inglaterra, isso já era difícil; no Brasil, em 2022, pior ainda.
Pondé: Você quer dizer a associação com o capitalismo?

Pergunta (continuação): É porque, quando colocamos essa questão da busca da felicidade como o *marketing* trabalha para lhe vender a felicidade através de produtos, você tem uma realidade econômica que não permite isso, pois é gerada uma frustração maior, na minha visão. O que você pensa sobre isso?
Pondé: É possível. É que hoje o capitalismo não vende mais produtos, ele vende bens invisíveis, significados, experiências; essa palavra é essencial. Ele vende experiências e, às vezes, certas experiências podem ser baratinhas justamente porque não pedem tanto produto físico, apesar de que outras são muito caras. Comer é uma experiência; tem gente que fica

três horas esperando no restaurante para comer porque o *chef* supostamente viveu com os Massai, e deve ter aprendido a fazer alguma coisa com os Massais, que são muito chiques, e aí você transfere essa noção para o restaurante. No entanto, não há dúvida de que esse é um problema, sim, só que a resposta desse problema, dessa população que, digamos, fica do lado de fora do conto de fadas é entrar no conto de fadas.

Pergunta (continuação): É exatamente aí, existe um conto de fadas, ele acontece, mas um externo, existe um discurso sobre a felicidade, a busca dela, mas quem está de fora está gerando infelicidade, quem está esperando para entrar está gerando infelicidade.

Pondé: Eu acho que quem está dentro também está se melando com a infelicidade, apesar de que é tudo mais colorido. E aí podemos dizer que é outro tipo de infelicidade, do tipo: é muito bom estar deprimido dentro de uma Mercedes, essas coisas. Mas quem está exposto a uma condição material muito aquém do princípio utilitário, ou seja, quando você vê uma concentração de renda cada vez maior, vai gerando muita gente do lado de fora dessa concentração de renda. Apesar de que o *marketing* vende bastante bem a ideia de que, se você tiver foco, a informação certa, você consegue não entrar no 1%, mas pelo menos pode ter um relógio melhor, um celular melhor, que é na verdade o que está em jogo do ponto de vista real. Quando gente como Graeber fala: nós somos 99%, 1% é milionário, no dia a dia da pessoa que faz entrega no iFood, ela não está nem imaginando que vai chegar ao 1%, e sim que um dia, talvez, ela deixe de ser motoboy e consiga exercer outra função para a qual ela está, provavelmente, fazendo um curso *on-line*. É mais barato, então o motor da ideia continua indo na direção de que, mesmo quem está fora do 1%, continua crendo no projeto. Esse é um problema do discurso do 1%, é por isso que normalmente só pega com filho da elite. Primeiro porque tem tempo para isso; o discurso do "só 1% é milionário" só funciona para alunos do Santa Cruz, da PUC, do Vera Cruz, a maior parte das pessoas está correndo atrás de pelo menos não ficar fora dos que comem, ou dos que têm celular, ou dos que um dia podem viajar pela CVC e pagar em 150 vezes, mas fazer parte do espaço de consumo. É essa descoberta que os chineses fizeram (os soviéticos não foram capazes de enxergar), pois viram, nos anos 1970 e 1980: se a gente não der consumo para esses caras, eles vão nos comer vivos como estão fazendo na União Soviética. Então a gente deixa tudo no lugar, zero democracia, mas gera uma sociedade de mercado nos estratos sociais para que os chineses possam consumir; então, consumindo, eles não vão encher o nosso saco, contanto que fiquem felizes – o que não deixa de ser a velha política do pão e circo. Só que, aparentemente, ela funciona, até um certo momento, sem dúvida.

Pergunta: Você acha que essa frustração pode gerar violência?
Pondé: Pode.

Capítulo 7

Psicologia, natureza humana e perfectibilidade

Falamos da perfectibilidade quando ela se afasta do debate religioso. Pontuei tanto o começo de uma virada na filosofia, ainda com Pico della Mirandola, no século XV, um católico que colocou em questão a ideia do homem como ser pecador. Deus disse: vamos criar o homem à nossa imagem e semelhança. Dessa ideia de nossa imagem e semelhança, Mirandola vai tirar a conclusão de que Deus nos criou criadores como Ele. E indefinido, à diferença dos animais definidos por sua natureza e local na estrutura dos seres e da teoria da herança do pecado original. Mirandola faz a diferença entre a natureza inteira, que é a condição dos animais entre as bestas, como se falava na época, e o ser humano. O ser humano não tem lugar definido na natureza como os outros seres criados têm.

Nós somos indefinidos, assim como Deus é, e, além disso, somos seres com capacidade criativa. Esse *Discurso sobre a dignidade homem*, como se chama o texto, é uma virada num olhar sobre a natureza humana que vai ser conhecido como humanismo filosófico. Portanto, essa ideia de humanismo vai ficar profundamente associada a um olhar que caminha para a secularidade. Já no século XVIII, o Iluminismo que se dissocia de uma visão religiosa e passa a olhar para a sociedade, para a filosofia, para a razão como horizontes de soluções dos problemas humanos. E a razão, para os iluministas, se transforma num grande mecanismo de visão de perfectibilidade em progresso. Essa ideia do avanço, da melhoria, do abandono da religião para trás, será a dinâmica da perfectibilidade secular. Um colega da *Folha*, Vinícius Torres Freire (colunista de economia), escreveu uma coluna dizendo que está enfurecido com o fato de que o tema da religião tomou conta das eleições de 2022, e fala que imaginou que as eleições iam discutir teto de gastos, inflação, desigualdade social, esses temas que pessoas que se consideram seculares e racionais entendem que uma eleição deve discutir, como uma pauta séria. Discutiria a demolição de muitos institutos do Estado brasileiro que cuidam de populações vulneráveis e tudo mais, por parte do governo Bolsonaro, mas não, de repente a pressão é se Lula vai ou não, se deve ou não escrever uma carta aos cristãos.

Na eleição de 2002, quando foi eleito pela primeira vez, Lula escreveu uma carta aos brasileiros em geral; se ele tem que escrever agora uma carta aos cristãos, que são brasileiros, não é exatamente a mesma semântica. Vinícius Torres Freire está "xingando" uma situação em que nos colocamos a discutir religião na eleição e isso vai completamente contra a expectativa iluminista de que as superaríamos (superstições religiosas), pelo menos no espaço público. Os iluministas ingleses, como os utilitaristas, não apresentam o mesmo caráter anticlerical que os franceses apresentaram, mas ainda assim creem na perfectibilidade de base racional e científica. Pessoa como Voltaire, por exemplo, como Helvétius etc., são claramente anticlericais, têm uma posição muitíssimo dura em relação à Igreja Católica, que era dominante na França, enquanto os ingleses têm uma postura mais suavizada.

Quem mostra muito bem isso é Gertrude Himmelfarb, no livro *Caminhos para a Modernidade*, publicado no Brasil, e que os utilitaristas e iluministas ingleses veem a religião como um elemento cultural, produtor de virtudes cívicas. O olhar é circular do mesmo jeito, mas entendem que as religiões têm um papel e esse papel é basicamente somar ao convívio social, então é preciso acabar com elas; o que é necessário é ocupar um espaço dentro da estrutura social, como qualquer outra cultura que ajude a formar a virtude cívica. Himmelfarb vai chamar o Iluminismo inglês de sociologia das virtudes, quer dizer, os iluministas como Bentham, como Stuart Mill, como o próprio William Godwin, olham para as religiões não com aquele horror francês. Tem toda uma discussão histórica para determinar o porquê de a religião na Inglaterra não ficar no mesmo lugar que na França, mas aqui nós não vamos tão longe.

O fato é que, desde o século XVII, não é à toa que foi John Locke que escreveu a *Carta sobre a tolerância*[77]; alguns ingleses entenderam que a religião pode existir, mas no âmbito privado e sem poder de lei do Estado. O fato é que os iluminismos entre França e Inglaterra têm uma posição diferente em relação à religião – os ingleses entendem que as religiões podem somar na vida pública, formando cidadãos que respeitam a lei, vivem sob o domínio do Estado de direito, portanto submetidos a ele, assim como a uma condição da religião que é uma fé privada.

A mídia quase inteira ficou enfurecida quando esse tema reapareceu: como estamos discutindo religião no segundo turno? Como se o iluminismo não tivesse acontecido. Porque a religião continua aí e o Brasil está meio que a ponto de ver uma espécie de guerra religiosa nas urnas. Interessante que o arcebispo de Aparecida cobrou de Bolsonaro: afinal de contas, tu és católico ou evangélico? Numa linguagem simples foi isso que ele fez. Você não pode ser católico e evangélico ao mesmo tempo. Na realidade, o brasileiro

---

77. LOCKE, J. *Carta sobre a tolerância*. São Paulo: Editora Autêntica, 2019.

pode ser judeu, macumbeiro, espírita, sabe como é brasileiro, né? Como dizia Guimarães Rosa: quanto mais religião, melhor. A religiosidade brasileira é meio volátil, meio promíscua, meio misturada. A ira do Torres Freire é por achar que o segundo turno estaria tomando um viés irracional, é isso que ele quer dizer. O que é um viés irracional? Levando em conta a fé das pessoas.

A jornalista Natuza Nery, da GloboNews, também disse: é um absurdo misturar religião com ódio. Eu entendo o que ela queria dizer, mas, historicamente, a religião sempre esteve misturada ao ódio, é uma coisa muito normal na história da humanidade e a própria noção de Estado de direito, que é o mito fundador dele, o acordo de Westfália, de 1648, nasceu da guerra entre católicos e protestantes alemães – quando os alemães se cansaram de se matar entre católicos e protestantes.

O chamado acordo de Westfália, que nunca aconteceu de fato, foi fruto da exaustão com a guerra e ninguém venceu ninguém. Chegou-se à conclusão de que não ia sobrar nem homem nem cavalo. Então era melhor parar de brigar, e a ideia de que cada príncipe reinava no seu principado e que não podia se meter na religião do outro príncipe acabou com a guerra, que terminou empatada. Portanto, essa data é considerada o nascimento mítico do Estado moderno de direito. Porque o príncipe seria autônomo dentro do seu principado, e os outros países não poderiam invadir o país alheio e cada principado seria autônomo. Na verdade, as dores de parto do mundo moderno que conhecemos, nascido a partir da Europa, foram as guerras religiosas daquele continente; portanto, as religiões sempre foram mais sérias do que o Iluminismo nos fez parecer que eram, mais sérias no sentido de que pessoas de fé muito forte, dependendo do viés que essa fé assume, facilmente podem ir para a briga.

Quando o nosso arcebispo aqui reclama que não foi dado aos católicos uma atenção devida nas eleições, qual é o subtexto disso? Do ponto de vista do *marketing* político, democracia é um regime baseado na competição por votos, quem ganha a competição por eles manda, essa é a dimensão procedimental da democracia e os políticos profissionais sabem muito bem disso. É uma competição por votos, quem a vence, manda, então vale tudo para ganhar. Disputar a população religiosa no Brasil de repente se transformou num fenômeno, porque a Igreja Católica sempre teve o mercado cristão na mão no país – ainda que o católico brasileiro seja "meia boca", o famoso católico não praticante –, mas o fato é que os evangélicos são competitivos, combativos, crescem, estão se constituindo numa identidade e estão aí na disputa pelas almas. Esse é um Brasil que está aí, provavelmente veio para ficar durante um tempo e o nosso arcebispo reclamou que os católicos não receberam a mesma atenção – no entanto, ele deixou de acrescentar a segunda parte da frase: ...como os evangélicos estão recebendo.

Lacan disse, certa feita, que não sabia se dali a cem anos existiriam analistas, mas padres, com certeza. A religião é mais enraizada, provavelmente por razões pré-históricas, por se tratar de uma experiência pré-histórica de sucesso, do que os seculares iluministas imaginaram que seria. Mas não há dúvida de que o Iluminismo, seja inglês, seja francês, indiferente, não levando em conta aqui a posição distinta dos dois em relação à religião, entendia que seria possível, a partir de mecanismos como uma educação científica para as crianças, e que através da educação você faria um mundo cada vez melhor – a crença da perfectibilidade da natureza humana está aí. Através de políticas públicas, pensavam os utilitaristas ingleses, você teria um mundo cada vez melhor, então os utilitaristas faziam cálculos. A ideia utilitarista é: como a natureza humana é dominada pela fuga da dor e pela busca do bem-estar, se você levar em conta esse princípio, chamado utilitarista, e constituir políticas públicas que diminuem a dor e o sofrimento e otimizam o bem-estar social, você terá a população a seu favor.

É uma ideia muito forte, perfectibilista, porque parte do pressuposto de que, se você diminuir a dor do ser humano, você o terá como parceiro em fazer com que a vida seja cada vez menos ruim, digamos assim. Os franceses, mais racionalistas e mais abstratos nesse sentido, entendiam que, ao tirar a religião, o irracional, o supersticioso e criar uma república baseada no conhecimento científico, então, seguramente, o ser humano seria capaz de se aperfeiçoar e o que atrapalhava tudo era uma crença, por assim dizer, negativa acerca de si mesmo por conta do atavismo do pecado original. Essa ideia da crença negativa acerca de si mesmo é importante até hoje; uma das grandes armas do *marketing* é a venda da perfectibilidade como argumento para engajar o consumidor. Você o engaja oferecendo uma ideia de que ele tem futuro, de que ele consegue, de que as ideias dele são ótimas, de que estamos todos juntos. É por isso que o *marketing* e a propaganda foram ficando cada vez mais empáticos com a expectativa que os seres humanos têm de si mesmos e está aí até hoje. Numa democracia, você tem que, de alguma forma, agradar o eleitor, seja ele qual for, para conseguir vencer a competição por votos. Consumidor e eleitor são primos-irmãos.

Vou introduzir a questão da psicologia hoje: em que lugar a psicologia está no debate da perfectibilidade e da imperfectibilidade? E, no nosso próximo encontro, vamos discutir o filósofo húngaro-americano chamado John Kekes e o economista e cientista social norte-americano Thomas Sowell. Kekes propõe o que chama de uma sabedoria humanista, só que ele parte de uma concepção de imperfectibilidade da natureza humana, o que parece uma torção na tradição do Mirandola – nele, o humanismo é sempre uma defesa da natureza humana que progride, e Kekes, com muita consciência do que está fazendo, propõe uma sabedoria que chama de humanista secular e que parte da imperfectibilidade da natureza humana. Para você ser uma pessoa legal, você sempre tem que ser alguém que tem uma visão filosófica da natureza humana como perfectível? O *marketing* da perfectibilidade é maravilhoso, apesar de que, às vezes, você vai ter que resolvê-lo no divã do analista, por conta da dissonância cognitiva que ele implica.

Mas a psicologia também é atravessada por essa discussão, como veremos no autor norte-americano vivo Stewart Justman. Ele vem da literatura e escreve *Fool's paradise: the unreal of pop psychology*[78] [O paraíso dos idiotas: o mundo irreal da psicologia pop; em tradução livre].Trata-se de uma crítica da psicologia da felicidade. Dele também é *Psychological mystique the psychological mystique* [A mística psicológica; em tradução livre]. Quando dizemos "psicologia pop", é o *pop* da música *pop*, e em inglês, no original, o Pop Psychology também possui esse significado, mas tem algo que aproxima, como ele mesmo o faz, de uma certa psicologia *junk*, como *junk food*, portanto, *pop* no sentido de consumo de lixo. Nesse livro, ele dá muita atenção ao fenômeno do *coach*, que é uma forma de *Pop Psychology*, mas no outro, o *The Psychological Mystique*, ele está discutindo mais especificamente a ideia de uma psicologia vinculada à noção de perfectibilidade. Por esse motivo resolvi usá-lo nessa aula como referência bibliográfica.

Ele começa nos remetendo a John Locke, considerado o pai do pensamento liberal, que acabei de citar por conta da *Carta sobre*

---

78. JUSTMAN, S. *Fool's paradise:* The unreal of pop psychology. Illinois: Ivan R. Dee, 2005.

a tolerância. É claro que Locke, enquanto redigia essa carta, sendo ele protestante não anglicano, estava na Inglaterra no meio da guerra civil, onde os protestantes ingleses estavam se matando entre presbiterianos calvinistas e anglicanos. O próprio Hobbes fugiu para a França e escreveu *Leviatã*[79] por causa da guerra civil inglesa religiosa. O resto desses conflitos, que estão calmos hoje em dia, se encontram na Irlanda do Norte. Se você riscar um fósforo, pode pegar fogo de novo, mas tem algum tempo que Thatcher e Blair enquadraram o exército revolucionário irlandês. Então lá a coisa está mais pacífica nas últimas décadas, as gerações mais jovens não têm nem ideia do que significa isso; se você falar num curso de graduação para alunos de 18 ou 19 anos de idade sobre o exército revolucionário irlandês, eles não saberão do que se trata. Enquanto, na minha adolescência, quando você pensava em terrorista, você pensava neles – neles e na ETA basca.

Ele vai até Locke. Este era médico, além de filósofo, e criou um método de educação, como discutimos anteriormente. Ele o criou dentro do seu papel de médico, se vendo como médico, partindo de uma teoria que, no século XVII, está se instalando no pensamento inglês e depois vai fazer tradição inclusive entre os utilitaristas: a teoria da associação de ideias, que vai reaparecer na psicanálise, vinculada ao inconsciente, e o conceito clínico de associação livre. O paciente deve entrar na associação livre, ou seja, falando o que lhe vem à cabeça, enquanto o analista fica em atenção flutuante, quer dizer, ele também entra no estado de suspensão de uma associação de ideias consciente para acompanhar a fala do paciente. Algumas pessoas dizem que é quase uma relação mágica.

---

79. HOBBES, T. *Leviatã:* Ou matéria, forma e poder de um Estado eclesiástico e civil. São Paulo: Edipro, 2015.

A ideia de Locke era a seguinte: como fazer um cidadão melhor? Ele estava pensando como médico. Como curar o cidadão de comportamentos indesejáveis? Veja que ele está no século XVII, mas aí você já tem um filósofo inglês matutando sobre o que podemos chamar de uma sociologia das virtudes: como fazer um cidadão melhor? E ele responde: pegando as crianças, no caso dele, ele pensava nas crianças da aristocracia, porque eram elas que iriam fazer a gestão da sociedade. Locke nunca pensou em abrir um cursinho com 150 pessoas na sala para fazer isso, ele pensava numa atenção específica para filhos, basicamente homens, da aristocracia, que viriam a ser então os senhores que gerenciariam o Reino Unido. E esse método era baseado no princípio de que você deve introduzir ideias positivas e construtivas na consciência da criança. Veja que não saímos do método Locke até hoje. Nós estamos lá, no mesmo lugar, inclusive na educação.

Veja a convergência entre educação e a área PSI, como se fala. Locke estava pensando como um terapeuta, numa intervenção na formação dos jovens da classe nobre na Inglaterra, no sentido de fazer nobres melhores, mais inteligentes, com mais informação, e que, uma vez concluída, esses jovens iriam então fazer uma gestão melhor da sociedade na política, inclusive superar aqueles horrores em que se vivia naquela época. Veja que essa ideia de Locke pode ser até mencionada hoje em qualquer formação de professores, ainda que provavelmente nenhum deles saiba que a ideia veio de Locke. Aquilo que eu acabei de dizer, a convergência entre educação e cultura PSI, já está em Locke; ali é convergência entre educação e medicina, mas é uma convergência entre a ideia de que a educação é uma forma de terapia. Aliás, essa ideia, se você for voltar lá para trás, e pegar, por exemplo, gente como Pierre Hadot (filósofo francês especialista em filosofia antiga), verá que ele introduziu uma concepção de filosofia antiga que hoje é corrente, que ser filósofo não significa você escrever livros e dar aulas teóricas, ser filósofo é um estilo de vida.

A filosofia de todos eles – Platão, Aristóteles, Sócrates, os estoicos, os epicuristas e os céticos – era uma espécie de terapia da alma, daí o livro[80] da mulher de Pierre Hadot, Ilsetraut Hadot (alemã radicada na França), sobre Sêneca, em que ela aproxima a filosofia do Sêneca estoico à direção espiritual católica francesa. A ideia é de que você terá um diretor espiritual que te acompanhará na vida, te ajudará a lidar com os problemas – séculos XVI e XVII, principalmente. A expressão era corrente e a autora seleciona esse conceito e diz: os estoicos faziam isso sem o catolicismo, sem cristianismo. Assim como no judaísmo se pensa nos grandes rabinos do hassidismo ensinando aos mais jovens a enfrentar a vida a partir da Torá.

Um dos contos mais famosos do hassidismo traz muito bem essa ideia de Hadot aplicada aos rabinos judeus dos séculos XIX e XVIII do Leste europeu. Aquele conto em que um homem tem um filho que cresce, vira adolescente, como diríamos hoje – ele quer ser um rabino, quer ser um sábio –, então a família o envia para estudar com um grande rabino. O rapaz vai morar em outra cidade para ser aluno desse rabino, e depois de um tempo volta para casa para passar férias; o pai vê que ele está meio triste e pergunta: você não está gostando de estudar com o rebe? E o menino diz: eu estou, mas ele não dá aula, ele não me ensina nada. Aí o pai dá uma risada e diz assim: mas você não vai estudar com o rebe para ter aulas, você vai estudar com um rebe para

---

80. HADOT, I. *Sénèque:* Direction spirituelle et pratique de la philosophie. Paris: Vrin, 2014.

ver como ele amarra as botas. Isso é uma ideia típica hassídica, a filosofia, no caso, a sabedoria judaica ancestral é alguma coisa que impregna a vida, e você percebe melhor o rebe, e a sabedoria dele, no modo como ele amarra as botas do que numa aula que ele daria sobre judaísmo, sobre a lei ou a Torá. Pierre Hadot faz esse tipo de leitura, bastante bem fundamentada, dos textos gregos, da escola platônica e da aristotélica (que eram escolas mesmo, tinham endereço), da epicurista, que ficava num jardim fora da cidade, da estoica, que começou num pórtico de Atenas onde as pessoas se reuniam para fazer negócios e se encontrar. Essas eram escolas de vida, não de teorias. Então essa visão de que a filosofia seria uma forma de transformação da vida é muito antiga.

Recentemente, eu escutava uma conversa, uma ideia muito interessante, numa empresa importante, que era a seguinte: a empresa estava querendo difundir uma cultura ética, em que as pessoas denunciassem casos de mau comportamento, para melhorar a condição do convívio dentro da empresa. Bentham, onde quer que esteja, deve estar batendo palmas e dizendo: eu falei, eu falei que essa era a saída, vigiar 24 horas por dia a todos. Foucault entendeu que o panóptico – a máquina pensada por Bentham para vigiar os presos 360 graus – estaria dentro de nós e espalhado pela sociedade; Bauman também, em 2015, com o *Vigilância líquida*[81]. Todos vigiam todos para o bem social. Nas redes sociais, todo mundo vigia todo mundo. As empresas querem essa vigilância como método de melhoria da cultura empresarial e do convívio coletivo em nome da ética. Ironia, não? Existe um ponto que, quando você vai estudando, pensando, observando, tem um ponto que, às vezes, é um *point of no return*, como se diz em inglês. Você começa a dizer: aquela ideia, que parece muitíssimo

---

81. Bauman, Z. *Vigilância líquida*. Rio de Janeiro: Zahar, 2014.

controladora do panóptico, opressiva, que Bentham pensou para vigiar presos como doentes sociais, agora pode ser desenvolvida em nome do bem nas empresas. Bentham também estava pensando em nome do bem. Dentro de uma cultura corporativa, para fazer com que as pessoas, entre elas, denunciem umas às outras quando virem algum tipo de comportamento antiético dentro da empresa, é criar um método paranoico de controle de todos por todos. E é isso aí, *compliance*.

Às vezes, dá a impressão de que a humanidade fica batendo com a cabeça na parede, dando voltas. Eu tenho certeza de que essas pessoas todas, que fazem isso nas empresas, elas primeiro não sabem quem é Jeremy Bentham, não sabem o que é panóptico, não sabem da leitura de Foucault do panóptico, mas estão pensando claramente numa forma de elevar a imagem da empresa e o convívio interno através da ética. E aí dá um curto-circuito com o *marketing*, porque ter uma imagem de empresa ética hoje faz parte de *branding*, principalmente se você for uma empresa vinculada a certas classes sociais.

Nosso querido Locke então tem esta ideia: como funciona a mente? A mente é uma tábula rasa, famosa afirmação de Locke. E nessa tábula rasa você vai escrever aquilo que vai ser a estrutura formadora dessa pessoa, na interação sensorial com o meio através do sistema nervoso, vias aferentes e referentes; pelas vias aferentes, você vai receber os estímulos, e pelas vias eferentes, vai responder aos estímulos que vêm de fora. Sendo que a tábula rasa é aquele lugar onde você vai colocar ideias, que serão ideias construtivas, positivas para o meio social. E é muito louco como nós estamos aí até hoje. A educação é uma área muito pobre, intelectualmente, muito pobre, muito pouca teoria, não é à toa que ela está sempre flertando com autoajuda, motivacional, o picareta da hora. Ela está sempre sendo contaminada por isso ou por posturas políticas ou por questões políticas seja lá de que lado for, porque, na verdade, a ideia é a seguinte: as crianças estão aí, elas estão na nossa mão, vamos fazer com elas o que queremos.

E estamos fazendo isso há muito tempo, porque é assim que é mesmo, durante muito tempo. Educar jovens, formar jovens, era uma coisa que quinhentos anos atrás não faria sentido. Primeiro, o que é um jovem? Menstruava virava mãe, e o moleque que estava ali do lado virava pai, ia para guerra, morria. O pai era ferreiro, ele ia ser ferreiro, a menina ia ser mãe, ia trabalhar na agricultura. Como é que você educa seu filho? Perguntar isso para alguém de quinhentos anos atrás, provavelmente a resposta seria algo como: o que você quer dizer com isso, "educar filho"? Para nós é uma ideia meio óbvia, apesar de não sê-lo, mas parece uma ideia óbvia porque tem escola, você paga escola, tem escola pública, tem teórico, então parece óbvio que a educação sempre existiu como fato. É a mesma questão da Natuza e a fé: como assim religião e ódio juntos? É um absurdo! Quando a religião não está misturada com ódio é exceção, ao longo da história. É uma exceção que foi longamente construída por causa das guerras religiosas na Europa, é por isso que os europeus chegaram à conclusão de que, ou eles paravam de se matar ou acabava com todo mundo.

Faço essa analogia para dizer que nós, modernos, temos um vício desgraçado de achar que o mundo começou com a gente, que a humanidade começou com a gente. Alguns acham que começou com o iPhone, em julho de 2007. E como essa ideia do progresso está muitíssimo vinculada à ruptura moderna, essa ideia do progresso enquanto tal, tipicamente burguesa, da revolução burguesa, nos parece escrita nas estrelas. Essa ideia vai, ao mesmo tempo, eliminando a referência ao passado, porque o passado vai virando um narrador morto, como afirmou Walter Benjamin. E quando você resolve aproveitar uma Europa chique, passeando pelo Quartier Latin, você vai aprender o que com o passado? Nada. O passado era ignorante, creem os afeitos à criança na perfectibilidade. É claro que, se você falar isso, a pessoa vai dizer que ama a avó dela, que acha demasiado importante a experiência dos mais velhos e blá-blá-blá, mas a estrutura moderna é vocacionada à ideia de progresso e à deslegitimação do passado.

Para a burguesia, dizer que o mundo não progride é péssimo para os negócios, assim como falar mal dos seres humanos. Nesse sentido, a educação tem uma vocação à terapia otimista e foi se tornando a formação dos jovens – aqui no sentido de educação de pais e de educação na escola – e um campo supostamente dominado por uma técnica. Como se educa jovens? Deve ter alguma técnica para isso. O que os pais alegam hoje: eu não tenho a mínima ideia de como educar jovens – "psicóloga, como é que eu faço?". E agora é ouvindo alguém falando nas redes sociais como se educa filhos: o *coaching* parental. Qual é a última novidade? Qual é a última teoria? Qual é a famosa ou famoso que está dizendo como a gente deve fazer isso? Porque, literalmente, os pais nunca tiveram que formar filho nenhum, porque formar filho era um luxo, ele é que tinha que aprender a trabalhar junto com a família. Está claro? Você tem que fazer um recuo histórico e não cair na armadilha de crer que sabemos com certeza como educar os jovens para salvar o mundo.

A pergunta sobre como pais educam filhos é uma pergunta nova. A espécie *Homo sapiens* nunca teve de fazer isso – tinha que ensinar a caçar, a matar o inimigo, assim como, com o passar do tempo, evitar que os filhos morressem, isso sim. Mas, por exemplo, quais são os valores que eu vou ensinar para o meu filho? Isso é uma pergunta que começou a aparecer terça-feira passada, na história, talvez na segunda-feira ou no final da terça. Quais são os valores que eu vou passar para o meu filho? Não é à toa que essa discussão é aquela coisa aguada, confusa. O que Stewar Justman dirá – Frank Furedi também afirma isso – é que se inventou a ideia de que educação é uma técnica, as escolas se transformaram nas usinas dessas técnicas, apesar de que elas também não sabem direito o que fazer, porque têm o mercado seguro até hoje; tem que colocar as crianças na escola, e aí alguma coisa deve ser feita com elas, ensinar isso, ensinar aquilo, as capitais, os rios. Hoje em dia não se ensina mais isso, ensinam-se virtudes sociais construtivas. E Locke lá de cima olhando: eu não disse que era pra ser assim? Está vendo que era esse o caminho? Ensinar boas ideias, respeito ao próximo, combater preconceitos, aí vem tudo na esteira da ideia de que você deve pôr ideias melhores na cabeça das crianças, para que se tornem melhores.

Mas vale indagar: quem está pondo as ideias na cabeça das crianças tem, de fato, "ideias boas"? Locke evidentemente achava que tinha; ele era filósofo, médico da elite, bem-sucedido no mundo aristocrático. Ele nem estava pensando em formar gente do povo. Quem é essa pessoa que é responsável por pôr as ideias boas na cabeça da criança? Quem? Quais são as ideias que ela considera boas? Essa é uma questão. Outra questão é: o método funciona? Se você ficar com uma criança pondo ideias na cabeça dela, vai funcionar? Quem é professor há muito tempo sabe, que grande parte do que você ensina para os alunos ninguém aprende nada, alguns acham que isso é uma salvação para os jovens quando virarem adultos. Graças à sorte deles é que quase nada do que se ensina não se aprende, não presta atenção, esquece, a vida passa aleatoriamente e ele lembra de alguma coisa depois, porque isso tudo acontece num ambiente em que, pelo menos há alguns anos, o foco era muito mais namorar do que estar naquele lugar aprendendo qualquer coisa.

Até hoje continuamos com a ideia de pôr ideias boas na cabeça dos jovens. A questão é quem põe, quais são as boas ideias e se o método funciona. Mas o núcleo do problema é: o ser humano é aperfeiçoável uma vez que saibamos como ele funciona a partir da associação de ideias? Como ele funciona? Associação de ideias. Daí decorre outra questão: como intervir nessa associação de ideias, de forma a fazer com que ele tenha uma melhor associação de ideias, um conjunto melhor de ideias – e, nesse sentido, ele será um melhor cidadão, e daí formamos uma sociedade mais virtuosa, ou seja, é um embate sobre quem planta melhores ideias em quem. E aí você chega ao mundo das redes sociais, onde isso tudo está espalhado. Hoje é todo mundo plantando ideias na cabeça de todo mundo. Uma festa.

E essas ideias são de todos os tipos. Imagina-se que Locke não estava pensando em ensinar mentiras para os mais jovens, mas alguém que critica Locke vai dizer: ele era branco, heterossexual, ele estava pondo ideias de branco, heterossexual na cabeça dos jovens. Locke é o pai do liberalismo, não é tão mau assim. Mas o liberalismo ainda é coisa de branco.

Portanto, a possibilidade de se identificar problema naquele conjunto de ideias, que se considera um conjunto de ideias positivo ou propositivo, à medida que a sociedade foi ampliando o mecanismo de emissão de ideias, explodiu. E é nesse mundo que vivemos. Explodiu, vem de todos os lados o tempo todo, não vai mudar, não vai melhorar, não é uma previsão, não é uma profecia, é simplesmente olhar para as estruturas sociais, para como a sociedade se organiza hoje, como se movimenta, qual é a dinâmica dela e a conclusão possível – é claro, pode vir uma pandemia pior do que a da Covid-19 e acabar com a humanidade. Esperamos que não.

Mas, não acontecendo nada de monstruosamente destrutivo, o mundo continuando do jeito que está – como diz Kekes, "uma das condições da modernidade é a vida com a incerteza" –, a vida se dará sob o domínio da incerteza em todos os níveis. Essa experiência da incerteza é fruto das disrupções – como se fala no mundo corporativo. É muito interessante que o mundo corporativo, quando fala sobre algo disruptivo, é sempre como algo positivo, e aí, quando olhamos um pouco para a história, você coça a cabeça e diz assim: disruptivo é sempre positivo? Uma disrupção, normalmente, quanto mais violenta é, mais efeitos ela tem. Olhe para um vulcão, trata-se de um elemento disruptivo.

Agora está tudo embaralhado – emissor e receptor é a mesma coisa. É bem verdade que tem aí a noção de credibilidade no meio, mas essa noção de credibilidade pode ser facilmente objeto de erosão. Basta ver o efeito de erosão que o movimento bolsonarista causa na estrutura do judiciário. E só piora à medida que o judiciário é posto sob a luz, por isso que alguns diziam ainda, na época do mensalão, que juiz devia ser que nem monge: ficar quieto, não aparecer na TV, não dar entrevista, não falar com ninguém, mas quem aguenta ser monge hoje? Nem os monges aguentam. À medida que o judiciário fica sob as luzes da ribalta, começa a desmanchar como açúcar. Essa é a tal condição da incerteza, como diz Kekes.

O que Justman está querendo apontar é o seguinte: primeiro, não temos certeza das ideias, portanto, se o ser humano é perfectível a partir de uma educação, não temos nenhum parâmetro para medir esse aperfeiçoamento já que não temos certeza acerca da qualidade das ideias. Não há dúvidas de que o liberalismo trouxe ideias que, de alguma forma, melhoraram a sociedade num certo sentido, mas não foi pela educação, e sim pela política e pelo *business*.

Eu não acho que dá pra reduzir a área da psicologia como um todo a uma teoria de perfectibilidade. A psicanálise resiste a isso. Inclusive, uma vez, gravando uma aula com Forbes, nós discutíamos a felicidade como produto das terapias, e eu dizia a ele: a psiquiatria vai engolir todos os psicanalistas; o negócio é você tomar remédio e ficar alegre, quem vai querer ficar falando da mãe e do pai anos a fio? Você pode tomar um remédio tarja preta, sair sorrindo, muito mais barato do que análise, você compra ali um remédio tarja preta e resolve o causo. Forbes me deu uma resposta tipicamente lacaniana, que é uma resposta muito poderosa: (inclusive nessa época ele estava lendo aquele livro *Happycracia*[82] – que é sobre a psicologia positiva estar devorando o mercado – e ele estava muito bravo com a psicologia positiva, como todo psicanalista fica) não adianta a psicologia positiva, ou essas fórmulas de felicidade, alegar que vai ficar tudo bem, porque no centro do sujeito existe um vazio – trata-se da teoria do significante barrado –, o centro da nossa personalidade, para usar uma expressão do senso comum; é um nada, não existe nada para você encontrar aí. Por isso que o papo do autoconhecimento também fracassa porque, se você se autoconhecer, talvez você descubra que você é um imbecil.

A chave para o autoconhecimento funcionar bem é você pegar um terapeuta picareta, que vai fazer você se achar ótimo. Mas o autoconhecimento entendido como "se eu me autoconhecer, vou chegar a alguma coisa segura e vou ser melhor e tal", não

---

82. CABANAS, E., ILLOUZ, E. *Happycracia:* Fabricando cidadãos felizes. São Paulo: Ubu Editora, 2022.

há nenhuma garantia; se você se autoconhecer talvez você diga: era melhor antes, quando eu não sabia de tantas coisas que sou capaz de fazer e de pensar. A resposta de Forbes é assim: no centro do sujeito – segundo a teoria lacaniana – há um significante barrado, não há nada que você vai descobrir sobre "sua verdadeira personalidade". Portanto, o centro da vida subjetiva não é uma busca de felicidade, é uma busca de lidar com isso, que dá um viés completamente distinto para a ideia de felicidade, e que pode inclusive confrontá-la. O problema é que o mercado consumidor de psicologia é um mercado que, cada vez mais, as pessoas querem resultados e felicidade. Em que medida os psicanalistas vão virar para o paciente e dizer: é o seguinte, o centro do sujeito é um nada e você vai me pagar anos para descobrir isso.

Eu não entendo que a psicanálise ande de braços dados com a perfectibilidade. Acho que não. Desde Freud seguramente não, mas à medida que o mercado da psicologia cresce, inclusive na mão da psiquiatria, que é muito mais poderosa do que a psicologia, a pressão é para que a psicologia "entregue felicidade". Psiquiatra está envolvido na cadeia do capital, ele receita, está envolvido com as farmacêuticas, é outro nível.

Eu acho que a psicologia hoje está sim se batendo com o tema da perfectibilidade, inclusive como demanda de mercado, e como um debate que resvala em ideologias políticas. Por exemplo, a psicanálise é, hoje no Brasil, em grande medida, alocada à esquerda. Inclusive pela influência, no caso lacaniano, que a língua erudita da psicanálise lacaniana, quando eu estudei nos anos 1980 e 1990, era o espanhol argentino por conta de muitos analistas que fugiram da ditadura argentina. Ela chegou aqui, mesmo a francesa, via Argentina, e muitos dos psicanalistas lacanianos que desembarcaram em São Paulo até o Nordeste – a

Bahia também recebeu argentinos assim – vieram da ditadura. Você tinha ali um vínculo claro entre a psicanálise e, no âmbito do debate político, a esquerda antiditadura, um viés bem claro nos anos 1960, 1970 e 1980, no caso da Argentina, do Brasil e também do Chile.

A esquerda, quando você olha politicamente, está muito mais vinculada a uma visão perfectibilista claramente, tanto que há um medo constante de que, se você não abraça a perfectibilidade, você é mau, então deve ser de direita. Mas existe uma razão teórica. Marx era profundamente perfectibilista, como filho de Hegel, outro perfectibilista, que enxergava a perfectibilidade não tanto do ponto de vista do sujeito, como Locke, mas como fato e ato histórico. Tanto Hegel quanto Marx afirmavam que a história vai solucionando contradições e a solução dessas contradições produz avanços. Aquela tese da dialética que a gente aprendia no jardim de infância, mas acho que hoje não é mais ensinada, segundo a qual a história funciona na base de tese, antítese e síntese, e esse movimento vai produzindo uma sofisticação da solução das contradições, e essas soluções das contradições implicam o avanço histórico, no entendimento de Hegel do espírito absoluto, que avança através de nós. No entendimento de Marx, vai se produzindo uma resolução da propriedade privada sobre os meios de produção, e no momento que os meios de produção deixarem de ser propriedade privada, todos terão acesso aos meios de produção, e aí chega ao que o Marx hegeliano tinha em mente, que era o mundo ideal.

A ideia de que de manhã você pescaria um peixe, na hora do almoço você cozinharia o peixe e à noite você escreveria um livro. Absolutamente perfectível como visão de ser humano. Então é muito interessante porque, hoje, se você vê, por exemplo, o debate no Brasil, se pegar grupos liberais, defensores do mercado que tem como o IEE, do Rio Grande do Sul, que tem filiais no resto do país, e pegar a esquerda teórica ideológica, tanto os liberais defensores da teoria de mercado quanto a esquerda, ambos são perfectibilistas. Ambos partem da ideia de que a humanidade está em avanço. A discussão é: qual é o melhor método para garantir esse avanço, como garantimos essa melhora; se é através de métodos distributivos, diminuição de desigualdade, contenção da violência do capital, ou se é através de métodos que ampliam a competição, liberam a violência do capital, que vai produzindo riqueza, e que, supostamente, um dia, sabe-se lá quando, daqui a 50 milhões de anos vai chegar à população toda. Eis o otimismo liberal.

É claro que é por isso que, no âmbito da política, todo político tem que passar uma percepção perfectibilista; se não passar, dá problema. Se pensarmos, mesmo um homem como o Bolsonaro, que se aproxima de uma imagem um tanto monstruosa, ainda, nesse discurso há uma visão perfectibilista. Se você tiver arma, se você tiver Deus acima de tudo, se você for patriota, o Brasil vai para frente e vai melhorar e tem aí aqueles que devem ser tirados da frente para isso. A herança do debate da perfectibilidade é a herança de um debate que nasce bem num ambiente, digamos, da bacia oriental do Mediterrâneo; ali, depois da Itália, com o cristianismo e o debate todo que vimos aqui, envolvendo Agostinho e Pelágio. Com o avançar da história, os protestantes históricos, calvinistas, luteranos – que inclusive foram construir os Estados Unidos, que fizeram aquilo que Weber chamou de redenção intramundana, e que gerou o capitalismo –, carregaram consigo uma visão bastante distante da perfectibilidade da natureza humana, uma concepção de natureza humana muito negativa, mas, ao mesmo tempo, uma fé de que existe a Graça, e que se você trabalhar e trabalhar, com o trabalho pode ter uma chance de conter o pecado. Você contém o pecado e, fazendo isso, quem sabe você pode ter a Graça, e aí, trabalhando muito, de sol a sol, você acabou produzindo o *plus* que gera o capital, no entendimento de Weber, mas, no entendimento teológico, produziu uma salvação por dentro do mundo, daí a ideia de redenção intramundana.

Em vez de sair do mundo, conformar-se às ordens religiosas buscando Deus, se salva na "lojinha", se salva na empresa, se salva no trabalho, se salva no trabalho da agricultura, que é a revolução protestante enquanto tal que estamos assistindo acontecer agora no Brasil, ainda que com uma linguagem que não nos parece chique como uma linguagem inglesa ou alemã. Ainda que o protestantismo tenha abraçado o agostinianismo na sua origem, basta ver a polêmica entre Erasmo e Lutero: o resultado foi uma prática perfectibilista. A polêmica ao redor do livre-arbítrio, que vai defender Erasmo, e do servo-arbítrio, que vai defender Lutero, em que Lutero vai fazer uma afirmação agostiniana dura segundo a qual a natureza humana é pecadora, má e corrompida e, se não for a Graça, não salva, ainda assim, no dia a dia, qual é a prescrição? Trabalhe, contenha essa natureza humana pecadora; sabe aquela coisa que as avós falavam: "cabeça vazia, oficina do diabo"? – então não deixe sua cabeça vazia. Quando começar a esvaziar, arrume uma coisa, encha a cabeça de novo, faz uma reforma, troca, cria um espaço que não existia, se ocupe, porque, se a cabeça ficar vazia, você vai fazer bobagem. Os instintos da natureza corrompida vão tomar conta de você. Uma contenção prática através dos afazeres cotidianos da vida concreta pode fazer operar em você a famosa redenção intramundana.

Os protestantes, na prática, viram de costas para essa natureza caída e criam uma revolução liberal. No caso do Brasil, o sociólogo Jessé de Souza, historicamente vinculado ao PT, chama isso de liberalismo popular brasileiro, que é o liberalismo dos evangélicos brasileiros, pobres, vulneráveis, com má formação, na sua maioria, mas que está fazendo uma revolução tipicamente protestante capitalista, alguns séculos depois do que aconteceu nos Estados Unidos ou na Europa.

Voltando a Stewart Justman, ele vai avançar na discussão de Locke, no sentido de criticar a crença no método e, do século XVII para cá, já temos dúvidas suficientes de que esse método funcione. Entretanto, até hoje os professores estão querendo incutir ideias boas na cabeça dos alunos, seja lá que professores forem, e que ideias boas são essas, que normalmente circulam entre autoajuda motivacional e ideologia. Além disso, não funciona, porque os seres humanos não são tão previsíveis: ninguém consegue fazer uma previsão segura, a partir de uma determinada ideia que você coloca na cabeça de uma pessoa qualquer.

Os comportamentalistas, behavioristas como Skinner e Watson, avançaram nisso entendendo que, se você reforçasse certos comportamentos, as pessoas seriam previsíveis, o que também não deu certo. Então o primeiro problema seria: a teoria da sucessão de ideias e da intervenção de ideias construtivas na associação de ideias das crianças, afora a discussão sobre que ideias boas são essas e tudo mais e quem são as pessoas que colocam as ideias, não parece funcionar de forma plena. O que não significa que não funcione de jeito nenhum, e aí ele vai discutir o *marketing*, as relações públicas nos Estados Unidos de uma forma primorosa e divertidíssima; vai abordar um personagem desconhecido chamado Edward Bernays, sobrinho de Freud. Na psicanálise, parentes ou descendentes de Freud são figuras quase sacrossantas, que se tornam paradigmáticas. Esse sujeito, que vai se autointitular como psicanalista da opinião pública dos Estados Unidos, é, na realidade, o fundador do *marketing* e das relações públicas – nos Estados Unidos, os dois campos estão bem misturados – por meio da tese de que você pode manipular as pessoas colocando ideias boas na cabeça delas. E ele vai fazer eventos. Um dos mais famosos dele é a famigerada campanha do cigarro Lucky Strike, em que ele chamou mulheres famosas e bateu fotos delas fumando Lucky Strike. A campanha era financiada pelo dono da American Tobacco Company, que faz o Lucky Strike, e foi um grande sucesso. Ele se via como um iluminista, herdeiro de Locke e todos os iluministas dos séculos XVIII e XVII pré-iluministas. Ele era um sufragista, como se falava na época, que é o protofeminista, e via essa campanha como uma forma de emancipar as mulheres. E como se emancipa as mulheres então? Dando a elas o direito de fumar.

É claro que o exemplo hoje vale como caso em que muitas vezes achamos uma ideia boa num momento, e depois mudamos de opinião, mas na ocasião a ideia boa era a seguinte: se você tira fotos de mulheres bonitas e famosas fumando Lucky Strike, as mulheres vão se identificar com essas mulheres bonitas e famosas, como acontece até hoje (tanto homens e mulheres, dependendo da campanha), e vão começar a fumar Lucky Strike para mostrar que são independentes e autônomas e o Lucky Strike vai bombar, como bombou, com essa campanha. Edward Bernays, o judeu da opinião pública, como o chamavam no mundo empresarial americano de então, ganhou muito dinheiro e foi muito bem-sucedido. Ele se dizia herdeiro de Freud, mas Freud o detestava, e o deserdou: você não é meu herdeiro coisa nenhuma. Freud considerava o sobrinho um idiota, assim como considerava todos os norte-americanos. Isso era um preconceito que ele tinha com os norte-americanos, de que eram todos idiotas, e por um motivo não tão simples: são idiotas porque acham que a questão da vida é ser feliz, essa é a prova de que eles são idiotas. Bernays vai fazer carreira, vai fazer campanhas como, por exemplo, pegar financiamento de fábricas de azeite e realizar o lançamento de produtos de azeite em uma galeria de arte e, ao mesmo tempo, um vernissage de vários artistas. Quem paga é o produtor de azeite, o artista fica feliz, porque artista normalmente fica feliz sempre que alguém paga para ele se dar bem – essa é a verdade dos fatos, como normalmente é quase sempre com todo mundo.

A campanha avança, dá muito certo, a arte é divulgada ao mesmo tempo que você vende azeite – artista geralmente não tem dinheiro, mas fabricante de azeite tem –, e ele se via como alguém que colocava lado a lado forças progressistas da sociedade e o poder econômico. Uma força é a produtividade da sociedade de mercado, a outra, a capacidade criativa do ser humano. Ele colocava uma do lado da outra e isso fazia a máquina funcionar, criaria avanço e tornaria o mundo cada vez mais progressista – progresso em todos os sentidos. O que fica claro na argumentação de Stewart Justman é o seguinte: a tese de Locke colou, mas onde com certeza ela funciona é na propaganda, pois tem impacto sobre as pessoas, rapidamente elas colam em determinadas imagens, gestos ou comportamentos. Isso pode não resolver a vida delas, mas decide o que elas compram, faz com que elas tenham adesão a uma vertente ou outra.

Não é que o método de interferir na associação de ideias necessariamente não funcione; aparentemente não funciona como Locke pensou em seu projeto e como as escolas fazem, mas no campo da publicidade ele nada de braçada. Porque a intenção não é transformar todo mundo. A intenção é vender um produto, mesmo que colado, que você venda o peixe de transformar as pessoas em seres humanos melhores. Bernays foi um profeta, porque hoje o *marketing* está todo em cima da ideia de transformar pessoas e fazer o mundo melhor. O *marketing* dos bancos vende a ideia de que eles são a instituição mais preocupada com o seu futuro e com sua vida, e que estamos todos de mãos dadas em um mundo cada vez mais progressista e lindo. A posição da psicologia, acho que é uma posição ainda ambivalente em relação à perfectibilidade, mas temo, como eu disse ao Forbes, que os perfectibilistas associados à felicidade têm uma pegada hoje bastante profunda. Ele acha que não vai funcionar, porque chega uma hora em que o ser humano é atropelado pela infelicidade e pelo vazio e aí não vai ter remédio ou papo furado que dê conta. Ele vai ter que, em algum momento, se dar com o fato de que, de alguma forma, ele é habitado por um nada de significado.

Pergunta: Quando você estava falando do judaísmo, do hassidismo e da ideia de filosofia como estilo de vida, quando pensamos no judaísmo como somente uma religião, eu acho que isso fica um pouco engessado, mas é o que está no senso comum das pessoas. Você lembra da minha tese, de que falávamos do judaísmo como indefinição, mas se colarmos a ideia do judaísmo como uma filosofia, um modo de encarar a vida, já que é uma religião de ação e tudo mais, não faz muito mais sentido entendermos o judaísmo como uma filosofia do que como uma religião?

Pondé: É o que o Heschel faz, no *God in search of man: A philosophy of judaism*[83] [Deus em busca do homem: Uma filosofia

---

83. HESCHEL, A. J. *God in search of man*: A philosophy of judaism. New York: The Noonday press, 1978.

do judaísmo, em tradução livre], quando expõe a diferença entre filosofia conceitual e situacional. Ele está se referindo a isso, que enxerga a filosofia como situacional; filosofia não é um conceito abstrato, é um modo de vida. A dificuldade, que eu não acho que seja só do judaísmo, é que dizer que o judaísmo é filosofia de vida não se resolve escrevendo livros tendo essa afirmação como premissa. Hoje as religiões têm competidoras como estilos de vida, competidores seculares, tanto é que muitas religiões acabam se submetendo a certos estilos seculares para conseguir sobreviver, por exemplo, se vinculando a correntes políticas dentro do debate político. Contudo, quando você é uma pessoa que tem menos recursos, materiais, inclusive, e sociais, talvez seja mais fácil de a religião se tornar um modo e um estilo de vida de fato. Pense o seguinte: imaginem que eu sou uma pessoa que não tem muito dinheiro, não tem amigos com casas em praias legais, não sou sócio de clube algum, não tenho casa em Campos ou Gonçalves, não posso fazer planos de férias. Agora imaginem que, no momento que eu entro numa igreja, eu ganho final de semana na casa dos irmãos, vou comer pizza, meus filhos vão namorar com os filhos e filhas da outra família, vou conseguir trabalho mais fácil. Então os evangélicos estão crescendo porque entregam o que prometem, entregam uma vida melhor.

Comentário: E porque é boa a sensação de pertencimento, que é um alimento importante.
Pondé: Quem quer ser indivíduo? Como afirma Michael Oakeshott, filósofo inglês, naquela coletânea dele sobre racionalismo na política, ser indivíduo é um ônus solitário. Ele chega a dizer que ser indivíduo no mundo da massa é insuportável,

porque o tempo inteiro você é chamado a fazer parte ou tem de declarar sua posição com relação a algum grupo, tem que dizer de que lado está, sendo obrigado a ter um conjunto semântico que o defina. Então, como ele diz, um indivíduo é uma figura, uma espécie de projeto que não pegou, ficou só no universo teórico para a esmagadora maioria das pessoas. É chique ser indivíduo, mas, na prática, o pertencimento é psicologicamente necessário, então é exatamente isto: essas igrejas entregam algo que o Estado não entrega; o Estado nunca conseguiu entregar tudo que diz que entrega – só em alguns países da Europa ocidental –, o resto normalmente dá muito errado, a não ser que ele ponha você no saco, como na China, e olhe lá. E as igrejas têm capilarização, os protestantes, como eu falo aqui para os meninos do Labô, são uma peste. Quando vocês metem uma coisa na cabeça é uma desgraça. Eles vão em frente sempre.

Pergunta: Essa questão que você levantou do Forbes, quando ele fala do fracasso da psicologia positiva... você não acha que o indivíduo precisa da tragédia para poder encontrar algum tipo de sentido? E nessa ultrapositividade nunca há espaço para aceitação do desenvolvimento do entendimento das tragédias, das agonias, das angústias.

Pondé: Essa é a ideia que Stewart Justman desenvolve no livro e por esse motivo ele vai discutir Orwell e Dostoiévski; porque, quando fala de *Psychological mystique*, ele está se referindo à mística dessa psicologia *pop*. E a mística da ideia de que existe uma técnica psicológica que eu vou ensinar e vai resolver, ele está se dirigindo a essa psicologia, o que fica muito claro no livro, assim como no *Fool's paradise*. Todo mundo está buscando uma psicologia barata. A expressão "psicologia" para ele é essa que ele chama de mística; assim, a psicologia resolve a educação das crianças, a psicologia diz que agora tem que respirar junto com o bebê, deitar do lado dele na cama, respirar junto com ele; aquela psicologia de que você tem que falar com o bebê na sua barriga, que diz que o homem tem que pôr um seio artificial com uma mamadeira dentro para dar leite para o bebê, para mostrar que ele não é patriarcal e sexista. Justman está olhando para a cultura de massa e não é à toa que ele parte de Bernays para abordar esse tema. Essa é a *pop psychology* sobre a qual ele está falando.

Pergunta: Esse conceito de *pop*, o fenômeno *coach*, à medida que a velocidade da informação hoje também interfere para que isso aconteça muito rápido, para que as pessoas tenham uma aderência a esse tipo de psicologia *pop*, mas, na mesma velocidade, se desliguem dela. Como foi o *coaching* dentro de um evento como a pandemia, ele se tornou símbolo de fraude, então, dada a velocidade das informações, até mesmo de grandes nomes intelectuais, e vão a público falar: isso é uma farsa, isso é uma palhaçada, alegando que a psicologia positiva é a cloroquina das psicologias.

Pondé: Agora está em alta, e sim, *coach* levou muita porrada, foi uma tarefa ficar batendo nos *coaches* todo dia, porque *coach* é a pegada das redes sociais, mas o consumidor *coach* pode virar uma espécie, assim, de consumidor envergonhado de *coaching*. Ele pode continuar consumindo *coaching*, mas não revelar para ninguém.

Comentário: Nas eleições, o Paulo Vieira, da maior escola de *coaching* do Brasil, estava com grandes nomes famosos da igreja evangélica num evento com o presidente Bolsonaro.

Pondé: A psicologia positiva é uma releitura do *coaching* com um universo teórico de suporte. Existem cursos em universidades de psicologia positiva, e eu inclusive dei aula num curso de psicologia positiva – fiquei falando mal da felicidade o tempo inteiro e me tiraram do curso. Perdi o emprego, fui simplesmente contingenciado, mas a ideia é que eu estava ali para fazer um contraponto; você sabe que esse negócio de contraponto é papo furado. A psicologia positiva tem uma embocadura teórica maior, porque ela diz para não negar o sofrimento, mas para procurar, nas experiências positivas que se tem na vida, ideias que possam construir uma solução mais positiva em relação à vida, partindo do seguinte pressuposto: é isso ou é uma vida infeliz. Ou você procura a felicidade ou é pior, então você vê que tem algo de princípio utilitário no meio: fugir da dor, otimizar o bem-estar. Então fica uma situação que é um pouco o que autores como John Kekes tentam enfrentar: como criticar a perfectibilidade mostrando que ela é uma ilusão ou um sintoma, e ainda assim não se tornar um defensor do pecado? Veremos um pouco disso no nosso próximo e último encontro.

Conclusão

Como viver na imperfeição? Contingência e natureza humana restrita

A natureza humana é perfectível ou não? Posso entender que exista progresso moral, mas basta entendê-lo como algo descontínuo e não acumulativo. Percebem a diferença? Posso entender: "acabou a escravidão" e isto é, sem dúvida nenhuma, um progresso, mas ele pode ser descontínuo. Caso houvesse uma catástrofe econômica no mundo e uma perda radical de tecnologia, provavelmente voltaríamos à escravidão, iríamos vender gente de novo, submeter pessoas, grupos mais frágeis e vulneráveis. Isso é quase tão certo quanto o sol vai nascer amanhã, porque a escravidão era uma fonte comercial, a compra e venda de pessoas. Um modo de produção e não fruto de racismo *a priori*. Grupos atacavam, isso desde o Alto Paleolítico, Neolítico, roubavam-se muitas mulheres para "consumo interno", digamos assim, do próprio bando que roubava as mulheres do outro bando, e, ao longo de toda a Antiguidade, Idade Média, realizavam-se roubos, cidades eram invadidas, pessoas eram capturadas e vendidas no mercado. E tais pessoas trabalhavam a terra, exerciam funções manuais, e não havia técnica, não havia tecnologia, inclusive para agricultura. Veja que, nos Estados Unidos, o grande fluxo de escravidão foi para as *plantations*, grandes plantações gigantescas, como no Brasil também. Assim, posso afirmar que há progresso moral, e entendê-lo como eventos que acontecem ao longo da história. Eu olho para trás e digo: hoje não existe escravidão, isso é melhor, mas não significa, *a priori*, que estou afirmando que exista perfectibilidade da natureza humana e que nunca mais haverá escravidão.

Dadas certas condições materiais, é possível criar situações em que a vida fique menos pior, menos injusta, por exemplo, para grupos que são mais pobres e vulneráveis, mas, caso essas condições sejam alteradas, podemos andar para trás de novo. E isso é bem diferente da ideia de perfectibilidade hegeliana do avanço histórico, da dialética ou da ideia iluminista de que, uma vez liberada da superstição religiosa, da ignorância e tendo entrado no campo da ciência, do conhecimento e da filosofia, a humanidade iria avançar seguramente para um mundo melhor e, inclusive, isso tudo a partir da educação. Educação até hoje é um foco que sofre muita pressão da ideia de perfectibilidade, apesar de o tempo inteiro dar errado. Discutimos isso quando abordamos Stewart Justman e a psicologia em torno disso, o tema da perfectibilidade, e a ideia de Locke de introduzir boas ideias na cabeça das crianças, lá no século XVII, que ele enxergava como medicina. Locke era médico, e via isso como uma espécie de terapia, mas era educação. Esse conceito acabou se tornando o modelo básico da educação até hoje: a ideia de que você criará pessoas melhores ao introduzir ideias melhores na cabeça delas.

Falarei hoje de John Kekes e de Thomas Sowell, que, sem dúvida nenhuma, é um autor mais conhecido no Brasil do que Kekes e mais acessível. Não há tradução da obra de Kekes aqui. Já Sowell é economista e tem várias traduções de seus livros publicadas em nosso país. Falarei sobre o *Conflito de visões*, pois penso que seja uma boa preparação para discutir a imperfectibilidade sem necessariamente cair no pessimismo atroz, que é normalmente o que se fala. O grande trunfo da defesa da perfectibilidade é achar que só há esperança se há perfectibilidade, e aí a esperança fica hipotecada, o tempo todo, ao otimismo como estrutura do mundo – o que é, evidentemente, falso. E cada vez que você tem impressão de que não há, ou que estamos andando para trás, você põe a mão na cabeça e diz assim: ai, meu Deus, não é possível, fulano pode ganhar a eleição? E aí você entra em pânico. Então não há esperança. A perfectibilidade hipoteca muito facilmente a esperança, e a arranca de você, porque você está sempre assumindo que há um avanço, um acúmulo, um progresso. E quando se discute isso, critica ou acha que não é uma tese consistente, então você é pessimista, é contra o ser humano, é anti-humanista, é cruel, come criancinha, e todo esse papo furado marqueteiro.

Conflito de visões, traduzido para o português, e também *Os intelectuais e a sociedade*[84], de Thomas Sowell, são ambas grandes obras para refletir sobre a imperfectibilidade. O último é um livro em que o autor afirma que, se lhe pedissem para indicar alguém para ser presidente dos Estados Unidos, ele preferiria abrir a lista telefônica, fechar o olho e pousar o dedo sobre um nome aleatório do que indicar qualquer colega do seu departamento na universidade. Ele vai desenvolver a tese de que os intelectuais não deviam se meter na gestão pública, especificamente; no debate público sim, mas não na gestão pública. Com o qual eu, pessoalmente, concordo totalmente. Não deveríamos nos meter em gestão pública nem trabalhar para governo algum; você perde credibilidade porque fica preso a um certo grupo. Em *Conflito de visões*, ele

---

84. SOWELL, T. *Os intelectuais e a sociedade*. São Paulo: É Realizações, 2011.

vai desenvolver a tese pela qual é mais famoso, segundo a qual a história do pensamento, seja religioso, filosófico, político, psicológico, social etc., está dividida em duas grandes visões de ser humano, sendo conflito de visões as dissensões das perspectivas sobre o ser humano – que ganham o nome de visão irrestrita e visão restrita. Ao longo da obra, ele vincula alguns autores a essas visões, na história da filosofia. A visão irrestrita é a visão segundo a qual a natureza humana dispõe de todos os recursos suficientes e necessários para se aperfeiçoar ao longo da história.

Na prática, essa visão irrestrita vai impactar muito, por exemplo, a fé na ciência, a ideia de que a ciência é um acumulativo, que é bem típica do Iluminismo; vai impactar profundamente a política revolucionária, que é um tema que interessa Sowell no livro especificamente. Vai impactar tremendamente a política, porque a visão irrestrita é aquela em que você oferece ao ser humano uma boa visão de si mesmo. Enquanto a visão restrita é a visão de economista que ele tem, em inglês a economia tem uma espécie de apelido, *the dismal science*, a ciência triste, a economia é desanimadora, porque ela está o tempo inteiro dizendo que não há recursos suficientes – aliás, isso é uma discussão bem típica de governo: há recurso, não há recurso. Não se pode gastar mais do que se ganha. A economia é chamada de ciência triste porque seria a ciência que nos lembra o tempo inteiro de que tudo tem um custo muito alto, e que não conseguimos bancar tudo que desejamos, seja a sociedade, seja a pessoa.

Thomas Sowell vai definir a visão restrita da natureza humana da seguinte forma: trata-se de uma visão segundo a qual a natureza humana não dispõe de todos os recursos necessários e suficientes para se aperfeiçoar, é restrita em termos de recursos. Então você tem que se organizar muito para conseguir resolver os problemas. Ele vai problematizar autores como exemplos das duas visões: se, de um lado, temos Rousseau, que é claramente aderente à visão irrestrita, do outro temos Hobbes, que está mais perto da restrita. A ideia do restrito fica sempre vinculada à noção de um certo pessimismo antropológico. Esse debate é fulcral e tem um desdobramento no debate político muito importante. Porque, aparentemente, se você fala que a natureza humana teria recursos restritos, é como se estivesse dizendo, *a priori*, que a natureza humana é um empecilho ao progresso humano. E, de novo, se diz que é irrestrita, você hipoteca a esperança à falsa afirmação empírica e histórica de que a natureza humana está, de fato, avançando.

Do ponto de vista do qual vai partir o historiador Fernando Amed, de que nós não estamos no ponto da história em que possamos afirmar esse progresso, é uma visão claramente restrita: simplesmente a história não acabou, portanto não temos recursos para fazer uma afirmação forte como a do progresso acumulativo ao longo da história. Porque mal conseguimos fazer uma história que seja de fato científica, tomando a física com um modelo de ciência clássico. A história tem múltiplas narrativas – isso falando da história já feita – e tais narrativas podem estar hipotecadas a determinados pontos de vista hermenêuticos ou políticos de interpretação. Então não há um ponto de vista privilegiado, a partir do qual possamos fazer uma afirmação objetiva e dizer: a natureza humana está se aperfeiçoando – não há. A menos que você caia na armadilha, que é muito comum para algumas pessoas que pensam dentro da visão de mundo burguesa, que é a visão de mundo empresarial basicamente, de que o *marketing* está narrando a vida como de fato ela é. Você cai nessa armadilha, ou então qualquer ideologia política que faça com que você ache que o mundo só não é perfeito ainda porque a União Soviética não conseguiu fazer o que tinha que fazer. Em qualquer uma dessas ideias, você está fazendo aquilo que em epistemologia, em inglês, chamamos de *begging the question*, você está *esmolando* a questão, ou seja, está dizendo: por favor, aceita que não deu certo porque teve alguma coisa externa que complicou, como, por exemplo, Cuba não deu certo por causa do boicote, caso contrário tinha dado. O fato é que a história é a história, não tem como voltar para trás. Esse conflito de visões de que fala Thomas Sowell está embasado em um conflito mesmo, que não é resolvível, e impacta inclusive a percepção da vida das pessoas.

O tema da perfectibilidade é muito político e social quando você trabalha epistemologia, que é teoria da ciência. Não dá para trabalhar epistemologia e crer numa perfectibilidade acumulativa, porque a própria ciência tem elementos que são, como se fala, extrarracionais, que impactam o método. O método é uma ideia abstrata, outra coisa são as pessoas reais trabalhando em ciência. No mundo em que o cientista está inserido, e esse mundo é atravessado por dinheiro, política, vaidade, *lobbies*, momentos históricos específicos e tudo mais. Então eu usei as ideias de Sowell para introduzir a discussão sobre Kekes, primeiro porque é um autor mais conhecido e porque é muito didático. Se você tem uma visão de que a natureza humana é irrestrita, dificilmente conversa com quem acha que é restrita e vice-versa. Na sua própria vida, se você a percebe como um elemento restrito, a partir de variáveis das quais você não tem elementos suficientes para enfrentá-la em sua totalidade, é porque está num âmbito restri o. Agora, se você acha que nós temos o que é necessário, em nossa condição humana, para já introduzir o termo de Kekes e enfrentar qualquer contradição ao aperfeiçoamento, você está no âmbito da visão irrestrita. Na realidade, é um resumo da ópera do que estamos discutindo aqui, com outra linguagem. Ele não está falando de perfectibilidade e imperfectibilidade, mas está discutindo a mesma coisa. A inspiração de Sowell, na realidade, é sua formação de economista, de olhar para o mundo do ponto de vista dos recursos econômicos e da demanda.

Lembro que fui cobrir a Rio+20 para a *Folha*, ficava escrevendo de lá todo dia, eu e outras pessoas, em 2012. Lembro que, em uma dessas comissões, estávamos esperando para começar e houve uma discussão entre duas mulheres, não brasileiras. O tempo inteiro se falava inglês, inclusive a polícia era da ONU, eram todos norte-americanos, porque a conferência oficial era um território da ONU. E rolou uma discussão porque era proibido guardar lugar nas reuniões e uma mulher estava guardando lugar para a amiga com uma bolsa, uma sueca, outra alemã, alguma coisa assim. E aí a outra tirou a bolsa, botou em cima da mesa e sentou, e aí a mulher argumentou que o lugar era da amiga, que ela tinha ido ao toalete, e a outra falou: aqui não se pode guardar lugar (de fato havia essa regra), você não podia reservar lugar para ninguém. Como foi resolvido o barraco entre as duas? Um dos policiais da ONU, seguranças, trouxe outra cadeira. Isso é paradigmático do debate econômico. Como se resolve a falta de recursos? Aumentando a produção. Senão elas iam ficar lá engalfinhadas; quando viesse a amiga do banheiro ia ser pior ainda, ao redor do tema da cadeira. Isso é paradigmático, inclusive do papel do desejo nisso – o desejo pode ser infinito, no sentido de que está sempre insatisfeito, aliás, como a psicanálise pensa, mas os recursos para realizá-los são finitos. Podemos ter desejos infinitos e recursos finitos.

Uma aluna me perguntou se eu não achava que uma educação racional no Brasil, e em outros lugares, resolveria problemas políticos. Essa pergunta estava pautada por um pressuposto de irrestrição: se for oferecida uma educação racional, como Helvétius ressaltava no século XVIII, iluminista, uma educação científica, lógica, você vai iluminar as crianças e elas nunca mais vão entrar no engalfinhamento político, como o mundo está entrando. Retruquei que achava pouco provável, que não há nenhum elemento empírico que prove isso, inclusive porque a ideia de uma educação racional pode ser passível de questionamento cético. O que você está chamando de educação racional? Isso para não colocar no centro o problema da razão – que não é o nosso foco aqui. Por acaso sabemos com certeza o que vem a ser "a razão"? Não é à toa que os franceses vestiram uma mulher de deusa grega e a chamaram de razão, porque eles estavam tentando materializar o que é a ideia da razão, estavam chamando a deusa razão, a deusa da Revolução Francesa, a tentativa de materializar uma imagem do que seria a razão, a figura de uma divindade feminina, já que é *madame la raison*, então tinha que ser do gênero feminino.

Essa questão da natureza irrestrita se reflete muito nas expectativas políticas, ou seja, se arrumarmos a política, a natureza humana começa a funcionar, e isto está presente no nosso dia a dia. Está presente nos debates políticos, nas expectativas alocadas na educação – se acertarmos a educação, a natureza humana começa a funcionar. A educação da Waldorf é racional? O Bandeirantes dá uma educação racional? Deveras competitiva. O Equipe dá uma educação racional? Muitíssimo de esquerda. Quem fiscaliza se as escolas são racionais? Você começa a questionar: quem é legítimo o suficiente para estabelecer a noção de credibilidade? O exemplo aqui no Brasil é justamente a tentativa de bolsonaristas colocarem em dúvida a credibilidade do processo eleitoral; quando se põe isso em dúvida, destrói-se o procedimento de atribuição de poder na democracia que é via quem ganha a competição por votos. Você destrói essa legitimidade, destrói a democracia e só gente tonta não entende isso. Você abre a porta para o caos político. A democracia é um regime institucional, não é um regime meu e seu; nós votamos, mas ela é institucional, está fincada num arranjo institucional; a eleição é um dos elementos institucionais da democracia, associado a outros, como a autonomia do poder judiciário.

A política e a educação são os dois territórios nos quais se dá essa discussão. O resultado é que aqueles que têm visão restrita serão sempre mais vistos como céticos porque perguntam coisas assim: quem fiscaliza quem fiscaliza? Quem determina qual é a razão? Aqueles que têm uma visão restrita tendem a ver como um esforço muito grande a construção de qualquer convívio razoável – não é nem racional, é razoável – entre pessoas. A tendência da visão restrita é ser antiutópica, parece que ela está sempre lidando com uma concepção de mundo que está sempre aquém daquilo que esperamos como sendo um mundo possível. Não há idealização na visão restrita, no sentido de imaginar outro ser humano, outro tipo de sociedade, a tendência da visão restrita é imaginar processos de negociação, o tempo inteiro, a própria noção de que a democracia é um regime institucional é restrita. Porque ninguém está dizendo que as instituições são maravilhosas e que as pessoas que as ocupam também sejam, você está dizendo que sem a instituição é pior.

Apesar de que qualquer pessoa normal olha para juiz de lado, porque juiz normalmente é meio metido, meio arrogante, algo que se percebe no dia a dia, mas ruim com ele, pior sem ele. E a visão restrita pode ser traduzida numa frase tipicamente brasileira ou paulista, agora estou em dúvida, que é: é o que tem para hoje. Isso pode gerar inércia? Pode. Michael Oakeshott tem um livro chamado *A política da fé e a política do ceticismo*[85], que dialoga muito bem com esse problema. Na linguagem de Oakeshott, a política do ceticismo é a restrita na linguagem de Thomas Sowell, que está sempre com o pé atrás com todo tipo de política de arranjo social. Cuidado: isso aqui pode degenerar em tal coisa. Melhor não! A visão cética ou restrita não gosta de ruptura, não gosta de violência. E é a partir dessa visão que dá para se dizer, no caso do Brasil, que o Lula é mais conservador do que o Bolsonaro, o que normalmente confunde muita gente. Porque ele é mais negociador, menos disruptivo, possui linguagem menos violenta. A partir dessa visão de Oakeshott, quais são as políticas de fé? São aquelas políticas associadas ao universo utópico irrestrito, na linguagem de Sowell.

Uma questão importante que Oakeshott apresenta nessa obra é que ambas as visões têm o ponto de nêmesis, em que a visão se volta contra ela. Ele usa a figura da deusa da justiça e do destino da Grécia, aquela figura que é normalmente interpretada como cega, segurando os pesos, que é, na realidade, ao mesmo tempo, a deusa da justiça e a deusa da vingança. Está ali junto, justiça e vingança no mundo grego estão muito coladas: dê a cada um aquilo que merece; se não merecer nada, que não receba nada de bom. É uma concepção de justiça bem violenta nesse sentido. Oakeshott vai dizer que o ponto de nêmesis da política cética, que na linguagem de Sowell é a visão restrita, é uma vocação perigosa à inércia: não acredito, não vai dar certo, não pode. Tende à inércia porque diz: o ser humano não é capaz disso, vai dar errado, é melhor deixar do jeito que está, porque o cético, a

---

85. OAKESHOTT, M. *A Política da fé e a política do ceticismo*. São Paulo: É Realizações Editora, 2018.

rigor, é aquele que confia no hábito e não na razão; o ceticismo dá nisto: confia no hábito, não na razão. Porque o hábito já está aí há muito tempo funcionando, quem disse que sua ideia vai funcionar? Por isso que o ceticismo deságua em políticas conservadoras, no sentido do pensamento conservador inglês original, de Oakeshott, por exemplo.

E qual é o nêmesis das políticas de fé? Na linguagem de Sowell, irrestrita, segundo Oakeshott, a vaidade. A das políticas da fé é a vaidade, vaidade daquele homem que está dizendo como o mundo deve ser, ou aquele grupo que começa a defender sua própria visão, alheio a qualquer realidade de fato empírica, observável, mas na qual ele acredita, inclusive porque vaidosamente acha que está representando o bem. E, de novo, segundo Oakeshott, não tem como resolver esse problema, se você só tem políticas da fé, como ele afirma, ou só gente que tem políticas da fé, ela tende a ser vaidosa e achar que está resolvendo um problema dos seres humanos ou da sociedade. Se só tem céticos, a tendência é pisar no freio o tempo inteiro. Céticos, segundo Oakeshott, tendem a ser conservadores em política. A rainha negou a ele o título de *Sir* – ele foi indicado para recebê-lo porque era um grandessíssimo filósofo, famoso no circuito Oxford/Cambridge, e ela lhe negou o título porque ele não tinha um comportamento moral à altura, que era um devasso, um mulherengo. Oakeshott ficava falando que um conservador saía para pescar... coisa nenhuma. Ele nunca pescou na vida, era mulherengo, tinha milhares de amantes, nunca casou porque, por definição, era contra o casamento. Como um conservador pode ser contra o casamento? Ambivalências eternas.

Então, você diz: como assim? E a resposta de Michael Oakeshott conhecida era: ser conservador em política para ser radical no resto.

Quer dizer, manter a ordem política, para você não precisar ficar inventando ordens de outras formas: manter o Estado estável, funcionando. Oakeshott, que era conhecido por dizer que o bom líder é aquele que não tem nenhuma grande ideia, é aquele que só quer tocar o Estado e fazê-lo funcionar, uma figura que carrega peso, carrega pedra. O argumento dele é muito forte, só que normalmente não é bem compreendido: se você mantém a política estável, as instituições estáveis, no sentido de que – não que elas não se mexam – elas se movem de forma organizada, não a partir de um ideal de sociedade, mas de solução de problemas, você pode "inovar" em outras áreas da vida.

E Kekes? John Kekes, húngaro, radicado nos Estados Unidos há muitos anos, judeu fugido do nazismo da Hungria, em 2010 escreve o livro *The human condition*[86] [A condição humana, em tradução livre]. Eu vou começar por este, dépois vou falar do *Human predicaments* ("predicamentos humanos" ou, numa tradução mais leve, "dilemas humanos"). No primeiro, Kekes se propõe a descrever qual é a condição humana. Ele claramente se encontra na tradição da visão restrita ou da imperfectibilidade; critica a visão de perfectibilidade do Iluminismo em várias obras, e inicia a obra comentando um trecho da tragédia de Hécuba, de Eurípides; Hécuba é esposa de Príamo, rei de Troia, e essa citação, que abre a reflexão dele no livro, serve para dizer o que é a condição humana no seu entendimento. A "desgraçada" da contingência, o que acontece quando você parte do pressuposto que a condição humana é contingente, onde fica essa irrestrição ou essa perfectibilidade? E, como vai afirmar Kekes, a condição humana é assolada pela contingência inclusive internamente, não só externamente. Kekes tem uma característica nos seus livros: ele parte de questões muitíssimo

---

86. KEKES, J. *The human condition*. Oxford: OUP Oxford, 2010.

filosóficas e teológicas e dá respostas que parecem que está debatendo com alguém que está andando de metrô, extremamente concretas. Esse é um método dele nas obras. Ele cita Hécuba em meio à Guerra de Troia, toda aquela catástrofe, se perguntando: por acaso existiriam os deuses para os quais oramos ou seriam eles seres imaginários e o que reina entre as coisas é a mais cega contingência?

Por isso, inclusive, é um problema afirmar que, no mundo grego, religioso da cultura grega, com exceção de alguns pontos da filosofia, se possa falar que há noção de perfectibilidade. Porque o grego era atormentado pela contingência, pelo condicionamento da vida através da contingência, porque esta é cega, as Moiras são cegas; elas tecem nosso destino e não sabem qual o sentido para o qual tecem tal destino, já que são cegas. Este era um tormento grego, da cultura grega. Normalmente quem se aprofunda na cultura grega encontra a contingência o tempo todo, inclusive no fato de que os deuses gregos não têm moral como Jesus tem, e o Deus de Israel também tem, ainda que às vezes seja um pouco mais difícil de entender. Esse encontro com a contingência está associado ao fato de os deuses gregos não terem uma agenda moral como Jesus Cristo. Oramos para eles para cair nas graças deles e eles pegarem leve conosco. É uma característica bem antiga, provavelmente pré-histórica, inclusive, de que os deuses são tão poderosos e possivelmente maus.

O que o filósofo Epicuro vai fazer na tentativa de aliviar o terror e o medo dos seres humanos é dizer que talvez os deuses não existam, e por isso não precisamos ter medo, e tem mais uma boa notícia: a alma é mortal. A alma é mortal, morreu, acabou, relaxe. Normalmente a gente não vê dessa forma – isto é, a mortalidade da alma como um bem –, mas o que ele está dizendo é:

a alma ser mortal é uma libertação, morreu, acabou, não tem castigo, você não vai para lugar nenhum, os deuses não vão te atormentar, você não tem que escolher uma encarnação porque estragou a anterior, nada, acabou, fim da história. Epicuro é o primeiro filósofo que tenta atacar frontalmente a ideia de religião. Sócrates não atacou a ideia de religião, apesar de o terem acusado disso.

Na pergunta que Kekes faz, ele usa essa citação de Hécuba para dizer o seguinte: a condição humana é que nós somos seres condicionados – e isso é o que significa a condição humana em filosofia – previamente por certos marcadores ontológicos – esses marcadores são ontológicos, prévios a nós, anteriores a nós, determinam tudo o que existe. Para começar a pensar, você tem que analisar a radicalidade do ser, para daí começar a pensar no resto. Mas, tirando um pouco esses aspectos ontológicos, o que Kekes quer dizer? Que nós somos condicionados pela contingência; alegar que existe uma condição humana é se perguntar acerca do que condiciona o ser humano. É uma expressão típica da filosofia existencial por exemplo, Sartre e companhia usavam muito "a condição humana". Você pode dizer que nós somos condicionados pela política, a política nos condiciona, você quer pegar o avião e perde porque alguém fecha a Rodovia Hélio Schmidt e você não chega ao aeroporto a tempo. Se a tripulação estiver também presa, sorte sua porque o avião não decolou, foi tudo cancelado. Você é condicionado por limites econômicos, por certas estruturas sociais, pela história psicológica primeva, como dizia Freud. Quem mandou você nascer nessa família? A resposta é ninguém, foi a contingência que mandou, a contingência não manda em nada. Ela manda, mas não manda, porque ela não é um ser que está pensando em coisa nenhuma. Não há intencionalidade na contingência, por isso ela é cega, nada nela é proposital. É esta a questão: a contingência cega reina entre as coisas. O encontro com a contingência, digamos assim, nos deparamos com ela todo dia, na pandemia de Covid-19 encontramos com ela, alguém que lhe assalta, uma pessoa por quem você se apaixona, e você fica se perguntando: por que justamente ela? Por quê? Por quê? Não entendo o porquê, não entendo por quê.

A contingência nos atravessa o tempo inteiro, e normalmente só nos incomodamos quando a contingência não é legal; quando ela sorri para você, é como se os deuses estivessem sorrindo para você. Mas quando a contingência está contra nós, o que ela vai fazer em algum momento, e aqui tem um *twist* importante: a contingência pode ser fruto inclusive de regras naturais estritas, por exemplo, o universo, até onde a gente sabe, é regido por regras, mas em relação a nós essas regras são cegas, então nós as vivemos como sendo contingentes em relação a nós. Um cometa que bate na Terra pode estar seguindo uma questão gravitacional qualquer, mas, em relação a nós, ele acaba com os nossos projetos, nossa vida, tudo, e o fato de ele ser cego em relação a nós faz com que a organização e a racionalidade no cosmos, para nós, funcione como contingente, porque no fundo o que queremos oferecer contra a contingência não é só um conjunto de regras, queremos oferecer contra a contingência a ideia de que esse conjunto de regras leva em conta o que queremos, o que esperamos. E justamente Deus entra nesse lugar, a ideia de Deus, a negação da contingência.

Quando, por exemplo, você tem um filho e ele adoece, você pergunta para o médico o porquê, o médico vai te dar uma explicação mecânica. Você não está perguntando apenas isso. Você quer entender por qual motivo – ele só tem cinco anos, não tem por quê. É o material genético, duas pessoas de forma contingente se encontraram, transaram, geraram uma terceira, olha aí a contingência. Por sua vez, essas duas pessoas que se encontraram têm mais quatro pessoas atrás que transaram, geraram o material genético também contingente. Então a contingência é, em si, multiplicável ao infinito. Não é simplesmente, como muita gente acha: se tem regra no universo não estamos condicionados pela contingência. Não, não resolve, por isso o texto diz que é a contingência cega, é a cegueira da contingência que é o aspecto insuportável. Se a contingência fosse alguém que inclusive se explicasse para você: veja bem, isso acontece aqui para que aconteça lá. Não. E a contingência pode ser o resultado de ações racionais, você toma uma decisão na sua vida racional e isso gera um impacto daqui a trinta anos que você não tinha como calcular. Então a contingência é algo insuportável para nós. No mínimo, ela é ansiogênica e psicopatogênica. Ela gera processos de dissociação, pode levar ao enlouquecimento. Inclusive a possibilidade de você ser normal é que seu mundo psíquico não vire território da cegueira da contingência, que você sobreviva a essa cegueira ontológica da realidade. Que alguém que cuide de você, quando você nasce, para não ficar está jogado no mundo. Se não tiver alguém que cuide de você, ou seja, que proteja você, você perece pelo desamparo. Por essa razão, Freud afirma, em *O futuro de uma ilusão*, quando está analisando a religião, que a religião é fruto do desamparo humano, que na criança é resolvido com uma construção imaginária de que os pais, ou a mãe ou pai, ou seja, quem for, a protege do desamparo ao qual ela "percebe" que está inserida. E o adulto, não conseguindo lidar com o desamparo, segundo Freud, faz um movimento regressivo em direção aos seres imaginários de Eurípides, ou deuses.

Por isso que se fala: depois de Freud, se você é religioso, você é uma espécie de retardado psíquico. Você faz um movimento regressivo. É claro que a psicanálise como um todo não entende dessa forma, as religiões podem ser inclusive construtivas de uma saúde mental, o problema é que somos desgraçados e algo "deve" ser feito para aliviar essa condição. Esse é o final da história, somos desgraçados. Olha, aqui a expressão é desgraça não por acaso: quando Freud fala do desamparo, ele põe o dedo na ferida. Que desamparo é esse? É o fato de sermos filhos da contingência, experimentarmos essa contingência de todas as formas, e, como diz Kekes, ela está do lado de fora e do lado de dentro, não está só dada como elemento exterior, você mesmo opera submetido a um enorme grau de contingência, seu material genético, sua história familiar, a época em que nasceu, o grupo social no qual nasceu, o sexo que possui – estou falando do sexo como questão biológica; o sexo que você tem também é contingente e determina, por exemplo, uma espécie de fisiologia característica do sexo biológico.

A contingência está em toda parte; não tem, desse ponto de vista, como se livrar dela, a não ser pressupor a existência de um Deus, não tem outro jeito. Você pressupõe a existência de um Deus ou de alguns deuses, normalmente o politeísmo é legal do ponto de vista político, porque o politeísta tende a ser tolerante; quanto mais deuses, melhor, e o monoteísmo tende a ser intolerante, só tem um: escuta, Israel, o senhor teu Deus é um. Só tem um, mas o politeísmo não costuma ter uma agenda moral sustentável e o monoteísmo abraâmico tem, ainda que você possa discordar dele.

O modo como as pessoas interpretam os conteúdos também é atravessado por contingência, a língua que você fala ou que não fala, por exemplo, se você não fala uma língua na qual existe um conjunto de conhecimentos específicos sendo produzido, você não tem acesso a tal conjunto de conhecimentos. Portanto, o seu modo de pensar pode ficar restrito, nesse sentido, a isso, a só aquele conjunto de textos que são daquela língua, porque você não estudou outra, pois na época não era comum se estudar outra língua, ou porque você vem de uma classe social que não tinha dinheiro para pagar ou simplesmente não dava valor. É contingência para todo lado. A resposta de Kekes é a seguinte: qual é a condição humana? A condição humana é que estamos completamente assolados pela contingência, e daí ao longo da história e da pré-história estamos tentando lidar com essa contingência. Ele se pergunta: se nós somos condicionados pela contingência, então perdemos o chão, não há nenhum nível transcendente de fundamentação de coisa nenhuma. Essa é a questão que está em Dostoiévski, por isso ele é tão filosoficamente relevante – se Deus não existe, tudo é permitido; se a alma é mortal, tudo é permitido, isto é, se você não tem uma fundamentação transcendente, a rigor, tudo é questionável. Kekes vai dizer: sim, mas com calma. Você não precisa se desesperar porque estamos dominados pela contingência. Ele vai produzir o que vai aparecer nos livros *Human predicaments: and what to do about them* e *wisdom: A humanistic conception*[87] [Sabedoria: uma concepção humanística; em tradução livre].

Kekes vai argumentar que não está tudo perdido uma vez que estejamos dominados pela contingência, apesar de estar tudo perdido ontologicamente, não está tudo perdido moral nem politicamente.

Está tudo perdido se você estiver procurando uma fundamentação objetiva, transcendental, absoluta; mas se entender que é

---

87. Kekes, J. *Human predicaments: and what to do about them* e *wisdom: A humanistic conception*. Oxford University Press, 2020.

isso que a gente tem para hoje, de novo, você vai perceber que nem tudo está fechado à nossa ação racional. Por exemplo, uma rota muito ruim para você conseguir resolver dilemas na vida é estabelecer compromissos incondicionais; textualmente ele alega isso, em *Human Predicaments*.

Ter compromissos incondicionais... e o que significa um compromisso incondicional? Você ter um compromisso de forma absoluta com alguma visão de mundo, alguma teoria de mundo, seja lá o que for, um compromisso incondicional. Compromissos incondicionais implicam muito estresse psicológico: então vamos negociar tudo? Também não é bem assim. Se você trair todos o tempo inteiro, você sinaliza para as outras pessoas que você é alguém que não tem compromisso nenhum. Estabelecer compromisso é uma forma de conseguir sobreviver e conviver com as pessoas, a ideia dele é que: somos seres condicionados pela contingência, quem somos nós para termos compromissos incondicionais? Não conseguimos tê-los. Quando você tem um, você vai gerando dilemas o tempo inteiro na sua vida, principalmente se tiver dois compromissos incondicionais; tipo, minha carreira e minha família são prioridades incondicionais o tempo todo. É bem típico de hoje, os jovens pensam muito em termos de carreira o tempo inteiro: vou fazer minha carreira, o que é mais importante para a minha profissão? Venhamos e convenhamos, você não tem muito o que fazer em relação a isso; tem que pensar na sua carreira porque senão você não paga as contas, aquela velha história dos boletos, mais contingentes do que eles, impossível. Inclusive o modo como você os gera, às vezes, sem pensar. Também na vida afetiva se sonha com compromissos incondicionais, como se nós estivéssemos à altura do idealismo kantiano.

Kekes tem um exemplo aqui: imagine um casal que decide que quer ter um filho (mais dor de cabeça hoje em dia do que isso, impossível), um casal de jovens que está perto dos 30 anos de idade começa a conversar, levantar hipóteses a favor, hipóteses contra. Uma das hipóteses famosas é: temos que ter uma segurança financeira para ter esse filho – como se alguém no passado pensasse nisso para ter filho. É que você fazia filho porque transava toda hora, ia-se fazendo filho meio assim, que é o segredo para gerar filho: transar toda hora. A gente esqueceu, mas este é o segredo: você transa o tempo todo, uma hora pega. Pensar em condições financeiras, o que implica pensar na carreira dos dois, implica pensar num acordo entre os dois, do ponto de vista da fisiologia sexual não tem o que pensar, quem engravida é ela, por enquanto... Isso é uma questão contingente: ela nasceu mulher, você nasceu homem, não tem o que fazer. Então os dois tem que fazer acordos, aí pensam: ela vai ficar grávida, então em algum momento ela não vai conseguir trabalhar; nessa hora eu vou ter que trabalhar mais; pode-se discutir que, depois que a criança crescer, o pai vai cuidar e ela vai trabalhar, que normalmente não dá muito certo na prática, mas alguém pode inventar uma história como essa, achando que vai dar seguramente certo. Inclusive um dos problemas que pode gerar ao tentar lidar com um dilema concreto é se um dos dois ou os dois tiverem compromissos incondicionados com que "ter uma nova cabeça".

Um compromisso incondicional é: só a mulher cuida da criança. Outro é: o homem tem que saber cuidar da criança tanto quanto a mulher e ela não tem que se sentir culpada se não tiver tempo com a criança. Esse universo de discussão vai avançar em Kekes: se você tem casa, se não tem, fazer um exame para ver os riscos genéticos do casal etc. Alguns casais que decidiram não ter filhos o fizeram por causa do risco genético – é que eles não necessariamente falam, mas é por causa disso –, ou decidem adotar um filho também por causa do risco genético, porque um dos dois tem uma linhagem genética que tem problemas na família, e os dois decidem que não vão gerar filhos porque a chance de nascer com esse problema é muito grande, então decidem que não vão ter filhos ou não vão ter um segundo. Herança genética é contingência concreta no corpo.

Esse é um tipo de dilema que Kekes trabalha no livro sobre dilemas humanos, porque o problema é o seguinte: como nós vivemos contra a contingência ("contra" no sentido de que é a contingência que reina, então não temos ninguém com quem contar); você não pode contar com ninguém, só com pessoas que estão na mesma condição que você, não tem como contar com outro nível de parceria, não tem nenhum processo cósmico em que você estará incluído que pode lhe ajudar a decidir se deveria ter um filho ou não ter. Não existe nenhuma garantia de que você vai ter o filho e vai ser ruim, a criança vai crescer e virar uma drogada, vai odiar você ou adoecer, não tem nenhuma garantia – ou que tudo será o contrário disso, ou mais ou menos no meio das duas opções. O que você deve entender é o que Kekes está dizendo, que, em um universo de contingências, os nossos recursos são restritos, porque os recursos humanos são sempre restritos para lidar com a contingência. Se há um Deus, Ele pode tomar consciência da nossa angústia e nos ajudar na decisão e nas consequências. Mas Ele pode ter nos criado e ser um psicopata, como os gnósticos achavam que era. No entanto, isso é pouco provável. Devemos sempre levar em conta que os nossos recursos são limitados (de pensamento, de conhecimento, de saúde, de ação, de relacionamento), quer dizer, de tudo quanto é lado, limitados, restritos. Logo, não somos perfectíveis e irrestritos num cosmos em que reina a contingência cega.

A contingência não leva em conta seus planos, projetos, anseios, porque ela não enxerga você, ela *não é*, a rigor, ela é um não ser, é a ausência de ordem que inclusive pode ser fruto da própria ordem indiferente a nós. Há dois níveis de contingência: uma, como alguns filósofos afirmam, que não existe nenhuma ordem em lugar nenhum, inclusive a ordem do universo é uma ilusão, e os que afirmam que há ordem no universo, mas que, para nós, é contingente porque o universo *não é* – essa é a palavra em filosofia –, o universo não tem intencionalidade. Ele não visa coisa alguma. Esse povo que tenta dizer que existe uma consciência cósmica, que nós somos parentes de poeira estelar, o que significa isso? Buscar amparo na poeira estelar. Poeira das estrelas é a mesma coisa que você catar areia na praia e soltar de volta, não significa nada. Mas tem um ordenamento lá e esse é o nível de contingência que Albert Camus aborda em sua obra *O mito de Sísifo;* nós somos o personagem em busca de sentido e o mundo é cego em relação a nós. É isso que ele chama de absurdo na obra, essa contradição entre o que a gente espera e o lugar onde a gente está, que não resulta no que se espera. O que Kekes está dizendo é: a imperfectibilidade aqui aparece como consequência do fato de que é a contingência que reina o tempo inteiro, então você não tem referência de análise acumulativa dos elementos no mundo – inclusive nossa história. Daí soar um pouco como o argumento de Fernando Amed em relação a não haver progresso moral, porque a história não acabou.

Por exemplo, há progresso técnico? Sim, mas pode acabar numa guerra devastadora. Por que se consideravam advogados pessoas que sabem que a natureza humana não presta? Porque existem advogados para administrar a natureza humana. Daí vem todas as piadas em relação à função do advogado. O que funciona é a lei e a penhora *on-line*, seu dinheiro sai da conta na velocidade da luz, você nem enxergou e ele já saiu, e o cara deu um clique, e ele pode ser um louco — pura contingência. Você não sabe, você espera que ele esteja ajuizando a partir de um certo conjunto de regras. A imperfectibilidade na filosofia do Kekes brota do condicionamento pela contingência — nossa condição humana —, em todos os níveis. E a solução? Não há solução, mas o que ele propõe é que, primeiro de tudo, abandonemos qualquer esperança que não seja a contingência que reina. Entretanto, as pessoas estão dentro do que ele chama de *contextual framework*, uma armadura contextual que é, em muito, contingente. Essa armadura pode ser religiosa e a religião pode funcionar para você no enfrentamento *of the odds*, como se diz em inglês, no enfrentamento da sorte ou do azar. Você acredita em Deus, está funcionando? Você não está se deixando roubar demais por acreditar em Deus? Esse acreditar em Deus significa que você está desistindo da capacidade de olhar a realidade à sua volta? Não está? Então é isso que ele chama de sabedoria humanística, o que está afirmando é uma espécie de pragmatismo humanista, que leva em conta o fato possível de a gente ser um ser que sabe que o outro sofre — é por isso que ele chama de humanista —, e alguns de nós somos capazes de sofrer com isso, levar em conta o modo que a gente pensa. Mas voltando ao dilema do casal.

O casal pode, naquele momento, escolher não ter filhos. Fizeram as contas, a contabilidade, chega-se à conclusão de que nos próximos cinco anos não está bom, e aí ao longo desses cinco anos o casal se separa — você comenta: ainda bem, porque se tivessem feito um filho agora estariam unidos para sempre, e de uma forma ruim, na grande maioria dos casos; ou o casal pode decidir que vai ter um filho daqui a cinco anos, e, quando chegar esse momento, estarem tão bem na profissão, principalmente ela, que dirão: filho nem pensar. Eu quero ter a minha vida profissional, não preciso disso, passei da fase, estou com 36 anos. No caso da mulher, ainda tem o problema da janela orbital, mais estreita do que o homem, para gerar o filho; o homem, nesse sentido, tem menos impacto da janela orbital – ele pode engravidar mulheres por anos a fio –, enquanto ela não, e isso tem a ver com o fato contingente de ela ter nascido mulher. E isso impacta a decisão que ela toma. Existem várias possibilidades que se desenvolvem a partir de um dilema como esse e você não tem como controlá-las. Na verdade, o que Kekes está dizendo é o seguinte: o caráter ansiogênico da contingência gera em nós uma sensação de que temos que controlá-la, e conseguimos controlá-la em algum grau durante algum tempo, mas chega um momento que não conseguimos controlá-la mais. Então, se você tomar uma decisão, o homem e a mulher tomarem a decisão que não vão querer ter filho hoje, saibam que vocês estão tomando uma decisão em cima de variáveis que não se sabem quais são. Você conhece algumas, as contas como estão hoje, a posição na carreira que ocupam hoje, isso dá para dizer com alguma segurança, porque você pode estar sendo demitido amanhã e nem sonhava com isso. Mas existem muitas variáveis que serão apresentadas ao longo desses cinco anos que, se você decide ter filho, elas podem se voltar contra você e a criança, ou ao contrário. E aí de repente o casal separa e nunca mais nenhum dos dois consegue encontrar alguém que queira ter filho, passa da idade, a mulher não quer mais ter filho porque está com 42 anos ou tem medo, ou pensa como é que vai fazer com uma criança de dez anos quando tiver 52 no seu pé, se tiver dinheiro, terceiriza, se não...

Então o que ele vai dizer é o seguinte: essa tal sabedoria da qual ele fala é uma sabedoria que se move entre os espaços da contingência; estamos decidindo o tempo inteiro num universo sobre cujas variáveis nós não temos controle, o universo é cego, inclusive o universo social, não só as pedras. E a filosofia de Kekes é uma tentativa de propor um olhar não pessimista, a partir de um princípio de imperfectibilidade. E que, diante dessa imperfectibilidade gerada pelo condicionamento da contingência, você consegue, com algum alcance, tomar algumas decisões racionais sobre a sua vida, mas saiba que elas são tomadas num universo cego. Você não tem controle de tudo. Quanto mais se quiser controle de tudo, mais ansioso você será, então no fundo tem algo de estoico no que ele está apresentando, mas, no lugar do *logos*, é a contingência cega que reina.

Assim sendo, o contrário da perfectibilidade não é a total desgraça anti-humanista, mas sim uma espécie rara de humanismo: um humanismo que bebe na humildade. Aliás, como dizia Albert Camus, "só a esperança atravessada pela humildade". O pecado da perfectibilidade é a vaidade que ela engendra, como dizia Oakeshott. A beleza da consciência da imperfectibilidade é o reconhecimento cotidiano da fragilidade de tudo que respira.

Referências bibliográficas

AGOSTINHO, A. (SANTO AGOSTINHO). *Patrística - A Graça (I) - Vol. 12:* O espírito e a letra | A natureza e a graça | A graça de Cristo e o pecado original. São Paulo: Paulus, 2014.

_____. *Confissões.* São Paulo: Principis, 2019.

_____. *Patrística - A Graça (II) - Vol. 13: A graça e a liberdade | A correção fraterna | A predestinação dos santos | O dom da esperança.* São Paulo: Paulus, 2014.

_____. *O Livre-Arbítrio.* São Paulo: Paulus, 1997.

ANTISERI, D., REALE, G. *História da filosofia:* filosofia pagã antiga. São Paulo: Paulus, 2003. Vol. 1.

_____. *História da filosofia:* Patrística e Escolástica. São Paulo: Paulus, 2003. Vol. 2.

_____. *História da filosofia:* Do Humanismo a Descartes. São Paulo: Paulus, 2004. Vol. 3.

_____. *História da filosofia:* De Spinoza a Kant. São Paulo: Paulus, 2004. Vol. 4.

_____. *História da filosofia:* Romantismo ao Empiriocriticismo. São Paulo: Paulus, 2005. Vol. 5.

_____. *História da filosofia grega e romana:* De Nietzsche à Escola de Frankfurt. São Paulo: Paulus, 2006. Vol.6.

_____. *História da filosofia grega e romana:* De Freud à atualidade. São Paulo: Paulus, 2004. Vol.7.

ARANTES, P. E. *Um departamento francês de ultramar.* São Paulo: Paz e Terra, 1994.

ARISTÓTELES. *Ética a Nicômaco.* São Paulo: Edipro, 2020.

AUERBACH, E. *Mimesis:* A representação da realidade na literatura ocidental. São Paulo: Editora Perspectiva, 2021.

BALTHASAR, H. U. *Two sisters in the spirit:* Therese of lisieux and Elizabeth of the Trinity. São Francisco: Ignatius Pres, 1992.

BAUMAN, Z. *Vigilância líquida.* Rio de Janeiro: Zahar, 2014.

BECKER, E. *A negação da morte.* Rio de Janeiro: Record, 1991.

_____. *The birth and death of meaning:* An interdisciplinary perspective on the problem of man. New York: Free Press, 1971.

CAMUS, A. *O estrangeiro.* Rio de Janeiro: Record, 1979.

_____. *O mito de Sísifo.* Rio de Janeiro: Record - Best Seller, 2018.

_____. *A Esperança do mundo.* São Paulo: Editora Hedra, 2014.

CARUS, P. *The History of the Devil and the Idea of Evil.* Los Angeles: Peaks Pine Publishing, 2016.

COULANGES, F. *A cidade antiga:* Um estudo da religião, do direito e das instituições na Grécia e Roma. São Paulo: Martin Claret, 2021.

DARWIN, C. *A origem das espécies:* A origem das espécies por meio da seleção natural ou a preservação das raças favorecidas na luta pela vida. São Paulo: Martin Claret, 2014.

DODDS, E. R. *Pagan and Christian in an age of anxiety:* Some aspects of religious experience from Marcus Aurelius to constantine. Reino Unido: Cambridge University Press, 1991.

DOSTOIÉVSKI, F. *Crime e castigo.* São Paulo: Editora 34, 2016.

_____. *Os irmãos Karamázov.* São Paulo: Editora 34, 2012.

DENNETT, D., C. *Freedom evolves.* Londres: Penguin Books, 2004.

_____. *A perigosa ideia de Darwin.* Rio de Janeiro: Rocco, 1998.

ELIADE, M. *História das crenças e das ideias religiosas:* Da Idade da Pedra aos mistérios de Elêusis. Rio de Janeiro: Zahar, 2010.

_____. *História das crenças e das ideias religiosas:* De Gautama Buda ao triunfo do cristianismo. Rio de Janeiro: Zahar, 2011.

_____. *História das crenças e das ideias religiosas:* De Maomé à idade das reformas. Rio de Janeiro: Zahar, 2011.

ÉSQUILO. *Prometeu acorrentado.* São Paulo: Martin Claret, 2019.

EURÍPIDES, SÊNECA, RACINE. *Hipólito e Fedra:* Três tragédias. São Paulo: Iluminuras, 2018.

FAYE, E. *Philosophie et perfection de l'Homme:* De la renaissance a Descartes. Paris: Librarie Philosophique J. Vrin, 1998.

FREUD, S. *Além do princípio do prazer.* São Paulo: LPM, 2020.

_____. *O esboço de psicanálise* (Edição *standard* brasileira das obras psicológicas completas de Sigmund Freud Volume XXIII; Moisés e o Monoteísmo, Esboço de Psicanálise e outros trabalhos). São Paulo: Imago, 2006.

_____. *Freud (1926 - 1929) - Obras completas volume 17:* O futuro de uma ilusão e outros textos. São Paulo: Companhia das Letras, 2014.

FUKUYAMA, F. *As origens da ordem política:* Dos tempos pré-humanos até a Revolução Francesa. Rio de Janeiro: Rocco, 2013.

GAARDER, J. *O mundo de Sofia.* São Paulo: Companhia das Letras, 2012.

GASSET, J. O. *O que é filosofia?* São Paulo: Vide, 2016.

_____. O. *A Rebelião das Massas.* São Paulo: Editora Vide Editorial, 2016.

GREENE, G. *The End of the Affair.* New York: Open Road Media, 2018.

_____. *Vita brevis.* São Paulo: Companhia das Letras, 2009.

HADOT, I. *Sénèque:* Direction spirituelle et pratique de la philosophie. Paris: Vrin, 2014.

HOMERO. *Ilíada.* São Paulo: Penguin-Companhia, 2013.

_____. *Odisseia.* São Paulo: Penguin-Companhia, 2011.

Heschel, A. J. *God in search of man:* A philosophy of judaism. New York: The Noonday Press, 1978.

_____. *The Prophets*. New York: Harper Perennial Modern Classics, 2001.

HESÍODO. *Teogonia a origem dos deuses*. São Paulo: Iluminuras, 2000.

HIMMELFARB, G. *Os caminhos para a modernidade:* Os Iluminismos britânico, francês e americano. São Paulo: É Realizações, 2011.

HOURCADE, E. *La perfectibilite de l'Homme:* Les lumieres allemandes contre Rousseau? Paris: Vrin, 2022.

HOBBES, T. *Leviatã:* Ou matéria, forma e poder de um Estado eclesiástico e civil. São Paulo: Edipro, 2015.

HUXLEY, L. A. *Admirável mundo novo*. Rio de Janeiro: Biblioteca Azul, 2014.

Kekes, J. *Human predicaments: and what to do about them* e *wisdom: A humanistic conception*. Oxford University Press, 2020.

_____. *The Human Condition*. Oxford: OUP Oxford, 2010.

_____. *Wisdom:* a humanistic conception. Reino Unido: Oxford University Press, 2020.

JUSTMAN, S. The psychological mystique. Illinois: Northwestern University Press, 1998.

_____. *Fool's paradise:* the unreal of pop psychology. Illinois: Ivan R. Dee, 2005.

LA FONTAINE, J. *Fábulas de La Fontaine*. São Paulo: Martin Claret, 2012.

LOCKE, J. *Carta sobre a tolerância*. São Paulo: Editora Autêntica, 2019.

MANN, T. *Pensadores modernos*. São Paulo: Zahar, 2015.

MIRANDOLA, G. P. *Discurso sobre a dignidade do homem*. São Paulo: Edições 70, 2006.

MURRAY, G. *Five stages of greek religion:* The history of the olympian gods of ancient greece. Kessinger Publishing: Montana, 2018.

OAKESHOTT, M. *A Política da fé e a Política do Ceticismo*. São Paulo: É Realizações Editora, 2018.

PASSMORE, J. *A perfectibilidade do homem*. São Paulo: Topbooks, 2014.

PLATÃO. *Leis;* vol.1. São Paulo: Edições 70, 2017.

_____. *Leis*; vol.2. São Paulo: Edições 70, 2019.

_____. *Leis*; vol.3. São Paulo: Edições 70, 2019.

_____. *A República*. São Paulo: Edipro, 2019.

PENTLAND, A. *Social physics*. EUA: Penguin Books, 2014.

PINKER, S. *Os bons anjos da natureza humana*. São Paulo: Companhia das Letras, 2017.

PINKER, S. *Tábula rasa*. São Paulo: Companhia das Letras, 2004

PONDÉ, L. F. *O Homem Insuficiente*. São Paulo: Edusp, 2014.

POE, E. A. *A queda da casa de Usher*. São Paulo: DCL, 2014.

ROHDE, E. *Psyche:* The cult of souls and belief in immortality among the greeks. Connecticut: Martino Fine Books, 2019.

SCHOPENHAUER, A. *O mundo como vontade e representação*. São Paulo: Contraponto, 2007.

SOWELL. T. *Conflito de visões:* Origens ideológicas das lutas políticas. São Paulo: É realizações, 2011.

_____. *Os intelectuais e a sociedade*. São Paulo: É Realizações, 2011.

TESTART, A. *L'amazone et la cuisinière:* Anthropologie de la division sexuelle du travail. Paris: Gallimard, 2014.

TOCQUEVILLE, A. *Democracia na América*. São Paulo: Edipro, 2019.
TURGUÊNIEV, I. *Pais e filhos*. São Paulo: Companhia das Letras, 2016.
WHITEHEAD, A. N. *Process and Reality*. New York: Free Press, 2010.
WILSON, E., O. *On Human Nature:* With a new preface. Massachusetts: Harvard University Press, 2014.
WILLIANS, B. *Shame and necessity*. Califórnia: University of California Press, 2023.

Referências Fílmicas

Advogado do Diabo. Direção: Taylor Hackford. Produção de Regency Enterprises, Kopelson Entertainment, Warner Brothers. EUA: Warner Brothers, 1997.

Belfast. Direção: Kenneth Branagh. Reino Unido: Focus Features, 2021.

Melancolia. Direção: Lars von Trier. Dinamarca, Suécia, França e Alemanha: Nordisk Film, 2011.

O Voo. Direção: Robert Zemeckis. Produção de Laurie MacDonald, Walter F. Parkes e Jack Rapke. EUA, 2012.

Pulp Fiction. Direção: Quentin Tarantino. Produção de Lawrence Bende. Estados Unidos: Jorsey Films, 1994. 1 DVD.

Índice Remissivo

A

Alto Paleolítico 57, 144, 147, 223
anglicanos 87, 178, 200
antiguidade 31, 56, 99, 100, 106, 108, 124, 175, 223
anti-humanista 125, 126, 170, 171, 225, 247
anti-humanistas 125
antiprometeica 67, 68
antropologia 105
Amed, Fernando 227, 244
apatheia 46, 73, 93
Apolo 66, 83, 95, 121
Aquiles 37, 56, 57, 84, 85
Arantes, Paulo 22, 23
Aristóteles 31, 36, 48, 50, 51, 68, 95, 98, 102, 116, 130, 170, 174, 202, 249
Arqueologia 105
Ártemis 52, 93, 167
Atenas 68, 83, 88, 102, 103, 203
autocanibalismo 63
autonomia da razão 88, 97

B

Balthasar, Hans Urs von 114
Bauman, Zygmunt 203, 249
Becker, Ernest 138, 139, 150, 249
Bentham, Jeremy 15, 184, 185, 186, 204
Bernays, Edward 78, 80, 81, 215, 216
Bíblia 90, 111, 112, 113, 114, 116, 178, 180
bolsonarista 209
Bolsonaro 177, 194, 195, 213, 221, 232
Borges, Jorge Luis 126
Branagh, Kenneth 179, 252
Brasil 2, 13, 24, 27, 31, 34, 79, 87, 92, 115, 119, 146, 156, 158, 175, 179, 180, 185, 190, 194, 195, 197, 211, 212, 213, 214, 215, 221, 224, 229, 230, 232

C

Camus, Albert 27, 28, 29, 33, 34, 37, 38, 133, 244, 247, 249
candomblé 37, 60, 64, 82, 87, 176
catolicismo 156, 178, 202
católicos 114, 156, 178, 179, 196, 197

cinema 38, 85, 116
coach 91, 199, 221
coaching 171, 206, 221, 222
commodity 91, 92, 180
conglomerado herdado 7, 45, 54, 55, 58, 64, 65, 66, 68, 69, 70, 71, 72, 74, 77, 81, 82, 84, 85, 87, 88, 89, 96, 97, 99, 102, 162
contingência 25, 40, 95, 96, 147, 148, 149, 152, 164, 176, 177, 234, 235, 236, 237, 238, 239, 240, 241, 243, 244, 245, 246, 247
Covid-19 176, 177, 209, 237
crença 19, 46, 47, 48, 49, 53, 54, 55, 56, 57, 58, 61, 64, 67, 69, 72, 73, 74, 75, 76, 78, 80, 82, 85, 86, 87, 95, 96, 97, 116, 117, 121, 125, 126, 143, 145, 148, 170, 171, 173, 175, 180, 197, 198, 215
cristianismo 7, 12, 14, 31, 33, 39, 45, 46, 47, 59, 74, 89, 93, 97, 98, 108, 110, 113, 117, 119, 120, 128, 131, 135, 139, 142, 145, 146, 151, 153, 165, 202, 213, 250

D

Darwin, Charles 26, 50, 136, 175, 250
darwinista 19, 21, 23, 142, 175

Delfos 66, 83, 95
democracia 22, 66, 83, 102, 120, 192, 197, 198, 231
Dennett, Daniel 175, 177
Descartes, René 14, 80, 159, 249, 250
Deus 26, 31, 32, 33, 34, 47, 49, 61, 72, 90, 98, 99, 109, 110, 111, 112, 113, 114, 115, 116, 117, 118, 119, 120, 122, 126, 127, 130, 131, 132, 133, 135, 139, 142, 145, 149, 150, 153, 154, 155, 156, 157, 158, 159, 161, 163, 164, 165, 166, 167, 169, 175, 176, 177, 181, 193, 213, 214, 218, 225, 235, 237, 239, 240, 243, 245
discussão de gênero 137
Dodds, E. R. 52, 53, 54, 57, 59, 65, 67, 83, 85, 86, 97, 102, 250

Dostoiévski, Fiódor 37, 115, 117, 118, 119, 129, 220, 240, 250

E

Eclano 47, 110, 135, 146, 165
Édipo 66, 67, 121, 122
educação 48, 87, 101, 116, 168, 172, 173, 174, 177, 181, 183, 184, 186, 197, 200, 201, 204, 205, 206, 207, 209, 210, 221, 224, 229, 230, 231
Egito 65, 175
elemento socioconstrutivo 69
Eliade, Mircea 53, 120, 147, 177
epicurismo 48, 95
epicuristas 31, 51, 95, 202
Epicuro 95, 96, 147, 176, 177, 235, 236
espíritas 57
espiritismo 53
Estados Unidos 23, 78, 81, 87, 90, 143, 176, 178, 213, 215, 216, 223, 225, 234, 252
estoicismo 36, 46, 48, 73, 89, 94, 95, 127, 128, 166
estoicos 31, 46, 51, 72, 73, 89, 93, 128, 202
Eurípides 52, 93, 166, 234, 238, 250
Europa 13, 74, 98, 164, 179, 180, 196, 205, 206, 215, 220

F

Fedra 52, 53, 93, 94, 120, 166, 167, 250
filosofia 11, 12, 13, 14, 15, 16, 17, 20, 22, 23, 27, 28, 30, 31, 32, 33, 34, 35, 36, 41, 45, 46, 47, 48, 49, 50, 51, 65, 66, 67, 68, 73, 75, 77, 80, 84, 85, 88, 89, 92, 93, 95, 97, 98, 103, 128, 139, 147, 161, 162, 169, 170, 173, 193, 202, 203, 218, 219, 224, 226, 235, 236, 244, 245, 247, 249, 250
Freud, Sigmund 5, 16, 31, 40, 41, 61, 78, 80, 83, 89, 94, 95, 108, 121, 129, 136, 148, 152, 173, 175, 177, 211, 215, 216, 236, 238, 239, 249, 250
Foucaul, Michel 203, 204
Fukuyama, Yoshihiro Francis 107, 108, 250

G

Gaarder, Jostein 109
Gasset, Ortega y 16, 17, 18, 19, 20, 25, 26, 27, 29, 37, 38, 86, 92, 141, 161, 162, 163

Graça 10, 12, 32, 34, 45, 47, 77, 103, 108, 112, 127, 128, 129, 130, 132, 135, 145, 146, 153, 154, 155, 157, 165, 166, 167, 168, 169, 171, 214, 249
Grécia 7, 9, 12, 13, 14, 36, 37, 45, 46, 48, 51, 52, 54, 55, 56, 58, 59, 63, 64, 65, 67, 68, 69, 71, 74, 77, 81, 83, 84, 86, 89, 93, 97, 99, 102, 103, 104, 105, 121, 122, 128, 135, 165, 177, 232, 250
Graeber, David 105, 108, 143
gnósticos 33, 131, 243
Godwin, William 195
Gouhier, Henri 136, 138, 170

H

Hades 37, 56, 57, 58, 59, 63, 84, 85
Hadot, Pierre 201, 202, 203
Hécuba 234, 235, 236
Heidegger, Martins 185, 214
Hegel, Georg Wilhelm Friedrich 79, 212
Helvétius 173, 194, 230
Heschel 112, 113, 155, 218, 250
Hesíodo 36, 84, 251
Hipólito 52, 93, 94, 120, 166, 167, 250
historiador 51, 52, 53, 69, 108, 120, 147, 227
homem massa 17, 141, 163
Homero 36, 37, 51, 56, 83, 84, 85, 250
Homo sapiens 123, 206

I

Idade Média 14, 17, 146, 158, 174, 223
idealismo kantiano 241
identidade sexual 71, 96, 97, 137
Igreja Católica 82, 98, 99, 132, 156, 174, 180, 185, 194, 197
Iluminismo 7, 14, 15, 40, 75, 78, 89, 165, 172, 176, 181, 183, 184, 193, 195, 196, 197, 226, 234
Império Romano 59, 97, 98, 108, 185
influência divina 67
Inglaterra 143, 178, 179, 187, 190, 195, 200, 201
Instagram 29, 42, 141, 153, 182, 183
imperfectibilidade 1, 2, 3, 7, 11, 14, 19, 26, 28, 31, 33, 34, 35, 36, 42, 45, 75, 79, 91, 102, 103, 138, 151, 152, 153, 157, 166, 170, 171, 172, 198, 199, 225, 229, 234, 244, 245, 247
Irã 131, 145

Iraque 131, 145
Irlanda 52, 178, 179, 200

J

jansenista 34, 157
Jesus Cristo 31, 39, 69, 82, 98, 113, 115, 116, 128, 131, 132, 149, 155, 175, 176, 177, 180, 235
judaico-cristã 70, 74, 96
Justman, Stewart 159, 172, 199, 207, 215, 217, 220, 224

K

Kekes, John 159, 172, 198, 199, 222, 209, 224, 234, 236, 239, 240, 242, 243, 244, 245, 246, 247, 251

Kierkegaard, Søren Aabye 39
Kivitz, Ed René 149

L

linguagem 17, 18, 28, 30, 31, 47, 50, 51, 73, 85, 94, 110, 111, 130, 145, 160, 195, 214, 229, 232, 233
livre-arbítrio 128, 131, 145, 146, 165, 168, 214
Locke, John 79, 87, 116, 173, 174, 178, 179, 180, 181, 184, 187, 195, 199, 200, 201, 204, 207, 208, 212, 215, 216, 217, 224, 251
Londres 41, 175, 179, 182, 250

M

Mann, Thomas 30, 31
marketing 10, 15, 78, 81, 92, 109, 137, 152, 189, 190, 191, 197, 198, 199, 204, 215, 216, 218, 227
meio ambiente 21, 26, 37, 59
miasma 121, 122, 123, 124, 126, 135, 165, 166, 169
Mill, Stuart 15, 184, 187, 195
Mirandola, Pico della 77, 158, 169, 193, 199, 251
modernidade 10, 14, 19, 71, 101, 111, 209, 251
mulher 38, 39, 63, 79, 94, 99, 106, 112, 115, 116, 181, 202, 229, 230, 242, 246

N

Marx, Karl 19, 22, 212
Nietzsche, Friedrich Wilhelm 31, 32, 49, 70, 73, 97, 249
natureza humana 2, 7, 9, 10, 11, 14, 15, 23, 31, 34, 47, 53, 55, 69, 75, 77, 78, 79, 80, 86, 87, 103, 110, 111, 116, 118, 135, 137, 138, 139, 140, 141, 142, 143, 145, 146, 151, 154, 158, 166, 167, 168, 169, 170, 171, 193, 197, 198, 199, 213, 214, 223, 224, 226, 227, 228, 230, 244, 251
nazismo 131, 234
neolítico 57, 106, 223
neoplatonismo 108
niilismo 38, 160, 178
North Whitehead, Alfred 99, 252

O

Ocidente 68, 180
Olimpo 56, 64, 84

P

pandemia 21, 23, 24, 25, 26, 29, 49, 105, 122, 176, 209, 221, 237
Pascal 11, 12, 16, 17, 32, 34, 126, 133, 136, 137, 156, 157
Passmore, John 11, 12, 13, 15, 16, 19, 20, 21, 36, 45, 47, 51, 67, 68, 77, 89, 135, 143, 159, 169, 186, 251
Pelágio 12, 46, 47, 77, 110, 127, 128, 130, 132, 135, 136, 146, 153, 165, 166, 168, 213
perfectibilidade 1, 2, 3, 7, 11, 12, 13, 14, 15, 16, 19, 20, 21, 24, 25, 26, 27, 28, 29, 30, 32, 33, 35, 36, 39, 42, 45, 46, 47, 48, 51, 53, 54, 55, 61, 69, 74, 75, 76, 77, 78, 79, 80, 86, 87, 88, 89, 91, 93, 95, 96, 103, 104, 105, 108, 110, 114, 116, 118, 125, 126, 135, 138, 143, 151, 152, 153, 157, 158, 159, 164, 165, 166, 167, 169, 170, 172, 174, 181, 183, 184, 186, 188, 189, 193, 194, 197, 198, 199, 206, 210, 211, 212, 213, 218, 222, 224, 225, 228, 229, 234, 235, 247, 251
pirâmide de Maslow 15
Pinker, Steven 23, 140
PlanetaTerra 23, 117, 136, 237, 249

Platão 31, 36, 48, 50, 51, 56, 68, 88, 95, 98, 102, 128, 202, 251
política 26, 27, 33, 45, 83, 88, 95, 96, 100, 105, 107, 120, 128, 151, 156, 180, 183, 184, 192, 201, 210, 213, 219, 226, 227, 228, 230, 231, 232, 233, 234, 236, 250
pré-história 22, 105, 106, 107, 143, 144, 145, 177, 240
pré-socrática 48, 49, 50
psicanálise 39, 40, 41, 42, 78, 79, 80, 87, 136, 139, 152, 200, 210, 211, 212, 215, 229, 239, 250
psyche 55, 57, 58, 59, 84, 95
pulsão de morte 40, 41

R

rebelião das massas 16, 17, 20, 141, 161
relativismo 71, 160
religião 52, 53, 54, 55, 56, 59, 60, 61, 64, 65, 81, 82, 83, 84, 85, 86, 87, 88, 89, 95, 97, 98, 117, 119, 120, 132, 147, 148, 149, 151, 152, 172, 174, 176, 177, 178, 179, 180, 184, 185, 194, 195, 196, 197, 198, 205, 218, 219, 236, 238, 245, 250
Renascimento 14, 46, 158, 159, 166, 170
Rodrigues, Nelson 34, 52, 115
Roma 59, 68, 82, 89, 91, 99, 100, 110, 128, 250
Romantismo 137, 249
Rousseau, Jean-Jacques 14, 144, 172, 227, 251

S

Schopenhauer, Arthur 30, 31, 32, 33, 149, 251
Santo Agostinho 10, 12, 16, 28, 31, 45, 46, 47, 48, 63, 73, 77, 89, 103, 108, 109, 110, 111, 127, 128, 129, 130, 131, 132, 133, 135, 136, 138, 139, 141, 142, 145, 146, 149, 153, 155, 156, 157, 165, 166, 167, 213, 249
Smith, Adam 76, 87, 184, 187
Sêneca 52, 93, 94, 128, 166, 202, 250
ser humano 9, 19, 21, 25, 28, 33, 34, 36, 41, 45, 47, 50, 51, 53, 67, 75, 89, 110, 111, 116, 119, 126, 138, 139, 140, 143, 144, 145, 149, 153, 159, 166, 170, 171, 186, 187, 193, 198, 208, 209, 212, 217, 218, 225, 226, 231, 232, 236
serial killer 125
Sowell, Thomas 75, 198, 224, 225, 226, 228, 232
sobrenatural 45, 47, 49, 53, 54, 55, 82, 98, 123
sócio-histórico 70, 71, 97, 124, 162
Sócrates 48, 50, 51, 63, 65, 66, 95, 181, 202, 236

T

teologia 12, 14, 17, 36, 61, 108, 114, 140, 149, 150, 153
teoria cognitivo-comportamental 39
Thatcher, Margaret 179, 200

Tiktok 42
Tocqueville 22, 251
Trier, Lars von 149, 252
Torá 175, 202, 203
Troia 121, 234, 235
Twitter 17, 141

U

Ulisses 37, 56, 57, 84, 85, 114
utilitarismo 7, 15, 78, 165, 172, 188, 189

V

Velho Testamento 113, 114, 117, 118, 133, 154, 155, 165

W

Wengrow, David 105, 108, 143
Williams, Bernard 13, 51, 70

Y

YouTube 29

Z

Zeus 67, 83, 113